经济管理学术文库·经济类

大型煤炭企业内部供应链的构建与优化研究

Research on the Construction and Optimization of
Internal Supply Chain of Large-scale Coal Enterprise

姜 辉／著

图书在版编目（CIP）数据

大型煤炭企业内部供应链的构建与优化研究/姜辉著.—北京：经济管理出版社，2014.5
ISBN 978-7-5096-3059-4

Ⅰ.①大… Ⅱ.①姜… Ⅲ.①煤炭企业—企业内部管理—供应链管理—研究 Ⅳ.①F407.215

中国版本图书馆 CIP 数据核字（2014）第 075493 号

组稿编辑：张　艳
责任编辑：张　艳　赵喜勤
责任印制：黄章平
责任校对：张　青

出版发行：经济管理出版社
　　　　　（北京市海淀区北蜂窝 8 号中雅大厦 A 座 11 层　100038）
网　　址：www.E-mp.com.cn
电　　话：（010）51915602
印　　刷：大恒数码印刷（北京）有限公司
经　　销：新华书店
开　　本：720mm×1000mm/16
印　　张：11.5
字　　数：219 千字
版　　次：2014 年 5 月第 1 版　2014 年 5 月第 1 次印刷
书　　号：ISBN 978-7-5096-3059-4
定　　价：39.00 元

·版权所有　翻印必究·
凡购本社图书，如有印装错误，由本社读者服务部负责调换。
联系地址：北京阜外月坛北小街 2 号
电话：（010）68022974　　邮编：100836

目　录

第一章　导　言 ·· 1
　一、研究背景与意义 ·· 1
　二、国内外研究现状综述 ··· 6
　三、研究目标与研究内容 ··· 18
　四、研究方法与技术路线 ··· 20

第二章　大型煤炭企业内部供应链相关概念界定 ·································· 23
　一、大型煤炭企业内部供应链概念界定及特征 ································· 23
　二、大型煤炭企业产品均衡供给概念界定 ·· 26
　三、大型煤炭企业内部供应链目标描述 ··· 32
　四、小结 ·· 36

第三章　大型煤炭企业内部供应链系统结构与功能 ······························ 39
　一、大型煤炭企业内部供应链结构 ·· 39
　二、基于"多阶系统"的大型煤炭企业内部供应链网络组织结构 ········· 50
　三、大型煤炭企业内部供应链功能 ·· 55
　四、不同市场状况下大型煤炭企业内部供应链区别 ·························· 59
　五、实际应用：A矿业集团内部供应链结构与功能描述 ···················· 63
　六、小结 ·· 72

第四章　大型煤炭企业内部供应链属性研究 ··· 73
　一、大型煤炭企业内部供应链属性分析 ··· 73
　二、大型煤炭企业内部供应链不确定性分析及测度 ·························· 75
　三、小结 ·· 93

第五章 大型煤炭企业内部供应链多目标动态优化模型构建与算法设计 …… 95
　　一、大型煤炭企业内部供应链优化的必要性 …………………… 95
　　二、供应链系统优化模型和方法比较分析 ……………………… 96
　　三、大型煤炭企业内部供应链优化模型的建模准备 …………… 99
　　四、大型煤炭企业内部供应链多目标动态优化模型 ………… 104
　　五、小结 ………………………………………………………… 108

第六章 算例：A矿业集团内部供应链多目标动态优化模型构建与优化 …… 109
　　一、A矿业集团煤炭内部供应链优化模型构建准备 ………… 110
　　二、A矿业集团内部供应链多目标动态优化一般模型 ……… 122
　　三、A矿业集团内部供应链优化及情景分析 ………………… 126
　　四、A矿业集团内部供应链动态优化结果分析与政策建议 … 141
　　五、小结 ………………………………………………………… 148

第七章 结　论 …… 151
　　一、主要结论和政策建议 ……………………………………… 151
　　二、创新之处 …………………………………………………… 153
　　三、展望 ………………………………………………………… 154

附　录 …… 157

参考文献 …… 173

第一章 导 言

一、研究背景与意义

(一) 研究背景

新中国成立以来,煤炭作为我国的基础能源和重要原料,在一次能源生产和消费中一直占 70%以上,在国民经济发展中占有非常重要的战略地位。尤其是 20 世纪 90 年代以来,我国经济进入高速增长阶段,对煤炭的需求量持续大幅增加,2005 年,煤炭产量和销量双双首次突破 20 亿吨大关,增幅达 8%[1]。随着国家对环境保护的高度重视和对产业结构的进一步调整,能源结构将进一步优化,但据权威机构预测,到 2050 年,煤炭在一次性能源消费中仍将达 50%以上[2]。可以说,未来相当长时间内,煤炭在我国能源和经济发展中具有不可替代的地位。但是,随着煤炭需求特点的变化、煤炭企业自身条件的制约、煤炭市场化程度的提高和国家宏观调控政策的影响,为避免出现煤炭供需失衡,提高煤炭经济运行质量和促进煤炭行业的健康发展,煤炭企业尤其是大型煤炭企业如何保证煤炭产品均衡供给的问题日益突出。

1. 煤炭用户需求特点的影响

计划经济时期,煤炭行业由国家统一安排生产计划、统一调配、统一销售,煤炭企业是通过国家与煤炭用户间接联系,不需要直接与煤炭用户打交道,不必过多关注煤炭产品用户的需求特点。随着煤炭市场逐步放开,煤炭企业成为市场竞争的主体,需要直接面向煤炭用户,根据煤炭用户的需求提供相应品种、质量和数量的煤炭。当前煤炭需求的特点包括:

第一,对煤炭的总需求量持续增长,但增速趋缓。国家提出"十一五"时期经济社会发展的主要目标是,今后五年国内生产总值年均增长 7.5%[3]。目前在国民经济持续稳定增长的大环境中,其他行业的发展带动了对煤炭需求的持续增长。但随着宏观调控措施效应的进一步释放，目前全国煤炭市场已经由需求过旺开始转入平稳过渡期，煤炭消费需求增速将趋缓，影响需求增长的不稳定、不确定因素也在增加。

第二，同一用户煤炭需求的多内容性。用户对煤炭的需求，不仅有对煤炭品种和数量的要求，而且还有对煤炭产品质量和时间的要求，除了对煤炭产品本身有具体品种、数量、质量和时间的要求外，还有对煤炭企业服务水平和品牌的要求。随着煤炭行业市场竞争态势的变化和客户导向意识的增强，煤炭企业需要关注和满足煤炭用户多方面的需求。

第三，不同类型用户需求存在差异性。煤炭用户有工业用户、行政事业单位用户和生活用户，其中电力、钢铁、建材和化工四个行业煤炭消费量占煤炭总消费量的90%左右[4]。不同行业由于其产品特性、工艺条件、技术装备等不同，对煤炭的品种、质量和数量也有不同的需求。

第四，同一用户需求同质性。同一煤炭用户在生产工艺、技术装备水平稳定的情况下，对煤炭的品种、数量和质量的需求在一定时期内是稳定的。大部分客户对煤质考核不再以国标为基准，而是以企业制定的条例为标准，且对产品质量稳定性提出了更高要求，要求煤炭产品质量符合要求，还要有良好的售后服务。供货稳定性成为煤炭市场竞争的一项重要内容。谁能信守合同，按质、按量、按时地向煤炭用户供货，谁就能稳定客户，与客户形成长期合作关系，从而牢固地占领煤炭市场。

第五，同一用户需求也会发生质变。一般来说，在一定时期内，同一煤炭用户需求存在稳定性，但是一旦改变工艺装备，对煤炭的需求将会发生很大的变化。随着国家提出要建设资源节约型和环境友好型社会，像电力、钢铁、冶金、建材、化工等行业的煤炭用户将会需要更多的优质煤、洁净煤和环保煤，这对煤炭企业来说也是一大挑战。针对煤炭用户需求特点和变化趋势，如何保证煤炭供给与用户需求相匹配是煤炭企业的重要课题。

2. 煤炭企业自身条件的制约

满足客户的需求是煤炭企业生产经营的出发点和归宿。对用户来说，煤炭供货稳定性极其重要。但煤炭企业自身的内外部条件制约着其均衡供给能力。

第一，资源储量有限，煤炭供给数量长期均衡难保。资源是煤炭企业生存和发展的基础，但对于开采生产不可再生资源的煤炭企业来说，其资源是耗竭型的，即越采越少。我国煤炭资源总量约为5.57万亿吨，探明煤炭保有资源总量1万亿吨，净有效量仅1037亿吨，只占探明储量的10%[5]。我国煤炭资源供给的基本态势是：总量丰富，但有效供给能力不足。对于煤炭企业来说，长期保证供货稳定难度越来越大。

第二，地质赋存和开采技术条件制约。我国煤炭资源赋存条件比较差，地质构造复杂，埋藏深。其中总量中一半在地下垂直深度1000米以下，同一工作面不同点的煤质有可能相差很大，有的还出现断层。石炭二叠纪煤田下部煤层受到底部岩溶水的威胁，许多煤炭资源无法开采，我国大于2%的高硫煤约占全国煤炭资源总量的20%，以后产出的煤炭质量和数量将越来越难以确保[6]。我国目前煤炭开采条件仅居世界中下等水平，煤的回采率低，即使是大中型矿井，其采出率也不高。有关统计数据显示，我国煤炭资源的平均采出率大概为30%。地质赋存和开采技术条件影响到煤炭质量和产量的稳定性。

第三，安全因素影响。对于煤炭企业来说，安全是头等大事。由于煤炭生产处在几百米甚至上千米的地下，开采环境极其复杂，比如瓦斯爆炸、透水、二氧化碳超标等安全隐患时有发生，如果不注意就有可能酿成重大安全事故，发生停产、停工。煤炭企业要根据市场需求，在确保安全的前提下，充分发挥煤矿的生产能力，组织好生产。

第四，煤炭供给流程特性影响。煤炭从自然界供给到用户手中要经过资源的勘探和获取、井下开采、运输提升、洗选加工、销售、运输配送、服务等若干环节，煤炭特有的原生性、大型散装、非标准化、易自燃等特点，使得多节点、长链接的煤炭供给流程管理难度加大，尤其是受运输条件的制约，影响到煤炭的数量、质量和时间的均衡供给。

第五，其他因素影响。员工素质和技术水平的高低、国家环保政策的要求等对煤炭企业的煤炭供给有一定的影响。

3. 煤炭市场竞争日趋激烈的要求

20世纪90年代我国煤炭开始市场化改革，但电价并没有放开，除部分电煤外，多数煤炭产品销售价格都已实现市场化。目前我国煤炭市场竞争的主要态势有：

第一，资源争夺战愈演愈烈。由于我国连续多年对煤炭行业实施"调控总量、关井压产"政策，而近几年大规模新建矿井较少，加上国有大型煤矿生产接替投资严重不足，市场需求回升后，接替能力得不到及时补充，超能力生产现象比较普遍。在这种情况下，煤炭资源争夺成为煤炭企业间竞争的主要表现形式。不仅煤炭行业，非煤行业也将参与资源争夺。谁掌握资源，谁就会在竞争中处于主动地位，拥有市场和效益。

第二，大型煤矿之间竞争日趋激烈。20世纪90年代末，大型煤矿的主要竞争对手是周边地区遍布的中小煤矿。这些中小煤矿的产量与所在地大型煤矿的产量相当甚至超过大型煤矿，而煤种、运输流向、市场分布基本相同，这就决定了大中小型煤矿之间的竞争十分激烈。近些年，随着国家实施"控制总量，关井压产"政策，大量不符合开采、安全条件的煤矿被关闭，使得大型煤矿在市场竞争中逐步取得了主动权，将来煤炭市场的竞争主要表现为大型煤炭企业之间的竞争。

第三，同一性转为替代性的竞争。由于我国煤炭资源分布具有不均衡和煤种分布地域性的特点，随着科技水平的发展，下游行业的技术进步、设备更新，使煤种利用限制被大大突破，除同一煤种竞争外，替代性竞争也在增强。例如，以贫瘦煤为设计煤种的电厂现在可以掺烧部分无烟煤；水泥行业旋转窑过去只能使用烟煤，现在可以使用无烟煤；冶金喷吹煤由只使用无烟煤变为可以掺烧甚至单烧烟煤；化工造气用煤由使用无烟块煤，经过技术攻关，可改用无烟末煤生产的煤棒等型煤，甚至也可以用动力煤直接造气。同期，配煤技术的发展、配煤能力和配煤效益的提高也给煤种间的替代提供了更大的可能。这种趋势表明，煤种替代性越来越强，而使用什么样的煤种越来越受效益核算影响。市场竞争是产量增减的决定性因素，煤炭企业之间不断加剧的竞争将决定煤炭产量的急剧增减。

4. 国家宏观调控的影响

进入20世纪90年代，随着中国经济改革的深化，煤炭产业也开始了由计划经济向市场经济的转型，在这一时期，政府力量对煤炭行业的影响程度依然较大。

（1）国家大政方针、规划的影响。国家"十一五"规划提出保持7.5%的经济增长速度，这必然需要大量的主导基础能源和原料——煤炭。但"十一五"规划还提出要构建资源节约型和环境友好型社会，实现可持续发展，这对煤炭的开采量、使用效率和开采使用过程中的污染物排放提出了更高的要求。可以预测，煤炭产品需求总量会有所增加，煤炭需求结构会发生很大变化。

（2）煤炭产业政策影响。近年来，国家针对煤炭行业的无序发展，实施"控制总量，关井压产"政策，控制小型煤炭企业的开采量，鼓励大型煤炭企业通过兼并、重组、参股等形式扩大规模，大量不符合开采、安全条件的煤矿被关闭。这影响到煤炭供给结构。另外，国家限制钢铁、建材、水泥、化工等高耗能产业的发展，对煤炭能源的需求量会有一定的影响。

（3）环保政策及煤炭安全生产政策。针对煤炭资源的低效率、高污染，国家提出要提高煤炭资源的回采率和利用效率，减少高污染的煤炭的开采，降低煤炭企业及其煤炭用户污染物排放的环保政策，这必然引起煤炭的供给总量和供给结构的变化。近几年国家针对煤炭企业只顾产量、盲目追求利润，不顾工人安全、煤炭事故频发的形势，加大了煤炭安全生产管理和整治力度。要求煤炭企业把安全作为头等大事来抓，加大安全生产设备投入，确保安全生产。政府部门对煤炭企业开展安全生产检查，要求不具备安全生产条件的矿井进行停产整顿，在确保安全的条件下生产一定数量的煤炭。安全因素影响到煤炭的供给量。

（4）其他政策影响。国家的煤炭价格政策、进出口贸易政策、财税政策等也会影响到煤炭企业的煤炭产品供给。

综上所述，在市场竞争越发激烈、资源条件越发恶化、客户重要性日益提高的背景下，煤炭企业如何通过优化煤炭内部供应链和客户结构，按时保质保量地

第一章 导言

满足用户的需求,增强煤炭供给的稳定性、均衡性,已成为获得竞争优势的关键所在。而这则需要开展对煤炭产品均衡供给和大型煤炭企业内部供应链优化的研究。

(二) 研究意义

1. 理论意义

随着煤炭行业的重新崛起,政府、高校、企业以及其他研究机构加大了对煤炭企业管理和行业发展的理论研究力度,其中关于煤矿安全生产、煤炭科技、煤炭环保及可持续发展、煤炭价格政策、煤炭质量等方面的研究居多,对内部供应链以及对大型煤炭企业内部供应链进行专门研究的文献几乎没有,本书以大型煤炭企业为例,研究大型煤炭企业内部供应链的相关理论及优化问题,丰富大型煤炭企业内部供应链的理论研究,为煤炭企业提高供应链管理效果提供理论依据。

本书对大型煤炭企业内部供应链相关概念进行界定,界定大型煤炭企业内部供应链及特征,研究大型煤炭企业内部供应链供给的特点、状态以及演化,对大型煤炭企业内部供应链的目标进行深入描述,从理论和实践上更加明确大型煤炭企业内部供应链运作目标。

本书构建大型煤炭企业内部供应链的简化链状结构,分析了在不同市场行情下,几种代表性的大型煤炭企业内部供应链的结构和行为,构建不同类型煤炭企业内部供应链的结构,从而推出一个典型的大型煤炭供应链系统的内部供应链框架结构,运用系统分析方法和复杂系统理论对大型煤炭企业的内部供应链系统进行结构和功能分析,提出了基于"多阶系统"的大型煤炭企业内部供应链系统概念。对大型煤炭企业供应链的典型内部供应链进行定量描述。

分析大型煤炭企业内部供应链的属性,并对大型煤炭企业内部供应链的不确定性原因、构成及测度进行研究,运用熵理论和方法对大型煤炭企业内部供应链不确定性进行测度,定性和定量分析出大型煤炭企业内部供应链的复杂属性。

本书建立了大型煤炭企业内部供应链的多目标动态优化模型,设计了遗传算法求解模型;根据建立的大型煤炭企业内部供应链多目标动态优化模型,建立了A矿业集团内部供应链动态优化模型,对A矿业集团内部供应链进行系统决策;并将多目标优化模型的决策结果和单目标优化模型决策结果进行对比分析。本书以大型煤炭企业为例,研究大型煤炭企业内部供应链的相关理论及优化问题,丰富了大型煤炭企业内部供应链的理论研究,为煤炭企业提高供应链管理效果提供理论依据。

2. 现实意义

(1) 微观现实意义。据中国煤炭工业协会2006年8月透露,我国煤炭生产正在向100强企业集中。在该协会公布的"2006全国煤炭工业100强企业"通知中[7]，90家煤炭生产企业2005年生产原煤约11.45亿吨，占当年全国原煤总产量一半以上，其中前10名煤炭生产企业产量约占当年全国原煤总产量的1/4，跨入2006年全国企业500强行列的煤炭企业由23家增加到25家[8]。因此，以大型煤炭企业作为研究对象，更具有现实意义。通过研究大型煤炭企业均衡供给的制约因素，研究其内部供应链的优化问题，以确保大型煤炭企业与煤炭客户间煤炭供给的均衡性，保证煤炭企业生产的稳定性，从而降低煤炭生产成本，提高经济效益，提升煤炭企业的综合竞争力。

加强煤炭产品动态均衡供给的研究，有助于保证煤炭用户的生产所需煤炭原料的供给稳定，使煤炭用户与煤炭企业建立长期友好合作关系；确保大型煤炭企业生产稳定性，提升市场竞争力。在市场经济条件下，能否满足客户的需求是煤炭企业生存和发展的基础。供货稳定性是煤炭用户对煤炭企业的重要要求，谁能信守合同，按质、按量、按时地向煤炭用户供货，为用户的生产稳定提供基础保障，谁就能长期稳定客户，从而牢固地占领煤炭市场。而不同用户的需求存在差异，原煤到用户所经各环节构成的供应链又存在不确定性，这增加了煤炭企业煤炭均衡供给的难度。本书通过构建大型煤炭企业内部供应链并对之进行优化，努力实现大型煤炭企业向客户均衡供给煤炭的目标。

通过本书的研究，还能为煤炭企业的运营及供应链管理提供新的思路和方法。一是在市场经济条件下，改变煤炭企业传统的生产导向型运营模式，树立以客户为导向的生产经营和供应链管理意识。二是能改变煤炭企业的管理决策方法，变传统的定性经验决策为定量科学决策。

（2）宏观现实意义。从宏观上看，能源和煤炭供给的稳定性已成为最为敏感的话题之一。中国工程院院士、煤炭科学技术委员会主任范维唐[9]指出，"如果煤炭工业有个风吹草动，将会对国民经济的健康、可持续发展造成重大影响，到那时再想恢复，没有个三五年肯定不行"。能源是当今国际社会最为关注的问题。随着经济的快速发展，中国对能源的需求将不断增加。就我国富煤、缺油、少气的资源格局而言，中国能源供应能力的增长还将有赖于煤炭产量的增长。煤炭是中国的大问题，妥善解决煤炭问题，保证大型煤炭企业煤炭供给的均衡稳定，防止煤炭供给的大起大落，进而防止煤炭经济的大起大落，无疑将有益于中国经济的持续、快速、健康发展。

二、国内外研究现状综述

从煤炭产品供给的基本过程看（如图1-1所示），企业在了解客户需求的基础上，结合煤炭企业的资源条件、生产条件和运输条件，及时地向用户提供煤炭产品。但是，由于煤炭企业的生产受到资源条件的制约，原煤质量波动性较大，而用户又需要质量相对稳定、供货准时的煤炭商品。为了解决这对矛盾，企业一方面可以通过供应链管理，协调大型煤炭企业内部供应链各环节运作，均衡地提供产品；另一方面，通过分析用户需求，调整用户结构，来使用户结构适合资源和运输特点。为了保持正常生产和降低成本，供给数量、质量和时间的稳定性是用户对煤炭企业的第一要求。也就是说，均衡供给是煤炭企业管理的核心。企业需要通过有效的客户关系管理和供应链管理，实现均衡供给。所以，下面主要对客户关系管理、供应链管理、内部供应链优化及大型煤炭企业内部供应链优化的研究与实践现状进行综述。

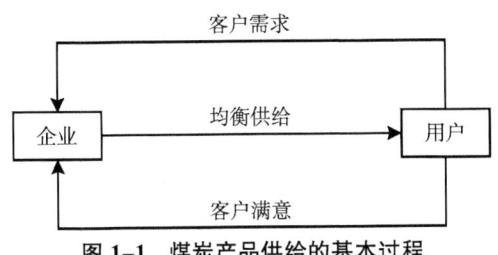

图1–1 煤炭产品供给的基本过程

（一）客户关系管理及煤炭企业客户关系管理研究

1. 客户关系管理理论产生渊源

企业管理思想的转变经历了一个从生产中心论到销售中心论、市场中心论和顾客中心论的转变。从西方企业管理思想转变历程来看，企业管理思想的转变是由外部经营环境的变化来推动的。在当下的环境下，获取顾客忠诚就成为企业参与竞争的焦点问题。顾客中心论认为，企业应当不断地认识、发现、开发和满足顾客的需要，与顾客建立一种互动的关系，来实现企业经营目标。顾客不应被看作异己的外部因素，而是改进供应链网络中的一部分，顾客关系是一种能够创造价值的重要资源（见表1–1）。

表1–1 营销观念特征演化表

营销观念	对顾客的认识	企业营销特征	产品/服务特征	营销策略	市场竞争要素
生产观念	顾客是被动的接受者	生产什么就卖什么			生产能力
推销观念	顾客是被动的购买者	为产品找顾客，产品决定顾客	同质化	推销	销售能力
市场营销观念	顾客购买来自于对产品的需求	为产品找顾客，产品决定顾客，企业与客户单项的沟通	差异化	4P	营销能力
社会市场营销观念	顾客不仅是理性人，还是社会人，关注环境和长期利益			4P	营销能力

续表

营销观念	对顾客的认识	企业营销特征	产品/服务特征	营销策略	市场竞争要素
顾客关系观念	顾客是企业重要的资源，是所有改进供应链网络中的一部分，顾客是企业的共同发展者、合作者，也是竞争者	为顾客找产品，顾客决定产品，产品是顾客关系上一个标点符号，强调企业与客户的价值和知识交换	个性化	4C	驾驭顾客能力，建立个性化体验，建立顾客期望，实现顾客最大价值

2. 客户细分研究

尹春兰（2006）[10] 在顾客金字塔模型的基础上，将顾客分为钢铁层、重铅层、钵金层三个层级，给出每个层级进行顾客关系管理的具体措施。蔡淑琴等（2004）[11] 提出了大客户的描述模型，识别出大客户的8个特征，对大客户的识别模式及其实现进行了探讨，并对支持识别的数据仓库模型进行了研究；叶强等（2006）[12] 在分析客户行为的随机性和非确定性的基础上，提出基于云模型的动态客户细分模型；王君、樊治平（2004）[13] 在分析客户知识发现的含义和客户知识分类的基础上，提出了基于模糊聚类的客户知识发现的分析方法。

Per Vagn Freytag（2001）[14] 给出了动态的战略产业营销细分的一些原则：市场形势处于简单交易和复杂的关系管理之间；在不同的市场下，市场细分必须采用不同的方法，关系管理需要对顾客特征、需求、未来方向有很深刻的理解；M.van Raaija（2003）[15] 介绍了顾客利润分析方法（CPA），估算一个细分顾客群或单个顾客对公司的利润贡献，从而对目标顾客进行识别；C.-Y. Tsai（2004）[16] 提出了基于产品购买特征如购买项目，与顾客交易历史相联系的货币支出等对顾客进行分类的方法；Jang Hee Leea（2005）[17] 提出了基于调查的顾客细分系统，这个系统能够实施顾客满意度调查，支持顾客满意度调查数据库，通过业务智能工具如 DEA 自组织地图，神经网络对社会人口特征和财务数据进行分析，对顾客进行细分。

3. 客户价值研究

王健康、寇纪淞（2002）[18] 提出了顾客关系价值链模型，他们认为，CRM 由基本环节和支持条件构成，基本环节包括客户终生价值分析、客户亲近、网络发展、价值主张、关系管理五个方面，支持条件包括公司文化领导支持、数据库基本设施、业务流程设计、组织结构设计、人力资源管理五个条件；孟庆良（2005）[19] 认为客户价值应包含五个关键维度：功能价值、社会价值、情感价值、知识价值和感知牺牲；周洁如等（2003）[20] 讨论了企业为客户创造价值的评价指标和方法；陈明亮（2003）[21] 应用生命周期理论探讨了客户忠诚的建立机理，提出一个基于客户关系生命周期的客户忠诚动态模型，揭示了三因素与客户忠诚和客户关系生命周期之间的相互关系。

4. 煤炭企业客户关系管理研究

在煤炭企业客户关系管理方面，井绍平、王志强（2006）[22] 提出树立客户让渡价值观念，推行客户关系管理，能够提高煤炭客户的满意度和忠诚度；仲伟军（2002）[23] 提出煤炭企业实施客户关系管理关键在于准确把握顾客类型，制定营销策略，建立健全内部约束机制；陈善明、周梅华（2005）[24] 基于煤炭客户价值的角度对煤炭客户细分进行了研究，并以 A 矿业集团为例对煤炭客户管理系统和数据库进行了设计。

5. 小评

目前，煤炭客户关系管理研究还十分欠缺，对于煤炭客户的特点，煤炭客户关系价值形成机理及释放途径、煤炭客户满意的影响因素、煤炭客户忠诚形成机理等基本问题还缺乏深入探讨。

实际上，客户关系管理理论在煤炭产品均衡供给研究中具有重要的应用价值，如通过客户知识获取、客户细分、客户结构调整等手段来使企业的资源条件与客户需求相匹配，提升煤炭企业的均衡供给能力，实现客户价值最大化和企业收益最大化之间的平衡。客户细分是客户关系管理的重要思想。受制于资源条件、运输条件及销售半径，煤炭企业不可能满足所有的客户需求，尤其在煤炭供不应求时，很难让所有的用户满意。在煤炭产品均衡供给中，如何合理地规划煤炭产品客户，识别出关键客户，并优先对他们实现均衡供给，是煤炭企业管理的重要任务。

（二）供应链管理及优化研究

1961 年，J. Forrester 就开始对供应链成员企业之间的相互关系进行全面研究。全球化的市场经济以及计算机与通信技术的发展，使企业面临新的机遇和挑战。在这种背景下，供应链的概念应运而生。20 世纪 80 年代末提出来的供应链概念，20 世纪 90 年代开始供应链管理的问题引起国内外学者的广泛关注，相关理论不断成熟发展。惠普、西门子、戴尔等多家国际跨国公司已经将供应链管理理念纳入企业组织经营管理中，并已取得一定的成效。供应链管理被学术界誉为战略决定性因素（Fuller，O'Connor 和 Raulison，1993），同时也被企业界看作是客户创造价值的有效途径。本部分主要就与论文相关的供应链研究现状进行梳理。

1. 供应链及供应链管理内涵研究

（1）供应链内涵研究。供应链的概念，大体上可概括为三种：第一种观点认为供应链只包括产品的买方和卖方以及双方由于交易而产生的相关活动（Gavinato；Ellrma）；第二种观点把目标企业的所有"上游"供应商都看作供应链的一部分（Dobler&Burt）；第三种观点采用价值链的方法，把与产品有关的所有能够产生价值的活动都看作供应链的一部分（Davis；Lee & Billington）。

越来越多的专家倾向于采用第三种方法定义供应链。从提出概念到现在，供应链已经有了很大的发展，按涵盖的范围可分为四个层次：内部供应链，局限在单个企业内部，强调企业内部市场、销售、计划、制造和采购等部门之间的协调；供应管理，强调企业与其供应商之间的供需关系；链式结构双向供应链，由原材料加工、制造、组装、配送、零售商、客户等组成的串行系统；网状结构供应链，是以"我"为根节点的双向树状结构所组成的网络系统，实际上已经超出了"链"的范围。

（2）供应链管理内涵研究。美国供应链专家 B.H.罗伯特（B.H.Robert）认为，供应链管理是通过改善供应链关系而对这些活动进行集成（整合），从而获得持续的竞争优势；美国 Willian C.Copacino 对供应链管理的定义是"从物料供应者一直到产品消费者之间的物料和产品流动的技术"。

我国学者陈国权（1999）[25]认为，企业从原料和零部件采购、运输、加工制造、分销直至最终送到顾客手中的这一过程被看成是一个环环相扣的链条，这就是供应链。供应链管理是指对整个供应链系统进行计划、协调、操作、控制和优化，其目标是要将顾客所需的正确的产品在正确的时间按照正确的数量、正确的质量和正确的状态送到正确的地点，即 6R，并使总成本最小；马士华等（2005）[26]认为，供应链管理就是使供应链运作达到最优化，以最少的成本，令供应链从采购开始到满足最终顾客的所有过程，包括工作流、实物流、资金流和信息流等均高效率地操作，把合适的产品以合适的价格及时准确地送到消费者手中。我国《物流术语》（GB/T18354-2001）将供应链管理定义为利用计算机网络技术全面规划供应链中的商流、物流、信息流、资金流等，并进行计划、组织、协调与控制。

尽管上述有关供应链管理的定义不尽相同，但对供应链管理的基本内容和实质的认识还是相同的，即供应链管理是一种运作管理，是一种集成化的管理思想和方法，而且还是一种战略管理。

2. 供应链优化研究

（1）供应链优化的概念。田俊峰（2005）[27]认为供应链优化是指在有约束条件或资源有限的情况下找出系统的最佳决策方案。杨晓雁（2005）[28]认为供应链优化是指区分供应链过程中的"价值增值"时间与"非价值增值"时间，并努力消除一切"非价值增值"时间。

（2）供应链优化领域。关于供应链优化的研究已比较成熟。目前对供应链优化领域的研究主要涉及生产—库存系统的优化、库存—分销系统的优化、生产—分销系统的优化以及供应链的整体优化。

第一，生产—库存系统的优化。生产—库存网络连接着供应链中的生产设备和在制品（Work-in-process），该网络可用多级库存问题来描述。早期的研究成果主要集中于对目标（总成本最小）的优化。如在假设需求恒定的情况下，Crowston 等（1973）[29]用动态规划的方法对装配型生产、库存问题进行了研究。

近来，对不同企业之间的生产—库存协调问题的研究得到了广泛的重视。

Zijm 和 Houtum（1994）[30]分析了随机需求下的多级生产—库存系统，给出了链成本函数的结构，并将得到的最优初始库存政策（Base Stock Policy）与 MRP 系统做了成本有效性比较。此外，作者还得到一个有趣的结果：如果在随机提前期下的多级定制生产系统中设定安全提前期，则可得到与多级库存系统类似的分解结构。

Chen 和 Zheng（1994）[31]着重探索了随机需求下，多级流水生产系统中的链库存政策（R, Nq）可用于计算系统稳态链库存水平的递归程序，并给出了补充频率和启动成本的精确公式。研究结果既可用于需求服从泊松分布时的连续检查系统，也可用于需求相互独立，但服务同一分布的定期检查系统。

第二，库存—配送系统的优化。比较生产—库存系统而言，对配送网络中的库存决策研究更加深入，也更加广泛。在众多的库存—配送问题的研究中，一个仓库、多家零售商的情况受到了特别的关注。

Kamran（2002）[32]建立了一个包括一个供应商和多个理想的零售商的单级库存—分销模型。零售商的需求服从泊松分布，同时零售商向供应商订货采用（R, Q）政策，建立了一个供应商和零售商能共享供应商库存信息和零售商需求信息的信息共享模型。

第三，生产—分销系统的优化。相对生产—库存系统和库存—分销系统而言，生产—分销系统要复杂得多。

Pyke 和 Cohen（1993）[33]建立了一个 Markov 链模型，用以解决由一家工厂、一个产成品仓库和一个零售商组成的单种产品、三级供应链的协调问题。他们以产成品补充周期为指标，评价了该系统的绩效，并运用近似算法来确定特别订货批量、正常补充批量、正常订货点、特别订货点和零售商的最大订货水平。此后，Pyke 和 Cohen（1994）[34]又将上述模型拓展到多种产品。他们给出了一种算法，用以确定某一随机变量的近似稳态分布，如两次补充之间的周期数，期初的库存状态和特别批量之间的周期数。

Chien（1993）[35]提出了单一产品利润最大化的生产和运输量的确定问题。作者假设，每周的需求是独立、稳定的，且服从某一已知分布；每辆车的运输成本固定且生产成本、运输成本、缺货罚金、存储成本和正常收益是需求密度的函数。

Yong Hae Lee 等人（2002）[36]提出了产品—分销系统是供应链管理中最重要的组成部分。他们通过建立一个多周期、多产品、多制造商和分销商的供应链模型，提出用分析和仿真相结合的方法解决制造—分配的问题。

第四，供应链整体优化。Erengue S. S. (1999)[37] 研究了供应链中生产销售计划问题。其构建的模型包括供应商、生产厂和销售三个阶段，考虑多个相关阶段和决策以及整体优化，全面讨论供应商阶段的优化、生产厂商阶段的优化、销售阶段的优化和分销中心的容量优化设计。

Jonatan Gjerdrum (2002)[38]，张钦（2002）[39]，Yossi Aviv (2001)[40] 等人研究了供应链中合作行为的分析与优化。他们对不同的合作行为进行分析，研究优化管理策略，如合作库存问题方面产生批量折扣模型、数量折扣模型等；在其他合作行为方面，研究联合产量决定与产能分配问题、联合新产品研发问题等。

黄小原（2003）[41] 分析和研究了生产、库存过程中生产线模型、运作模型、消费者对于运作特性的影响等。

赵晓煜、黄小原、孙福权（2005）[42] 研究了面向重要供应商和客户的供应链设计问题。从供应链核心企业的角度出发，提出了一种面向重要供应商和客户的供应链设计方法。该方法将供应链设计分成两个阶段。首先，利用模糊综合评判法对核心企业的供应商和客户进行评价，获得他们的重要度。然后，建立一个多目标混合整数规划模型来描述供应链设计问题。

C. Haehling von Lanzenauer 和 K. Pilz-Glombik (2001)[43] 从供应链协调关系出发，运用混合整数规划对供应链的策略层进行研究，给出了优化模型，并对其在企业管理决策中所起到的作用进行了详细的阐述。

Anna N. (2002)[44] 从供应链上各个成员企业的角度出发，分别对其作业过程进行分析、量化，给出平衡条件，综合得到整个供应链网络的平衡模型。

3. 供应链运行模式研究

（1）集成化供应链管理。集成化供应链管理力求克服原有的采购、生产、分销和销售之间的障碍，摒弃了传统管理思想中的弊端，把企业内部和相关企业共同的产、购、销、人、财、物管理看作供应链的整体功能，力求达到整个供应链全局的动态最优目标。

黄河等（2001）[45] 认为，集成供应链管理（Integrated Supply Chain Management, ISCM）克服原有的采购、生产、销售之间的障碍，从而将企业内、外供应链集成起来，力求达到整个供应链全局的动态最优目标；林勇、马士华（1998）[46] 根据集成化思想，构建了集成化供应链管理的理论模型，将集成供应链分为4个步骤：基础建设、职能集成管理、内部集成化供应链管理和外部集成化供应链管理；霍佳震等（2005）[47] 定义了集成化供应链（ISC）和集成化供应链管理（ISCM）的概念，并构建了集成化供应链绩效评价体系。

（2）基于客户价值创造的供应链管理研究。客户服务在市场营销组合中占据重要的地位，它不仅直接决定着供应链能否留住原有客户，同时也是企业能否发展潜在客户的重要因素。Bernard J. Lalonde 等人将客户服务的要素划分为三个部分：售前服务、售中服务及售后服务。有些学者研究了客户价值与客户满意和服务质量的相关性（Sheth J. N., Newman B. I., Gross B. L.）。也有少量关于客户价值影响维度的研究（Sweeney J. C., Soutar G. N., 2001，孟庆良等，2005）；陈壁辉、何海军（2003）[48]从客户服务的观点出发，对我国供应链企业中客户服务和服务对象等进行分析，并探讨了供应链企业客户服务的评估方法，提出了改善供应链活动中客户服务的一些措施；王祥翠等（2006）[49]从顾客让渡价值出发，研究让渡价值在供应链结构中的特殊表现，提出企业让渡价值的概念。

（3）敏捷供应链研究。近来敏捷供应链成为研究热点。Sharifi 等认为，敏捷供应链以增强企业对变幻莫测的市场需求的适应能力为导向，以动态联盟的快速重构为基本着眼点，以促进企业间的合作和企业生产模式的转变，提高大型企业集团的综合管理水平，以经济效益为主要目标，致力于支持供应链的迅速结盟、优化联盟运行和联盟平稳解体。梁浩等（2000）[50]认为，敏捷供应链是以信息技术为核心，建立一个开放式、集成化的数据环境，把不同领域或全球范围内的优势企业集成起来，达到敏捷地提供原材料及产品的目的。

焦永兰等（2008）[51]论述了敏捷供应链概念及所具有的优势，介绍了敏捷供应链在创建过程中的创建目标，对创建模型以及具体措施进行了详细讨论和研究。谢天保等（2009）[52]在分析敏捷供应链动态性和可重构性的基础上，提出基于双赢合作机制的敏捷供应链管理系统模型，研究了信息不完备条件下的双赢谈判模型及其实现算法。King 等（2006）[53]用模糊逻辑法证明了企业合作关系对敏捷供应链效应的影响机制。廖成林（2008）[54]以242家企业为研究样本，确定了企业合作关系所包含的因子，并通过因子分析和结构方程模型研究了企业合作关系、敏捷供应链效应和企业绩效三者之间的关系，验证了企业合作关系对敏捷供应链效应、企业绩效水平具有显著的正向影响，敏捷供应链效应不仅对企业绩效有显著的正向影响，还在企业合作关系与企业绩效的关系中起部分中介作用。

4. 供应链绩效评价研究

供应链绩效评价体系，可以分为基于供应链运作参考模型的评价体系，基于供应链平衡计分卡的评价体系和 Beamon 提出的 ROF（Resources, Output, Flexibility）评价体系三类。

供应链运作参考模型（Supply Chain Operation Reference model, SCOR）是目前影响最大、应用面最广的参考模型，它能测评和改善企业内、外部业务流程，使战略性地进行企业管理成为可能。Bullinger 等用 SCOR 框架对供应链进行了"自底向上"的绩效评价。中国电子商务协会供应链管理委员会（CSCC）于2003年10月颁发的《中国企业供应链管理绩效水平评价参考模型（SCPR 1.0）构成方案》，包括5个1级指标，15个2级指标和45个3级指标，也与 SCOR 相似。

Kleijnen J. P. C. (2003)[55]、马士华 (2003)[56] 将平衡计分卡应用到供应链绩效评价中,结合供应链的特点研究了供应链平衡计分卡的评价体系。

Stefan (2000)[57] 指出供应链绩效评价系统 (Supply Chain Management Performance Measurement System, SCMPMS) 的关键难点是难以将供应链战略与绩效度量结合起来;首次提出了从系统的角度进行供应链绩效评价。将供应链上所有关键成员作为一个整体进行系统性考虑,并认为供应链绩效评价系统的关键组成是绩效评价模型、评价指标以及评价方法。

Gunasekaran (2001)[58] 从订单计划、供应链伙伴和关系、生产水平、物流、顾客服务和满意度、财务等角度来考虑,给出一系列的供应链绩效评价指标,并将这些指标划分成战略、战术以及操作三个等级。

我国学者霍佳震等人 (2005)[59] 界定出集成化供应链绩效的概念,构建了集成化供应链绩效评价体系,用以评价集成化供应链整体绩效及其供应商、销售商、核心企业等各子系统绩效。

5. 小评

供应链及供应链管理方面的研究成为近年来国内外研究的热点,同时取得了比较丰硕的成果,尤其是关于供应链优化、供应链运作模式、供应链绩效评价方面。但关于行业供应链的相关定量研究却很少。本书在国内外关于供应链研究成果的基础上,以煤炭行业为客体,研究煤炭企业的供应链优化和运作问题。

(三) 内部供应链优化研究

供应链管理是一种集成的管理思想和方法,完整的供应链体系由内部供应链和外部供应链组成。谢福泉 (2006)[60] 认为"内部供应链"是指企业内部相关流程之间的供需关系所形成的供应链。企业内部供应链的概念局限于单个企业内部,强调企业内部市场、销售、计划、制造和采购等部门之间的协调,可以看作是外部供应链的缩小化。

在企业内部供应链优化研究方面,赵道致 (2001)[61] 建立了以利润最大化为目标函数的企业内部供应链多环节产量联合优化模型,并给出了最优解的解法;俞葵 (2006)[62] 提出企业内部供应链系统就是对企业内部供应链中各参与组织部门间的物流、资金流、信息流进行计划、协调和控制等,进而提出以订单为中心的企业内部供应链系统的内涵,并就该供应链管理系统的设计进行了研究;覃勇 (2007)[63] 以颚式破碎机的年度生产为例,从订货、仓储、作业流程、生产部门等环节增值活动过程,阐述机械制造企业实现优化内部供应链管理的相应措施,达到提高经济效益的目的。

（四）大型煤炭企业内部供应链研究

目前，国内外有关供应链的研究中，关于制造行业、服务业供应链的研究已取得一定成果，但对煤炭企业内部供应链的研究还较少，一些文献从煤炭供应链结构、工作流描述、煤炭供应链联盟、煤炭企业供应链的特征等角度对煤炭企业内部供应链进行了探讨。

彭晨、岳东（2003）[64]认为煤炭内部供应链中链节实体的相对稳定，研究重点在于质量的稳定不在于敏捷，绩效考核以销售为中心，销售之间的竞争就是链群之间的竞争，以 Q（Quality）、E（Environment）、C（Cost）、T（Transport）为重点等特征，提出基于信息共享的煤炭内部供应链运营模式。在分析煤炭内部供应链传统金字塔结构存在问题的基础上，提出内部供应链开放式功能体系结构，并根据开放式功能结构进行了煤炭内部供应链的优化设计，建立了基于决策中心、实施中心、协调中心的煤炭内部供应链开放式整体结构模型，为煤炭内部供应链工作流程设计研究奠定了基础。

彭晨、岳东（2004）[65]针对煤炭内部供应链过程，分析链节间的关联属性，梳理了链节体的逻辑关系，运用集合论方法分析物流、资金流关系视图以及定义的工作流方法构建煤炭内部供应链整体视图。

姚伟坤、周梅华等（2007）[66]认为基于均衡供给的煤炭企业内部供应链是将前端的资源波动、质量波动、生产波动、运输波动进行有效的管理，通过内部供应链的运行转化为稳定的产品输出，能够在一定的时间以合适的质量和合适的价格运送到客户方。从功能特征上看，煤炭企业内部供应链管理的目的是实现客户均衡、煤炭质量均衡和数量均衡。

苏丽琴、于宝栋（2006）[67]认为要构建煤炭企业内部供应链，我国煤炭企业应首先做好营造供应链氛围、分析企业现状和供应链环境的前期准备工作，其次要通过搭建煤炭内部供应链的基础平台和信息平台，建立与煤炭内部供应链管理相适应的组织结构平台，建立煤炭内部供应链信用体系平台，建立煤炭内部供应链企业间的绩效评价指标，完成煤炭内部供应链的构建。

刘满芝、周梅华等（2009）[68]基于均衡供给导向，提出了大型煤炭企业供给系统供应链思想，从系统论角度论述了煤炭企业供给系统供应链的功能和动态行为，对供应链系统内部各节点以及物流、资金流、信息流等进行了定量描述和关系分析，建立了供应链系统的动态优化模型。

武华竹、马福海（2003）[69]在宁夏煤业集团引入现代物流的研究中，提到煤炭企业内部供应链包括实施企业信息化管理、组建企业物流配送中心、进行供应品种的细分和整合、实现煤炭营销和物流的有机结合、充分利用现代物流信息平台等。

王飞、宋晓萍（2003）[70]对平煤集团物资供应体制进行了研究，把物资供应总公司作为整个供应链的核心企业，通过对供应商的管理，规范集团物资采购工作，统一库存和发展内部配送，从而为集团公司各生产矿井、三产企业和多经企业提供高质量低价格的生产用物资。

娄美珍（2003）[71]对煤炭企业价值链管理进行了创新研究，主要研究了煤炭企业价值链的识别与分析、业务重组与管理、供应链与价值链的整合。

（五）大型煤炭企业内部供应链优化研究

彭晨、岳东（2003）[72]应用供应链思想对煤炭内部供应链进行研究，运用子过程分析煤炭内部供应链存在的问题，结合煤炭内部供应链过程模型运用VB方法完成供应链决策过程的可视化仿真，找出煤炭内部供应链运营"瓶颈"，应用Petri网对供应链物流及供应流运行过程建模。

陈建生、王立杰（2004）[73]认为供应链环境下的煤炭企业物流管理不仅要对煤炭企业内部物流体制进行变革，而且要从企业组织形式演变的角度，根据与上下游企业之间的关联度构建煤炭企业物流供应链联盟，并根据煤炭企业采购、生产以及销售的特征，探讨如何构建煤炭企业物流供应链联盟。

王金凤（2004）[74]针对我国煤炭企业内部供应链管理存在的问题，提出实施内部供应链管理的建议，将内部供应链管理纳入企业的总体经营战略，运用内部供应链管理战略，建立供、产、运、需一体化的链联盟格局。

刘飞（2003）[75]认为选择内部供应链管理战略，建立产、运、需一体化的销售格局，包括合作伙伴选择、合作方式选择和拓宽资源市场，实现资源优化配置和企业效益最大化。

王艳梅、王晓松（2007）[76]认为煤炭产品从最终形成到客户使用，环节多、过程复杂，导致煤炭企业内部供应链中产、供、销关系的协调非常复杂，煤炭内部供应链管理要对供应链中产、供、销关系进行协调与控制。

张洁、王启山（2005）[77]运用供应链原理实施重构国有煤炭企业物流管理，保障企业生产经营全过程中关键环节的优化运作。他们认为采用"拉"式供应链，生产客户需要的产品，以销定产，利用企业有利的物流设施，建立"商品配送中心"，把质量低下的煤运至"配送中心"，购入"外来配煤"混合，增强企业选配能力，增加不同煤种、质量、附加值的产品，满足不同类别的客户需要。

耿殿明等（2008）[78]研究了大型煤炭企业集团供应链风险的系统识别及防范问题。李建祥等（2005）[79]研究矿山、选矿厂和炼铁厂所构成的钢铁工业三级供应链中的协调生产计划问题。

目前关于煤炭企业内部供应链优化的研究主要集中在以下几个方面：对供应链运行过程、开放式功能结构、煤炭内部供应链的优化设计；煤炭内部供应链的链节体关系；煤炭行业供应链结构模型等。但对煤炭企业如何在客户需求的变化和自身资源等环境条件的变化下，通过内部供应链的优化实现对客户的均衡供给还缺乏深入研究。

(六) 研究评述及研究方向

从以上的分析可以看出，关于煤炭产品均衡供给已经引起了国内外学者的关注，表现在以下方面：

(1) 煤炭企业开始从客户出发，通过不断调整产品结构，提高产品质量，来提高产品供给的稳定性和均衡性，尤其是加强了煤炭开采、洗选、混配、化验、销售、运输等各个节点的煤炭质量管理。

(2) 煤炭企业开始通过科学的管理以及资源开发、运输方式的优化等手段，改善煤炭产品的供给状态，提升煤炭产品的均衡供给能力，并取得了初步的成效。

(3) 一些学者开始将最新理论，如供应链管理理论、客户关系管理理论等，应用到煤炭企业内部供应链的改善中，并取得了初步的成效，充分利用计算机的计算处理能力，通过软件的个性化设计开发使煤炭质量管理更容易、更经济。

(4) 一些学者开始关注煤炭企业内部供应链的优化问题，提出若干煤炭企业内部供应链的优化策略。

当前存在的主要问题是：

(1) 客户关系管理的研究取得了丰富的成果，但基于客户价值的煤炭企业供应链管理研究还十分欠缺，对于煤炭产品客户的特点、客户关系价值形成机理及释放途径、客户满意的影响因素和形成机理等基本问题还缺乏深入探讨。实际上，客户关系管理理论在煤炭产品均衡供给研究中具有重要的应用价值，通过基于客户价值的煤炭企业供应链优化，进而提升煤炭企业的均衡供给能力，实现客户价值最大化和企业收益最大化之间的平衡。

(2) 针对大型煤炭企业内部供应链优化问题，当前学者主要是提出一些优化管理措施，对大型煤炭企业内部供应链的优化主要是定性的经验决策，而没有比较客观科学的定量决策模型和系统。如何针对大型煤炭企业内部供应链实际情况，建立实效可行的客观科学的供应链定量决策系统是需要研究的课题。

(3) 大多数供应链研究以利润最大或成本最小为目标，没有考虑客户满意目标，即使是基于客户需求的开放型供应链研究，也大多将客户需求因素作为约束条件。在市场竞争越发激烈、客户重要性日益提高的背景下，企业决策需要同时考虑利润目标和客户满意目标，方能实现可持续发展。

研究方向：

(1) 在当前煤炭供给中，煤炭企业主要关注的是质量，实际上，煤炭企业均衡供给具有更加广泛的含义，需要在界定煤炭产品均衡供给的含义的基础上，对大型煤炭企业内部供应链进行研究。

（2）应用现代管理理论，如供应链管理理论、客户关系管理理论，对煤炭供给系统深入研究的还没有，作为研究产品供给系统基本理论的供应链管理思想和理论，在煤炭企业中还没有得到充分应用。将来需要围绕"均衡供给"这一目标，探讨大型煤炭企业内部供应链的属性及客户需求的特点，构建大型煤炭企业内部供应链，分析大型煤炭企业内部供应链的类型、结构和功能。

（3）运用复杂系统理论分析大型煤炭企业内部供应链的不确定性和复杂性，并对大型煤炭企业内部供应链不确定性进行分析及测度。

（4）在明确大型煤炭企业内部供应链运作目标的基础上，根据其供应链结构特点，构建大型煤炭企业内部供应链动态优化模型。

三、研究目标与研究内容

煤炭是国民经济发展的战略物资，煤炭供给的均衡性、稳定性和有效性会直接影响国民经济的增长。但是，当前对煤炭均衡供给的研究还不够深入，主要是探讨宏观上如何保障国民经济发展的要求，微观上探讨煤炭质量管理。本书以大型煤炭企业为研究对象，选择新的研究视角，分析煤炭企业用户需求的特点和大型煤炭企业内部供应链的特点，指出煤炭企业经营管理的核心是均衡供给，界定煤炭产品均衡供给的含义，分析均衡供给的特点及状态的变化，探讨大型煤炭企业均衡供给的制约因素。

构建大型煤炭企业内部供应链的简化链状结构，分析在不同市场行情下，几种代表性的大型煤炭企业内部供应链的结构和行为，构建不同类型煤炭企业内部供应链的结构，从而推出一个典型的大型煤炭供应链系统的内部供应链框架结构，对大型煤炭供应链的典型内部供应链进行定量描述；分析大型煤炭企业内部供应链系统的功能；根据A矿业集团现状，构建了徐州矿务集团内部供应链的结构框架；对大型煤炭企业内部供应链属性进行分析，并对大型煤炭企业内部供应链的不确定性进行分析测度；建立大型煤炭企业内部供应链的多目标非线性动态优化决策模型，提出将多目标优化模型转化成目标规划模型后，设计遗传算法求解模型；根据建立的大型煤炭企业内部供应链多目标非线性动态优化模型，建立了A矿业集团内部供应链动态优化模型，对A矿业集团内部供应链进行系统决策；并将多目标优化模型的决策结果和单目标优化模型决策结果进行对比分析；应用多目标非线性优化模型求解不同情形的市场需求下企业优化决策，分析说明模型的动态性特点。主要研究内容如下。

（一）大型煤炭企业内部供应链的界定

大型煤炭企业内部供应链的界定包括大型煤炭企业内部供应链概念界定及特征描述，煤炭供给与需求的特点；煤炭产品供给的内涵；煤炭产品均衡供给的含义、特点；煤炭产品均衡供给状态的含义与类型；煤炭产品均衡供给状态的变化及变化的条件。

（二）大型煤炭企业内部供应链结构与功能

构建大型煤炭企业内部供应链的简化链状结构，分析在不同市场行情下，几种代表性的大型煤炭企业内部供应链的结构和行为，构建不同类型煤炭企业内部供应链的结构，从而推出一个典型的大型煤炭供应链系统的内部供应链框架结构，对大型煤炭供应链的典型内部供应链进行定量描述；分析大型煤炭企业内部供应链系统的功能；根据 A 矿业集团现状，构建徐州矿务集团内部供应链的结构框架。

（三）大型煤炭企业内部供应链属性分析及测度

对大型煤炭企业内部供应链属性进行分析；并对大型煤炭企业内部供应链不确定性进行分析及测度；分析大型煤炭企业内部供应链不确定性的构成；基于熵的大型煤炭企业内部供应链的不确定性测度。

（四）大型煤炭企业内部供应链动态优化模型构建

用数学语言具体分析大型煤炭企业内部供应链结构，结合物流、信息流、资金流等流行为以及优化目标，建立大型煤炭企业内部供应链多目标非线性动态优化模型，将多目标优化模型转化成目标规划模型。

（五）大型煤炭企业内部供应链动态优化模型实际应用

根据建立的大型煤炭企业内部供应链多目标非线性动态优化模型，建立 A 矿业集团内部供应链动态优化模型，对 A 矿业集团内部供应链进行系统决策；并将多目标优化模型的决策结果和单目标优化模型决策结果进行对比分析；应用多目标非线性动态优化模型解析不同情形的市场需求下的企业优化决策，分析说明模型的动态性特点。

四、研究方法与技术路线

本研究拟采用以下方法进行：

第一，采用直接访问、小型会谈、深度访谈等方式，深入厂矿企业进行实地调查研究，搜集关于煤炭产品供给的资料，分析煤炭产品供给的现状和问题，分析煤炭产品需求与供给的特点，结合经济学均衡理论、管理学理论、市场营销学理论，界定煤炭产品均衡供给和煤炭产品供给系统的内涵，分析煤炭产品均衡供给的内容与特点。

第二，构建大型煤炭企业内部供应链的简化链状结构，分析在不同市场行情下，几种代表性的大型煤炭企业内部供应链的结构和行为，构建不同类型煤炭企业内部供应链的结构，从而推出一个典型的大型煤炭供应链系统的内部供应链框架结构。运用系统分析方法和复杂系统理论，分析基于多阶系统的大型煤炭企业内部供应链结构和功能。对大型煤炭供应链的典型内部供应链进行定量描述；对大型煤炭企业内部供应链属性进行分析，并对大型煤炭企业内部供应链不确定性进行分析及测度；用数学语言具体分析大型煤炭企业内部供应链结构，物流、信息流、资金流等流行为以及优化目标，建立大型煤炭企业内部供应链多目标非线性优化模型，将多目标优化模型转化成目标规划模型后，设计遗传算法求解模型。

第三，根据建立的大型煤炭企业内部供应链多目标非线性动态优化模型，建立A矿业集团内部供应链动态优化模型，对A矿业集团内部供应链进行系统决策；并将多目标优化模型的决策结果和单目标优化模型决策结果进行对比分析；应用多目标非线性动态优化模型求解不同情形的市场需求下的企业优化决策，分析说明模型的动态性特点。

本书的研究框架如图1-2所示。

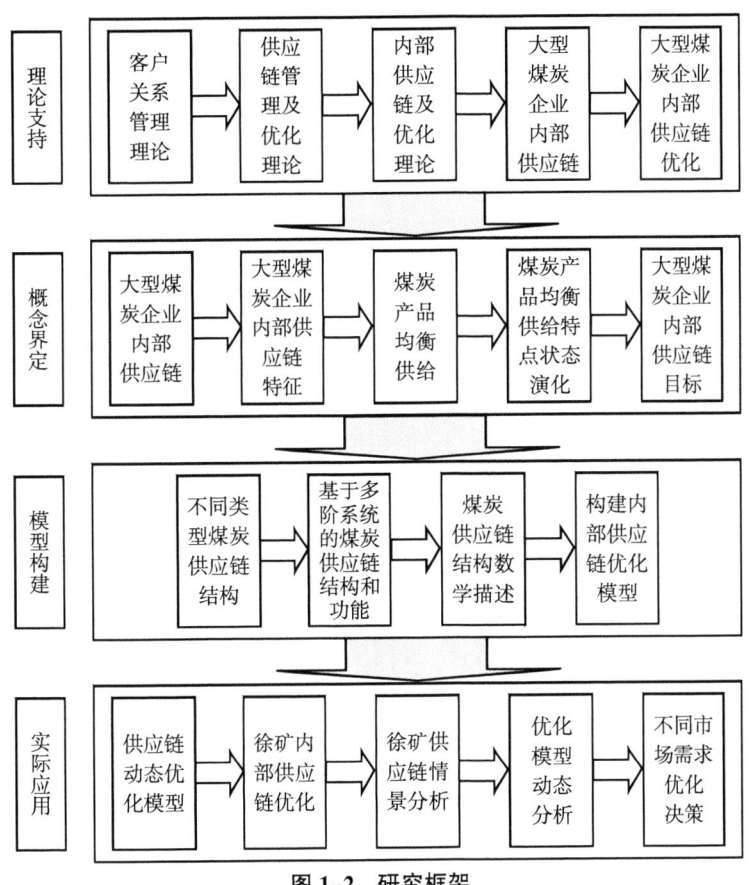

图1-2 研究框架

第二章 大型煤炭企业内部供应链相关概念界定

通过综述分析,界定了本书的研究内容是从客户需求出发,以均衡供给为目标,对大型煤炭企业内部供应链进行构建及优化,本章节将在结合国内外学者相关理论基础上,界定煤炭产品供给的内涵,并进一步界定煤炭产品均衡供给的概念;综合运用系统论、均衡理论、供应链管理理论等相关理论,对相关概念进行界定,界定大型煤炭企业内部供应链的概念、内涵、供应链流行为及特征;明确大型煤炭企业内部供应链的优化目标,为进一步透析大型煤炭企业内部供应链功能、结构、属性和供应链优化作基础准备。

一、大型煤炭企业内部供应链概念界定及特征

(一) 大型煤炭企业内部供应链概念界定

供应链分为外部供应链和内部供应链,早期对企业内部供应链的定位等同于企业内部制造链,或者是企业内部物料供给运输传送的物流过程。而现在大多数较新的研究则将企业内部供应链看作企业内部市场化的必然结果,具体是指在运用市场化机制的企业内部所存在的供应链。或者说供应链是企业内部产品生产和流通过程中所涉及的原材料供货商、生产厂商、储运商、零售商以及最终消费者组成的供需网络[80]。供应链中的一个节点往往是一个企业或一个场所,节点的上下游通常是外部企业、外协厂家、企业内的分支机构或顾客等[81]。内部供应链管理是企业内部产、供、销活动的集成,重点要完成企业内部的供应关系及与上、下游企业的协调关系,实现物流、信息流、资金流的同步运转[82]。

煤炭供应链包括煤炭外部供应链和内部供应链。外部供应链由辅助材料供应商、煤炭企业、物流运输部门和煤炭客户组成。内部供应链主要指煤炭企业内部采购、生产加工、销售等相关流程之间的供需关系形成的供应链。其中煤炭企业

内部供应链是管理的核心。因为对于煤炭行业来说,煤炭企业上游的供应商不是生产原料即原煤供应商,而是辅助材料供应商,其原煤是煤炭企业自己从地下开采出来的。煤炭企业经过开采、洗选加工、配煤等内部供应链各流节,将产成品即商品煤大部分通过直销的形式销售给煤炭用户,由外部的铁路、公路、水路等物流服务商提供煤炭物流服务。因此,对于煤炭供应链来说,其管理的难点和核心应该是内部供应链。即对于煤炭供应链来说,主要是煤炭企业围绕满足客户需求,通过集成内部供应链各业务流程,做好煤炭内部供应链的网络规划、组织和控制,让客户满意。

本书以上述概念为基础,结合大型煤炭企业特色,界定大型煤炭企业内部供应链概念为:规模以上煤炭企业的由原煤开采、煤炭洗选加工、煤炭外购、配煤、煤炭销售、运输直至交付到最终客户等相关流程之间的供需关系所形成的具有网链结构的供应链。

大型煤炭企业内部供应链管理是大型煤炭企业在一定内外部环境条件下,以满足用户需求为导向,集成原煤开采、煤炭洗选加工、煤炭外购、配煤、煤炭销售、运输直至交付到最终客户等运作活动,实现物流、信息流、资金流的同步运转,对用户的需求做出迅速反应的管理活动。也就是说大型煤炭企业内部供应链是围绕着向客户供给煤炭产品而由大型煤炭企业构建的由多流程、多部门、多资源要素构成的供应链系统,其目标是实现煤炭产品的均衡供给。其含义包括:

(1)大型煤炭企业内部供应链运作的起点和目的是向客户均衡供给煤炭产品。根据客户对煤炭产品品种、质量、数量和时间等各方面的要求,大型煤炭企业组建由原煤开采、洗选加工、配煤、销售运输直至客户服务多环节构成的煤炭供给系统,通过煤炭供给系统的有效运作,向客户提供定制的产品和服务,满足客户需求,保证对客户的均衡供给。

(2)大型煤炭企业内部供应链是一类由多流程、多部门、多资源要素构成的系统,由多个子系统构成。其构成要素从流程角度看,涉及原煤开采、洗选加工、配煤、销售运输直至客户服务等多个环节,而每个环节又有多个作业点,构成多流程的网络供应链;从涉及部门看,横向看,该系统由供应部门、生产部门、销售部门、运输部门参与运作,检验部门、技术部门、人力资源部门等也参与辅助运作。纵向看,该系统运作需要公司、各矿、区队、班组、员工从上到下全体参与;从供给系统构成资源要素看,需要人力、物力、财力、技术、管理等多种资源投入。

(3)该系统是开放的供应链系统,其供给系统供应链运作受到内外界环境的影响。大型煤炭企业内部供应链根据外部下游客户的需求,在企业内部组织煤炭开采、洗选加工等,通过铁路部门等第三方物流服务商将煤炭运输给客户。既包括煤炭企业内部具有供求关系的各上下工序构成的内部供应链,又涉及运输物流服务商、客户与煤炭企业构成的外部供应链。该供给系统是开放的供应链系统，其供给系统供应链运作受到外界环境的影响。与煤炭产品或服务构成竞争关系的企业或联盟体（争夺同一市场的另一供应链）以及纯粹市场买卖方式发生业务交易关系的企业或机构，就构成了该供应链系统的外部直接环境。其他无直接关系的环境要素的集合，则构成外部间接环境。大型煤炭企业内部供应链内如各矿下属人力资源部、后勤部、政工部等，被视为"内部环境"，一方面，因为它们处于供应链节点企业（或经营单位）之内，所以是"内部的"；另一方面，它们又与我们所研究的煤炭产品或服务的生产经营过程无关，因而只能作为"环境"要素，而不是系统要素。

（二）大型煤炭企业内部供应链特征

根据煤炭产品特性和需求的特殊性，大型煤炭企业内部供应链具有不同于制造企业供应链的特征：

（1）大型煤炭企业内部供应链的目标是 R（Resource，资源），S（Stability，稳定），C（Cost，价格），T（Transport，运输）。一般制造企业的用户需求变化大，生产的原材料较为稳定，生产的特点是批量小、品种多，制造企业供应链管理的目标是通过管理优化，为用户及时提供高质量的产品。制造业强调 Q（Quality），C（Cost），S（Service），V（Velocity），强调敏捷性及其后勤服务、售后服务。而煤炭企业的产品特点是批量大、品种少，煤炭属于消耗型能源性产品，用户需求历史变化不大，无非是灰分、水分、硫分或粒度等指标，产品特征不在于生产的敏捷性，而在于产品质量和供给数量的稳定性及合格率。所以，煤炭供应链管理强调价格和稳定性，而稳定性又包括数量、质量和供给时间的稳定性，供货稳定性受资源及运输距离及运输条件的制约。所以，大型煤炭企业内部供应链管理的核心是 R（Resource，资源），C（Cost，价格），T（Transport，运输），S（Stability，稳定），其中 S 包括 Q（Quality，质量），Q（Quantity，数量），T（Time，时间）。

（2）大型煤炭企业内部供应链的实体结构较为稳定。一般制造企业的供应链管理中，参与者众多，选择合作伙伴是供应链管理的重要内容，而煤炭企业的合作伙伴较为单一，煤炭产品价值增值中的参与者主要是煤炭企业自身、运输和资源勘探企业，而且资源勘探和运输企业当前垄断性较强，煤炭企业选择的余地较小。煤炭企业供应链一体化难度较大。从煤炭企业内部供应链来看，包括生产矿井、选煤厂、销售部门等，都是相对固定的实体单元，是属于不可选择因素，不存在供应商选择问题，只存在相互协作的问题。

（3）大型煤炭企业内部供应链的前端不确定性大，后端不确定性小。煤炭企业生产经营普遍存在的特点是客户需求在一定时期内是稳定的，而储存的原煤煤种、煤质有很大的波动性。这种情况在供应链管理中是比较有特点的一种类型。煤炭产品生产所需的原材料均是辅助材料，不构成产品实体。材料供应过程从采购、运输、存储、发放到使用与回收物流紧密相连，而与产品物流系统相对独立，产品是来自自然界的煤炭资源。

原材料不确定性主要是自然界中的煤炭资源赋存条件与质量存在很大差异。总的来说，我国煤炭主要商品化产区集中在以山西为中心的北方产区，以山东、两淮为中心的华东产区，以贵州为中心的西南产区以及东北产区和西北产区，而煤炭的消费地大都集中在经济较为发达的东部沿海和南方地区。在漫长的地质演变过程中，煤田受到多种地质因素的作用。由于成煤年代、成煤原始物质、还原程度及成因类型上的差异，再加上各种变质作用并存，致使中国煤炭品种多样化，从低变质程度的褐煤到高变质程度的无烟煤都有储存。这几个地区的煤炭品质存在很大差异，如有的地区属于高瓦斯地区，有的地区属于低瓦斯地区，有的地区断层少，有的地区断层多，这些都将对煤炭产品的形成产生风险。另外，即使同一地区，煤炭资源也存在较大差异，以上多种因素是构成煤炭资源不确定性高的原因。

需求不确定性低主要是因为，多年来我国实行计划经济，煤炭生产和煤炭需求常年保持一定的供需平衡关系，这种关系已经持续了几十年，具有一定的市场调节能力。当中国经济由计划向市场转变以后，煤炭生产和煤炭需求之间的平衡在一定的浮动范围内仍然能保持一定的平衡，再加上由于运输等方面的影响，煤炭产品一直存在一个合理销售半径的限制，销售距离过远，运费就会难以承受，因此煤炭企业的主要销售厂家即主要用户相对稳定。

根据大型煤炭企业内部供应链具有前端不确定性高、后端需求较为稳定、供应链实体结构稳定等特点，供应链管理的核心是在资源条件和运输条件的制约下，通过资源勘探、原煤开配采、洗煤选煤、销售、运输、产品交付等环节，满足不同用户对煤炭产品数量、质量、时间等方面的需求。

二、大型煤炭企业产品均衡供给概念界定

（一）煤炭产品供给

供给是经济学中的重要概念，指在一定的时期内与每一价格水平相对应的生产者能够且愿意供给市场的产品数量。在经济学分析中，供给的概念是极其抽象的，从供给过程看，供给是生产要素组合后的输出。经济学中关于供给的定义，

并不适合本书的研究,主要原因有:①经济学中的供给仅仅是结果,本书中的供给更加注重为了实现均衡供给的过程要素,通过对影响均衡供给的过程要素的优化,满足用户对煤炭质量和数量的要求,进而实现企业的效益;②虽然经济学在分析供给时,影响因素包括价格、其他商品的价格、生产要素成本、宏观政策等,但是经济学中的供给分析,主要分析价格对供给的影响,经济学研究的一个基本假设是"需求创造供给",而煤炭企业的供给受制于资源条件和运输条件等不可控因素,不能无限制的增加,煤炭企业不可能满足所有用户的所有需求,通过筛选客户以及对供给过程要素的优化,最大限度地满足用户对煤炭质量和数量的要求,是供给的首要目标。

所以,本书将煤炭产品的供给定义为:煤炭企业采用一定的技术手段和管理方式,通过需求分析、资源勘探与开采、煤炭洗选、配煤、运输、质量控制、计量控制等环节,将煤炭产品及时送达客户方,在数量、质量和时间上满足客户需求的行为。从此定义中可以看出,煤炭产品的供给以单个煤炭企业为供给主体,其含义不但包括提供产品的数量和质量,还包括企业发展战略规划以及由生产方式、生产技术、配送方式等决定的业务流程中的各个要素。

(二) 煤炭产品均衡供给和煤炭企业内部供应链均衡

均衡原是牛顿力学中的一个概念,牛顿经典力学理论认为,如果一个物体同时在多个外力的作用下处于静止不动或匀速直线运动状态,我们就把这种状态称为均衡。经济学中的均衡思想由来已久,在 200 多年前亚当·斯密所著的《国富论》中就把均衡机制形象地比喻为"看不见的手"。在 19 世纪,均衡已经成为经济学的核心思想,在古典经济学家的视野里,整个经济是沿着均衡的轨道稳步发展,包括 Ricardo、Max 和 Jevons 等在内的众多的经济学家都认为经济系统总是趋向于均衡状态,都强调市场之间相互作用的重要性。但将均衡作为一种系统的研究方法正式引入经济学的是英国经济学家马歇尔。马歇尔在 1890 年发表的《经济学原理》一书中,系统地建立起以供求均衡价格为中心结构的理论体系,随后,用均衡分析法集中系统地分析不同经济主体在利益驱动下各种行为过程和结果,在此基础上形成的一般均衡体系一度成为经济学中的重要分析方法。

在传统经济学中,均衡有狭义和广义两种含义。狭义的均衡通常是指供给和需求相一致,瓦尔拉斯一般均衡则是这种狭义均衡的推广,指构成某一经济系统不再存在继续变动的趋势,经济处于稳定状态[83]。随着复杂系统科学的兴起和人们对均衡与非均衡状态认识的加深,均衡也被赋予了新的含义,具有代表性是斯坦利·梅特卡夫对均衡的界定,他认为,均衡可以理解为任何特定的经济过程"倾向"的结果或经济中某种模糊的"长期"收敛于此的吸引状态[84],当经济系统围绕某一状态或趋势上下波动而保持状态、结构不变或者朝一个特定状态不断收敛时,都认为经济处于均衡状态,显然可见,这一定义对均衡认识从静态角度转移到动态角度,为动态均衡理论的发展铺平了道路。以经济学的均衡理论作为理论基础,很多学者将均衡理论借鉴到公司治理[85]、土地管理[86]等研究领域,为均衡理论在其他研究领域的应用提供了良好的思路。

在吸收经济学关于均衡的研究成果的基础上,本书将煤炭产品均衡供给界定为:煤炭企业通过调节和优化内部供应链的各个制约因素,包括资源条件、运输条件、用户结构、信息沟通等,满足用户对产品的数量、质量和及时性的要求,使企业的煤炭产品与用户需求达到匹配的状态。

大型煤炭企业内部供应链作为一个系统,输出是向煤炭客户供给煤炭商品和服务,其运行的状态是供给围绕着客户的需求状态上下波动,如果煤炭供给朝着客户需求状态不断收敛、尽可能实现供给与需求相匹配的状态,实现了向煤炭客户的煤炭均衡供给,可以说这时大型煤炭企业内部供应链处于均衡状态。

因此基于均衡供给的大型煤炭企业内部供应链,是将前端的资源波动、质量波动、生产波动、运输波动进行有效的管理,通过供应链的运行转化为稳定的产品输出,能够在一定的时间以合适的数量、质量、价格按时运送到客户方,实现煤炭供给向客户需求状态不断收敛,尽可能实现煤炭产品与用户需求在动态中相匹配的状态。

这里的均衡概念与经济学中的均衡概念有以下不同:

首先,经济学中的均衡指市场上供给等于需求的状态,研究的主体是市场,而这里的均衡指企业在数量和质量上满足客户需求的状态,研究的主体是企业,是微观概念。均衡供给是连接企业与用户的桥梁,供给均衡性是企业生产经营的核心目标,是实现用户满意的基础。

其次,经济学中的均衡仅仅指数量的均衡,而这里的均衡有更广泛的含义,不仅要求企业在数量上满足客户需求,还要满足用户对质量和及时性的要求。

最后,经济学中的市场均衡时,均衡价格和均衡数量达到一个确定的值,而煤炭产品供给均衡时,均衡指标如兑现率(衡量数量均衡)、质量指标(水分、挥发分、发热量等)(衡量质量均衡)、时间都存在一个区间。

所以,数量、质量和及时性是均衡供给的基本要素。供给数量和质量均衡是对单个客户而言,及时满足客户对煤炭产品数量和质量要求的状态。这里提到的质量和数量均衡,与煤炭质量管理不同。煤炭的质量管理包括煤炭开采设计、开采、运输、地面选煤加工及销售全过程的产品质量管理[87]。质量管理是实现供给数量和质量均衡的前提,但它并不一定能够保证供给数量和质量均衡。从客户需求来看,煤炭企业在不同的生产周期内对不同质量的煤炭产品的质量和数量的要求不尽相同,存在很大的差别,并且这种差别并不能有效的预测;从煤炭质量管理技术来看,地下煤炭资源原生质量产生波动是不可避免的,从而很难在一定时间内生产出满足客户要求的质量和数量的煤炭产品。

从及时性来看，煤炭从地下到用户也要经过众多环节和地点，流程长，参与部门多，协调难度大，很难保证煤炭产品能够及时到达用户方，为了保证正常的生产，煤炭用户往往保持一定的库存量，来应对煤炭供给的变化。通过内部供应链的优化，缩短供给各环节的反应时间，迅速地向用户提供产品；另一层含义就是及时捕捉市场信息，内部供应链根据用户需求变化调整产品结构，适应用户对产品的要求[88]。

(三) 煤炭产品均衡供给特点、状态及演化

1. 煤炭产品均衡供给的特点

煤炭产品均衡供给是煤炭产品供给的一种状态。从系统论的角度上来看，煤炭产品均衡供给有以下特点[89]。

(1) 产品均衡供给是一种状态集合。从静态角度来看，煤炭产品均衡供给状态并不是单一的，而是指企业通过一定的管理和技术手段使煤炭供给系统的各个变量协调起来实现产品供给目标的状态集合。

(2) 煤炭产品均衡供给是动态的。煤炭产品均衡供给动态性随着煤炭供给系统的各个因素的变化而不断变化，因素的变化会使供给系统偏离原来的均衡状态而无法回到原来的状态，只能在新的状态下形成新的均衡。

(3) 煤炭产品均衡供给的影响因素是复杂的。当大型煤炭企业内部供应链中任何一个因素发生变化，都会对大型煤炭企业内部供应链的稳定性产生影响，煤炭产品供给的均衡状态就会被打破，单一因素的变化呈现出复杂性、不确定性的特点，多复杂因素相互影响，通过反馈机制共同作用于大型煤炭企业内部供应链。

(4) 煤炭产品均衡供给实现需要供给主体的能动性。大型煤炭企业内部供应链存在与外界环境自动相适应的一种自调节机制。当外界环境发生变化，如突发事件导致客户需求变动或运力受阻、原煤赋存条件和煤质变化，需要供给主体即煤炭企业发挥自组织作用，自动发挥组织作用、调节决策参数并组织运行，使内部供应链回归到均衡状态。

2. 煤炭产品均衡供给的状态及其变化

根据上面的分析，数量均衡、质量均衡和及时供给是煤炭供应链均衡供给的基本目标（如图2-1所示）。三者之间有着紧密的联系，有时又是相互矛盾的。数量均衡和质量均衡是及时供给的前提。及时性应该是质量和数量基础上的及时性。及时性在企业市场供不应求时，企业不太关注，但是如果竞争激烈，及时性也将成为用户考虑的重要因素。不论在何种市场环境下，质量均衡都是第一位的，供不应求时，甚至数量均衡都难以实现，供过于求时，数量均衡和及时性成为重要指标。数量和质量是基本目标，及时性是提高性目标[90]。

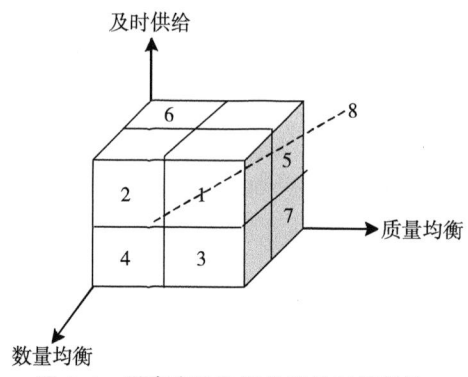

图2-1 煤炭产品均衡供给的三维结构

根据煤炭企业均衡供给的三个维度，可以将均衡供给状态分为以下三大类（见表2-1）：

（1）全面均衡。质量均衡、数量均衡、及时供给都实现，即图2-1中"1"所表示的空间。这是煤炭企业产品供给的最佳状态，企业能够根据资源条件和运输条件，选择合适的用户，用户结构合理，并能够及时收集用户需求信息，根据用户需求信息提供产品，用户满意度较高，最终实现企业与用户的长期交易。所以，提升均衡供给能力，实现全面均衡，是煤炭企业管理的核心目标。

表2-1 煤炭企业供给均衡性的状态

均衡类型	质量均衡	数量均衡	及时供给
全面均衡	是	是	是
部分均衡	是	是	否
	是	否	是
	是	否	否
	否	是	是
	否	是	否
	否	否	是
不均衡	否	否	否

（2）部分均衡。三个指标中有一个或两个没有实现。可能的情况又有6种，即图2-1中"2，3，4，5，6，7"所表示的空间。一是质量和数量达到均衡，及时供给没有实现，这种情况对客户的影响不是很大，客户可以通过加大（消化）库存、自我调节实现煤炭供给的稳定性；二是质量达到均衡，及时供给也可以实现，但是兑现率较低，不能满足用户的所有需求，客户同样可以通过供给来源多元化、调整库存，来自我调节实现均衡供给；三是只有质量实现均衡，数量均衡和及时供给没有实现，可能会影响客户企业的正常运营，这时企业应该通过开发

新的资源或调整用户结构,来改善均衡状态;四是质量均衡没有实现,数量均衡和及时供给可以实现,这时需要分析煤炭质量偏离均衡点的程度,如果偏离较小,客户企业可以通过自己配煤来实现稳定供给,如果偏离较大,会引起较为严重的客户纠纷,影响客户满意度和企业形象,企业需要加强管理来改善这种均衡状态;五是及时供给和质量均衡没有实现,数量均衡实现,这种状态也是非常不理想的,需要企业极力改善;六是及时供给实现,质量和数量均衡没有实现,这种及时供给对于企业来讲,没有意义,也需要企业极力改善。

(3)不均衡。质量均衡、数量均衡、及时供给都没有实现,即图2-1中"8"所表示的空间,与空间"4,6,7"界面相连。这是最差的一种均衡状态。这时需要企业分析造成不均衡的原因。一般来讲,造成不均衡的原因可以分为两类:可控因素和不可控因素。可控因素如企业管理不善、企业信息沟通不畅、企业生产组织不合理等;不可控因素如资源条件的限制、运输条件的限制、用户生产技术水平的变化等。对于可控因素,企业需要通过提升管理和技术水平来改善这种不均衡状态,提高均衡供给能力,实现企业的发展。对于不可控因素,企业应该通过调整用户结构或减少用户数量,来提高均衡供给能力。当然,不可控因素在一定的条件下也可以转化为可控因素,如资源市场化程度的提高,有助于企业通过开拓新的资源来改善资源条件,提升均衡供给能力,企业可以通过产业链延伸,实现煤、港、航一体化,通过改善运输条件来提升均衡供给能力。

当煤炭企业供给处在部分均衡或不均衡时,需要煤炭企业采取必要的管理或技术手段来实现全面均衡。随着煤炭企业的发展和资源条件的变化,煤炭企业的均衡供给状态也会发生动态变化,具体来讲,包括以下三类:

一是由不均衡走向均衡。这种情况一般发生在企业建立初期或企业资源衰退期。企业开始建立时,大型煤炭内部供应链各环节之间的协调还不够顺畅,对用户需求及其变动的把握还欠准确,由此产生不能及时地按照用户的要求保质保量地将产品递送到用户手中,产生了不均衡。但是,随着企业生产经营管理的逐步完善,企业对客户的供给会走向均衡。企业进入衰退期,资源条件日趋恶化,也会给企业的均衡供给带来困难。这时,只能通过优化用户结构或减少用户数量,或通过新的煤炭资源的开发来走向均衡。

二是由均衡走向不均衡。这种情况往往在企业由成熟期走向衰退期时会出现。在煤炭产品供不应求时也可能会出现,为了获得更大的经济效益,企业可能在市场环境好时故意降低非主导客户的兑现率。

三是由均衡走向新的均衡。往往是长期变化的状态,中间往往会经历一段时期的不均衡状态,是企业对内部供应链优化的过程。这种不均衡状态经历的时间越短,对企业越有利。同时,也是对企业管理适应变化反应能力的考验。

三、大型煤炭企业内部供应链目标描述

（一）供应链目标

管理和优化供应链是企业生产经营活动中的核心内容和首要任务，直接影响产品的竞争力。因此，企业间当前的竞争已不仅仅是企业之间对资源的竞争，而是供应链之间或者说是供应链管理水平高低的竞争，这是供应链管理范畴的外延。

Wilbur I. Smith（2000）[91] 给出了供应链管理的目标——把供应链看作一个统一整体，通过管理供应商、制造商、分销商、客户相互之间的关系，创造出最大化价值。供应链管理考虑从供应商到各级制造商、销售商及最终客户的所有联系，即将整个供应链看作一个实体，为供需双方建立一个一致的规划，这样既能顺应不断变化的客户需求，又能同时调整改善内部的一些成本结构。我国学者马士华等（2005）[92] 指出供应链管理的目标在于提高用户服务水平和降低总的交易成本，并且寻求两个目标之间的平衡（这两个目标往往有冲突）。

供应链管理的传统目标是通过使供应链总成本最小来满足某种特定的需求。这里的总成本可以包括：原材料和其他购置成本；内部运输成本；设施投资成本；直接与间接生产成本；直接与间接配送成本；库存成本；设施间运输成本；外部运输成本。

在建立一个特定规划问题的模型时，我们可以只考虑企业整个供应链的一部分以及与之相关的成本。有人认为，在企业考虑制定战略层与战术层供应链规划时，总成本最小这个目标有些保守，不值得企业去努力。企业更应该追求净收入最大化这个目标：

$$NR = TR - TC \tag{2-1}$$

式中，NR 为净收入；

TR 为总收入；

TC 为总成本。

如果需求是固定的，这就意味着为了满足这个需求所应实现的总收入也是固定的，这样企业就可以通过实现总成本最小化来达到净收入最大的目标。

通常以成本最小化或利润最大化作为供应链设计的目标。但随着市场环境的变化，企业正逐渐从试图使每一笔交易都获得最大利润向其与客户及其他节点企业（如供应商）建立互惠互利关系的方向转变。本书认为，供应链优化的目标是在使最终客户满意的情况下供应链企业也获得一定程度的满意。不同行业的最终客户满意的衡量指标不尽相同,但影响客户最终满意的因素除了有产品或服务价格货币化的指标外,还有非货币化的指标如产品或服务质量、交货准时性、产品数量、客户服务,供应链企业满意的主要衡量标准是利润最大化。短期内,要使最终客户满意度提高,整个供应链需要在产品或服务质量、客户服务水平、交付时间上投入更多的资源,这导致供应链成本的增加,供应链利润的下降,从而使供应链的满意度下降。但长期而言,客户与供应链是共赢的关系,最终客户满意度和忠诚度高,就会与供应链保持长期的战略合作关系,减少供应链运作的不确定性,从而使供应链获得稳定的发展,整个供应链的满意度相应提高。最优化模型可以帮助管理者在多个目标之间进行权衡与取舍。

假设整个供应链效用函数和资源约束条件分别为:

$$Y = f(U, u) \tag{2-2}$$

式中,Y 为供应链总体效用;

U 为供应链企业满意度;

u 为最终客户满意度。

公式(2-2)表示:整个供应链的效用 Y 受最终客户满意度 u 和供应链企业满意度 U 的影响,Y 是 u 和 U 的函数。供应链管理的最终目标就是在一定的资源约束下通过提高最终客户满意度 u 和供应链企业满意度 U,进而使得整个供应链效用 Y 最大化,即目标函数是 maxY。

$$u = f(u_1, u_2, \cdots, u_m) \quad (i=1, 2, \cdots, m) \tag{2-3}$$

式中,u_i 为影响最终客户满意度的一级因素。

公式(2-3)表示:最终客户满意度 u 受产品或服务的质量、价格、客户服务水平、交货时间等一级因素 u_i 的影响,但各因素对 u 影响方向和程度不同,u 为 u_i 的函数。

$$u_i = f(u_{i1}, u_{i2}, \cdots, u_{in}) \quad (i=1, 2, \cdots, m; j=1, 2, \cdots, n) \tag{2-4}$$

式中,u_{ij} 为影响最终客户满意度的一级因素 u_i 的二级因素。

公式(2-4)表示:最终客户满意度一级影响因素 u_i 又受到很多因素的影响,比如产品或服务质量可分解为可靠性、耐久性、稳定性等方面,但 u_{ij} 各因素对 u_i 影响方向和程度不同,u_i 为 u_{ij} 的函数。

同理,供应链企业满意度 U 受到一级因素和二级因素的影响。公式分别为:

$$U = f(U_1, U_2, \cdots, U_p) \quad (k=1, 2, \cdots, p) \tag{2-5}$$

式中,U_k 为影响供应链企业满意度的一级因素。

公式(2-5)表示:供应链企业满意度 U 受产品或服务销售(或营业)收入、成本、供应链上合作伙伴企业间合作愉快度等一级因素 U_k 的影响,U 为 U_k 的函数。

$$U_k = f(U_{k1}, U_{k2}, \cdots, U_{kq}) \quad (k=1, 2, \cdots, p; l=1, 2, \cdots, p) \tag{2-6}$$

式中，U_{kl} 为影响供应链企业满意度的一级因素 U_k 的二级因素。

公式（2-6）表示：供应链企业满意度一级影响因素 U_k 又受到很多因素的影响，比如成本又受到生产成本、运输成本、仓储成本、管理成本等因素的影响，U_k 为 U_{kl} 的函数。

（二）大型煤炭企业内部供应链优化目标分解

1. 大型煤炭企业内部供应链优化目标确立原则

（1）基于客户导向，均衡供给以实现客户满意。大型煤炭企业内部供应链的目标是以客户需求为导向，根据客户对煤炭品种、数量和质量的需求，协调组织各种资源，进行原煤开采、洗选加工以及运输配送，确保大型煤炭企业生产的稳定性，把合适的煤炭产品，以合适的数量，在合适的时间送到合适的地点，实现煤炭产品的均衡供给，按质、按量、按时地向煤炭客户供货，为客户的生产稳定提供基础保障，提高客户满意度和忠诚度。

（2）以客户需求为导向，协同一体化。大型煤炭企业内部供应链中各节点通过协议或联合组织等方式结成网络式联合体，在这一协同网络中，矿井、选煤点、运输分销点等各个节点以煤炭客户需求为导向，快速响应市场的变化，动态地共享信息，紧密协作，向着共同的目标发展，为了提高供应链的整体竞争力而进行彼此协调和相互努力，达到对整个供应链上的信息流、物流、资金流、业务流和价值流的有效规划和控制，最终目的是为了实现供应链系统中合作模式的"双赢"或"多赢"目标。

大型煤炭企业内部供应链协同一体化，摆脱了各节点单纯以自身收益最大化为目标分散地进行决策所造成的供应链整体绩效低下，提高了整个供应链的柔性和实现整个供应链柔性价值最大化。

（3）以客户需求为导向，实现动态反应。大型煤炭企业内部供应链以客户需求为导向，快速响应市场的变化，实现对客户需求的快速反应，根据客户的需求信息如煤炭质量要求、煤炭数量、服务标准等，通过协调煤炭内部供应链各节点实体的关系，有效地对供应链上的物流、信息流、资金流进行计划、协调和控制，迅速做出产品质量改进、提高服务、需求分析和开配采、选配煤等反应，以便改进和调整煤炭企业运作行为，从而建立灵活、稳定的供需关系，实现在正确的时间和地点，将正确的煤炭产品，按照正确的数量交给正确的煤炭客户，实现对煤炭客户需求和市场环境的快速反应。

（4）客户满足的 80/20 法则。煤炭供应链运作目标是满足客户的需要，但对于煤炭供应链来说，不可能满足所有客户的需求，所以在资源有限的情况下，煤炭企业也要遵循"重要的少数"的 80/20 法则，首先重点考虑与重要的和高价值客户建立良好的关系，并在供应链动态优化过程中体现出对其利益的重点关注。

(5) 客户导向下，实现内外部资源匹配。大型煤炭企业内部供应链通过对整个供应链中各参与组织、部门之间的物流、信息流及资金流进行计划、协调和控制等，更加合理地组织生产，增强各部门之间的协调，优化提高所有相关过程的速度和确定性，实现内部资源和外部资源匹配，提高组织的运作效率和效益，最大化所有相关过程的净增加值，使供应链的整体成本最小或利润最大，提高经济效益，保证供应链成员共同获利。

2. 大型煤炭企业内部供应链优化目标分解

大型煤炭企业内部供应链优化的目标是煤炭供应链企业通过向煤炭最终客户均衡供给，进而实现煤炭供应链企业和客户的双满意，最终实现煤炭供应链总体效用最大化。

假设整个大型煤炭企业内部供应链效用函数为：

$$Y = f(U, u) \tag{2-7}$$

式中，Y 为供应链总体效用；

U 为供应链企业满意度；

u 为最终客户满意度。

公式（2-7）表示：整个大型煤炭企业内部供应链的效用 Y 受煤炭最终客户满意度 u 和煤炭供应链企业满意度 U 的影响，Y 是 u 和 U 的函数。供应链管理的最终目标就是通过提高煤炭最终客户满意度和煤炭供应链企业满意度，进而使得整个供应链效用 Y 最大化。

$$u = f(u_1, u_2, \cdots, u_m) \quad (i=1, 2, \cdots, m) \tag{2-8}$$

式中，u_i 为影响煤炭最终客户满意度的一级因素。

公式（2-8）表示：煤炭最终客户满意的前提条件是煤炭企业组建的供应链满足"客户需求"，具体来说煤炭最终客户满意度 u 受煤炭产品或服务的质量、价格、数量、客户服务水平、交货时间等一级因素 u_i 的影响，但各因素对 u 影响方向和程度不同，u 为 u_i 的函数。

$$u_i = f(u_{i1}, u_{i2}, \cdots, u_{in}) \quad (i=1, 2, \cdots, m; j=1, 2, \cdots, n) \tag{2-9}$$

式中，u_{ij} 为影响煤炭最终客户满意度的一级因素 u_i 的二级因素。

公式（2-9）表示：煤炭最终客户满意度一级影响因素 u_i 又受到很多因素的影响，比如煤炭产品或服务质量可分解为灰分、发热量、水分、硫分等方面，但 u_{ij} 各因素对 u_i 影响方向和程度不同，u_i 为 u_{ij} 的函数。

这里的"客户需求"不是简单意义上的客户对产品和服务的需求，而是包括如企业状态、产品或服务需求量、位置、价格、质量、企业柔性等组成的综合量。如表 2-2 所示。

同理，煤炭供应链企业满意度 U 受到一级因素和二级因素的影响。公式分别为：

表 2-2 煤炭客户需求指标分解

总体指标	一级指标	二级指标
总体满意度	质量	灰分
		水分
		发热量
		挥发分
		熔点
		含硫量
	数量	订货数量
		送达数量
	价格	出矿价
		到厂价
	时间	发货时间
		送达时间
	服务	服务态度和水平

$$U = f(U_1, U_2, \cdots, U_p) \quad (k=1, 2, \cdots, p) \tag{2-10}$$

式中，U_k 为影响煤炭供应链企业满意度的一级因素。

公式（2-10）表示：煤炭供应链企业满意度 U 受煤炭产品或服务销售（或营业）收入、成本、供应链上合作伙伴企业比如铁路部门间合作愉快度等一级因素 U_k 的影响，U 为 U_k 的函数。

$$U_k = f(U_{k1}, U_{k2}, \cdots, U_{kq}) \quad (k=1, 2, \cdots, p; l=1, 2, \cdots, p) \tag{2-11}$$

式中，U_{kl} 为影响煤炭供应链企业满意度的一级因素 U_k 的二级因素。

公式（2-11）表示：煤炭供应链企业满意度一级影响因素 U_k 又受到很多因素的影响，比如成本又受到生产成本、运输成本、仓储成本、管理成本等 U_{kl} 因素的影响，U_k 为 U_{kl} 的函数。

四、小　结

本章首先提出了大型煤炭企业内部供应链的概念、内涵，分析其特征；其次在区分经济学中供给与本书所提供给概念的基础上，界定煤炭产品供给和煤炭产品均衡供给的概念和内涵，提出基于均衡供给的大型煤炭企业内部供应链概念。认为煤炭产品均衡供给包括质量、数量、时间上的供给均衡，并分析煤炭产品均衡供给状态及变化条件。最后，指出大型煤炭企业内部供应链优化的目标是通过实现均衡供给,进而实现煤炭供应链企业和客户的双满意,并在现代供应链优化目标的基础上,结合煤炭行业特色,用简单的数学模型描述大型煤炭企业内部供应链优化目标,为进一步透析大型煤炭企业内部供应链功能结构、研究其供应链的属性和供应链优化作基础准备。

第三章 大型煤炭企业内部供应链系统结构与功能

本章首先构建了大型煤炭企业内部供应链的简化链状结构，分析在不同市场行情下，几种代表性的大型煤炭企业内部供应链的结构和行为，构建了不同类型煤炭企业内部供应链的结构，从而推出了一个典型的大型煤炭供应链系统的内部供应链框架结构，对大型煤炭供应链的典型类型进行了定量描述。分析了大型煤炭企业内部供应链系统的功能。根据A矿业集团现状，构建了徐州矿业集团内部供应链的结构框架。

一、大型煤炭企业内部供应链结构

(一) 大型煤炭企业内部供应链简化链状模型

将大型煤炭企业内部供应链压缩平板化后即为供应链拓扑结构中最简单的链状模型，如图3-1所示。大型煤炭企业内部供应链中存在着"三流"：物流、资金流及信息流，其中物流从上游向下游流动，资金流从下游向上游流动，而信息流的流动则是双向的。"三流"贯穿了企业的全部活动过程。以上游供应（如机械、电力、木材等）企业作为大型煤炭企业辅料供应商，以大型煤炭企业包括原煤开配采、原煤运输、煤炭洗选加工、煤炭销售等作为原煤及精煤生产商，再通过产品运输环节到达用户，形成以物流为主线，包括信息流及资金流的输入输出关系的煤炭供应链框架。图中包含原煤开配采、煤炭洗选加工、煤炭销售等节点并用实线框起来，为大型煤炭企业内部供应链，又称为子网。

图3-1中给出了产品运输环节，是因为煤炭属于大宗能源性产品，必须依赖铁路、公路和水路的大力配合，根据资源、交通、成本等与离散行业企业确定企业位置策略、运输策略的不同，煤炭开采、加工受矿藏地理分布的影响；铁路、公路运输能力受地区发展水平、国家宏观经济能力等的影响，水运受矿井、用户

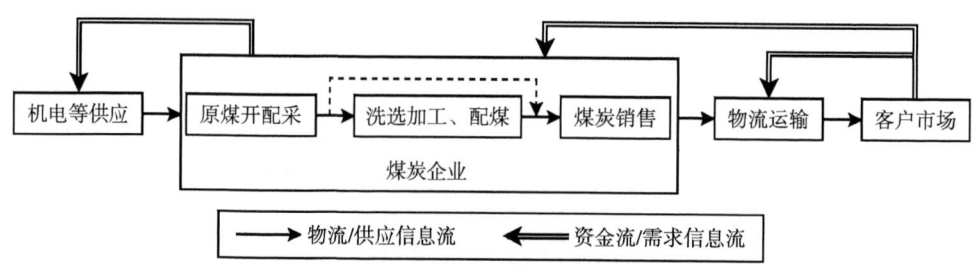

图 3-1　大型煤炭企业内部供应链平板化框架

地理位置的影响。不同用户订单及不同产品供应商有不同的运输需求，交通运输作为煤炭用户化的"瓶颈"，是研究煤炭供应链优化决策环节时必须考虑的问题。机械、电力等行业一方面可能作为煤炭行业的原材料供应商，另一方面可能作为煤炭产品的用户，处于一个动态的供应链环中，企业间存在复杂的"三流"关系。

（二）大型煤炭企业内部供应链结构类型

由于现实中的大型煤炭企业内部供应链不是一个模式，下面本书就分析在不同市场行情下，三种代表性的大型煤炭企业内部供应链的结构和行为。一般来说，大型煤炭企业的原煤开采、煤炭洗选加工、配煤等各环节的作业点不止一个，而且客户也不止一家，所以对大型煤炭企业来说，其煤炭内部供应链除分析单一矿井、单一洗煤厂、单一客户的情景以外，还需要分析以下情景。

（1）模型Ⅰ：多个矿井、单一中央选煤厂、多种商品煤、多个客户情景下的煤炭供应链（见图 3-2）。

多个矿井、单一中央选煤厂、多种商品煤、多个客户情景属于大型煤炭企业内部供应链中比较简单的一种。其中，大型煤炭企业内部供应链即大型煤炭企业内部供应链子网比较复杂，由原煤开配采、洗选加工、销售、运输等环节构成，各环节除了洗选加工只有一个作业点外，其他环节的作业点均为多个。在子网中上游，各矿井负责原煤开配采任务，并将采出的原煤从各矿运到单一中央选煤厂，集中进行煤炭洗选加工，选煤厂将生产出的不同种类商品煤交与销售运输部门交付给不同类型的客户。各上下环节之间不是一一对应关系，而是一种混合交叉关系。客户与大型煤炭企业内部供应链子网发生正向物流、双向信息流和逆向资金流，子网内各环节之间存在双向的信息流和正向的物流。

（2）模型Ⅱ：多个矿井、多个选煤厂、多种商品煤、多个客户情景下的煤炭供应链（见图 3-3）。

在我国，除了有单一中央选煤厂的大型煤炭企业外，大多数大型煤炭企业为多个矿井、多个选煤厂、多种商品煤、多个客户情景。模型Ⅱ显示此类型供应链结构及流行为。一般来讲，各矿在自己的矿区内建立为矿服务的选煤厂，不过选

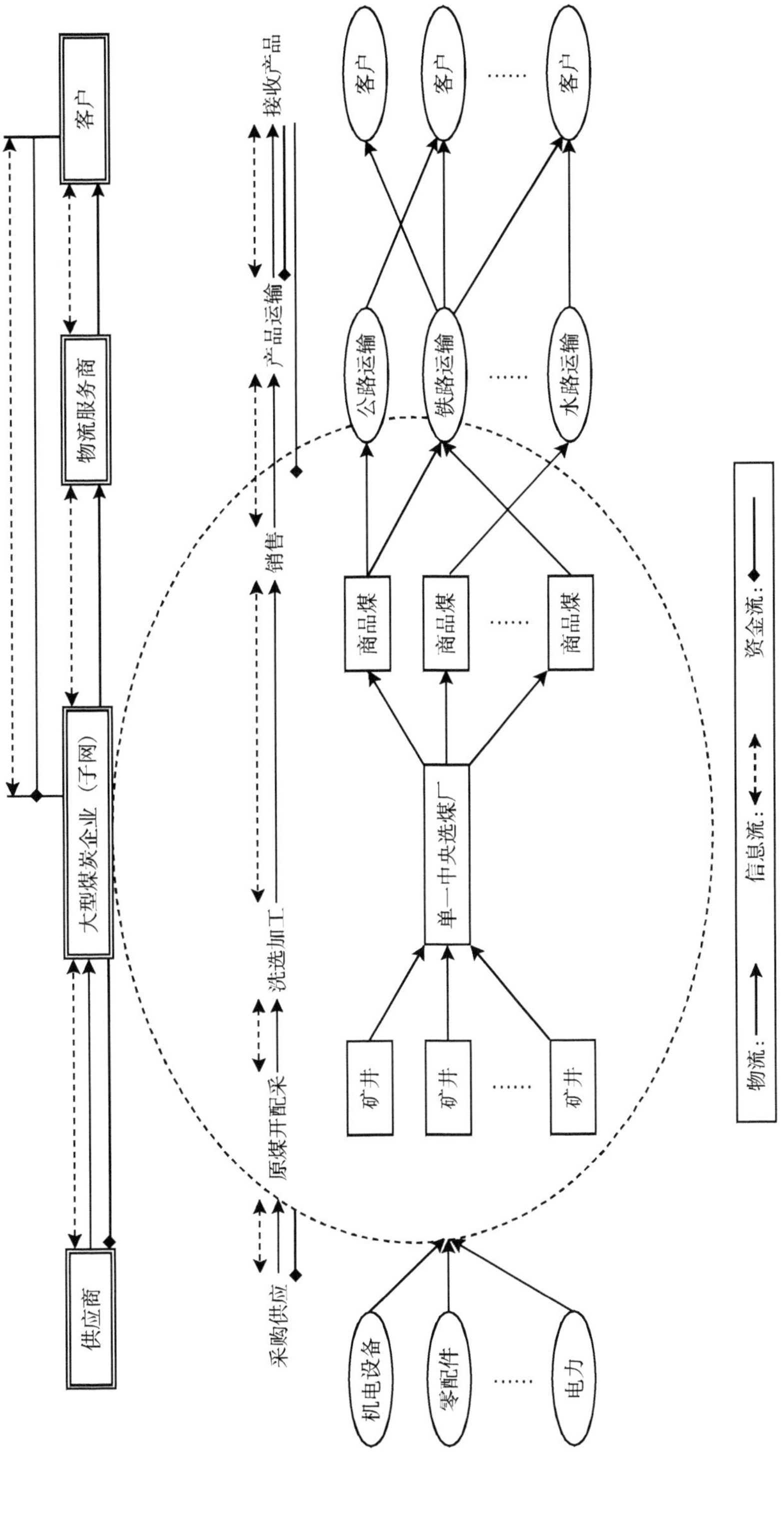

第三章 大型煤炭企业内部供应链系统结构与功能

图 3-2 大型煤炭企业内部供应链网模型 I

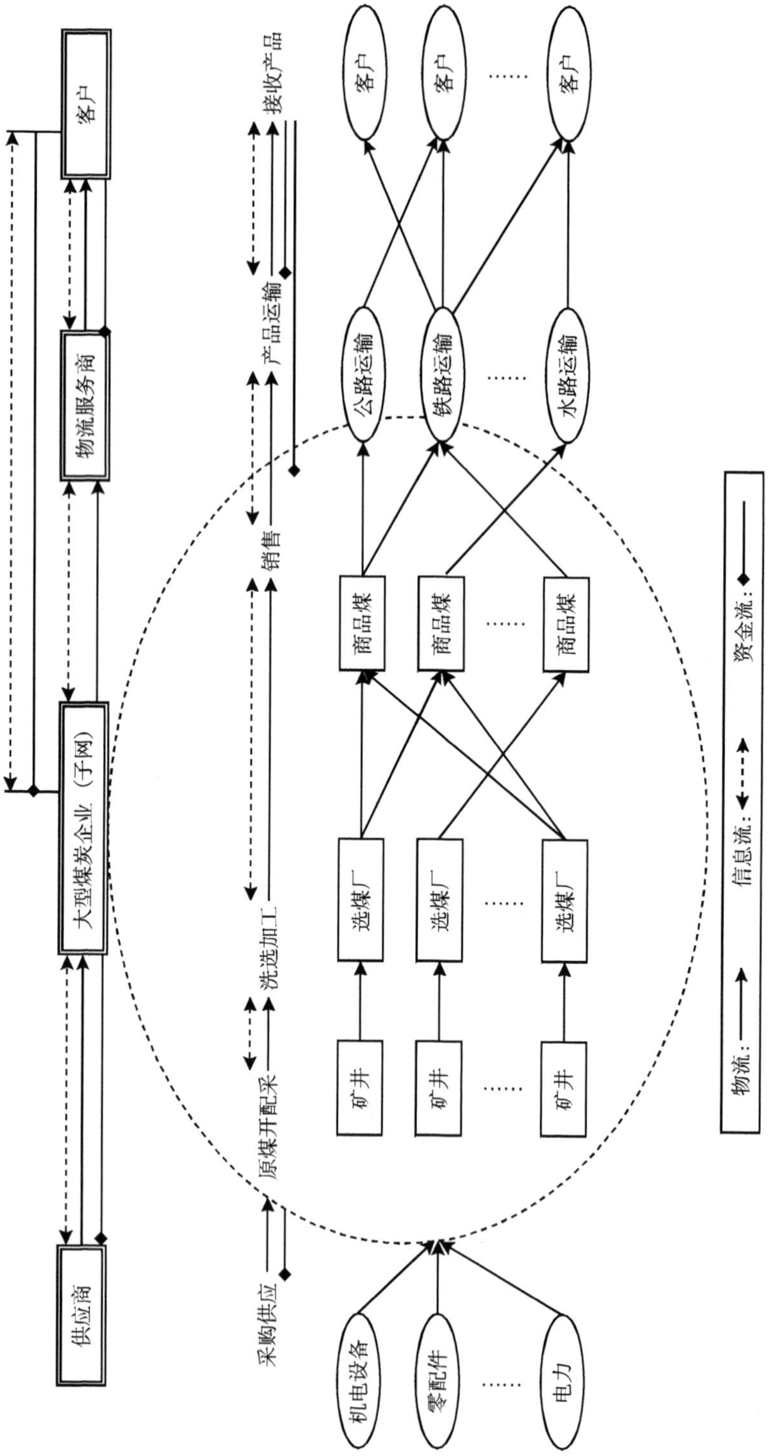

图 3-3 大型煤炭企业内部供应链网模型Ⅱ

煤厂的功能不同，有的选煤厂只是进行拣矸等煤炭初步加工，有的要对煤炭进行洗选等深加工。各矿经过选煤厂加工成的商品煤有可能是同一煤种，销售给同一或不同客户。该模型前端部分从原煤开配采到选煤环节属于链状平行供应链，后半部分属于部分交叉网状供应链。

（3）模型Ⅲ：多个矿井、多个选煤厂、多个配煤基地、外购煤、多个客户情景下的煤炭供应链（见图3-4）。

多个矿井、多个选煤厂、多个配煤基地、外购煤、多个客户情景下的煤炭供应链为最普遍、最具典型的大型煤炭企业内部供应链。在煤炭供大于求的市场状态下，为了提高客户满意度，煤炭企业要严格按照或高于客户的需求标准，提供满足客户要求的煤炭产品和服务。如果选煤厂洗选加工出的煤不能满足客户，此时煤炭企业需要在内部供应链上增加配煤环节。如模型Ⅲ所示为增加配煤基地的情景（单个配煤基地情景包含在多个配煤基地的供应链中，不再单独加以分析）。大型煤炭企业将在选煤厂加工后仍不能满足客户需要的煤炭在矿区、火车装运处、内河或海运港口等配煤基地，根据客户需求指标，通过配煤技术和人员的投入，配选出符合客户要求的商品煤。大型煤炭企业可以在多个配煤基地中考虑各种因素挑选出最优的方案。

一般来说，大型煤炭企业首先在企业内部根据客户要求，对不同煤种进行配煤。如果内部无法实现最优化配置，大型煤炭企业才会考虑从外部采购煤炭进行配煤。外购煤炭环节属于供应链中间环节的入点。但如果外购煤进行配煤成本过高，大型煤炭企业有可能放弃此策略，而承担客户满意度降低的风险。图3-4为典型的大型煤炭企业内部供应链结构框架。

（三）大型煤炭企业内部供应链特征

大型煤炭企业内部供应链是由多条链式结构供应链组成的复杂网链结构，实际上已经超出了"链"的范围。从结构模型可以看出，供应链由节点和弧构成，两者之间形成串联关系。节点表示企业内部的活动，弧代表物料在成员企业之间的位移，即运输过程。在这个网链系统中，大型煤炭企业需要经过各矿的井下或露天开采和配采、地面洗选加工、配煤等环节，最后将产成品即各品种商品煤通过销售及运输卖给各行各业的煤炭用户，各环节可以有选择地参与每条供应链，相连组成的各条供应链部分交叉，部分跳跃，网络结构复杂，上下各环节的关系呈现选择性、交互性、动态性、交叉性。

1. 选择性

供应链的上下各环节具有供需关系，以节点企业为主体的聚集体——供应链中，节点企业相互间的选择和识别的形式是不同层次上的"客户需求"。在供应链中，下游节点就是上游节点的"客户"，n层的环节可以与n+1层的环节发生

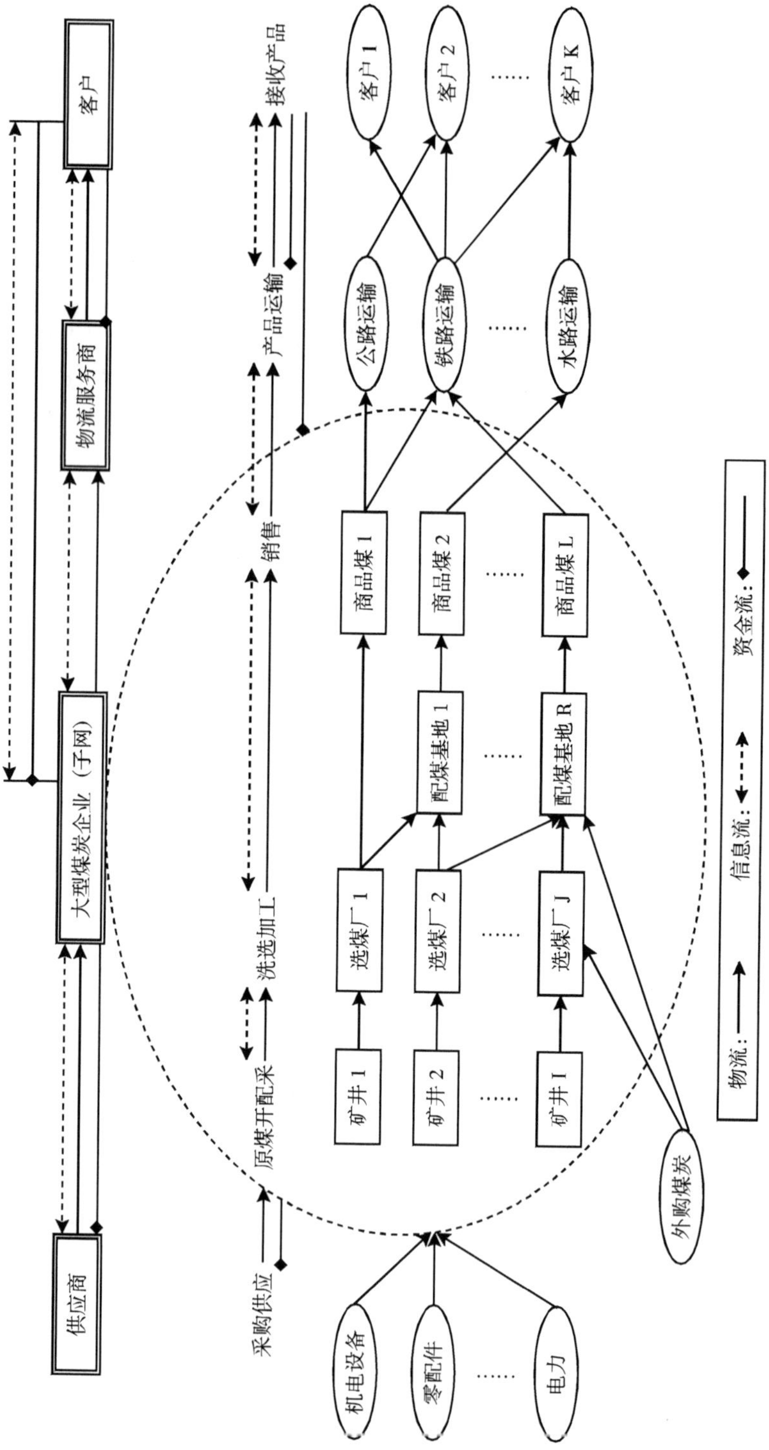

图 3-4 大型煤炭企业内部供应链网模型Ⅲ

供需关系，比如选煤环节相对于开配采环节来说是需求方，反之为供给方；但相邻各环节之间的供需关系不是一一对应的，而是错综复杂的，比如选煤1与配煤1有供需关系，与配煤2也有供需关系；相邻各环节之间不是全部有供需关系，比如选煤n跳过相邻的配煤环节直接与商品煤q发生供需关系。不同层次上的"客户需求"是选择和识别各作业节点聚集成网链式连接的主要依据。

这里的"客户需求"不是简单意义上的客户对产品和服务的需求，而是包括：如企业状态、产品或服务需求量、位置、价格、质量、企业柔性等组成的综合量。供应链中的流涉及资金流、物流或服务流、信息流等贯穿于整个供应链网络中，将各节点企业有机地联系在一起，形成了具有智能特性的网络链体。而作为聚集主体的节点企业做出适应反应的刺激根源是信息流。对上游节点企业来说，下游节点企业或客户的上传信息如煤炭质量要求、煤炭数量、服务标准等应迅速做出产品质量改进、提高服务、需求分析和开配采、选配煤等反应，以便改进和调整煤炭企业运作行为，适应"客户需求"要求。而对下游节点企业或客户来说，应对上游的下传信息如煤种、煤质、数量、价格、位置、存货政策、柔性等做出是否可以链接的选择性反应或发送上游节点企业需要改进的信息刺激。做出这种迅速反应的根源在于它具有一个面向聚集体——供应链和整个市场环境的企业决策行为——内在模型。

2. 交互性

从供应链的本质看出供应链网络是具有自主判断能力和行为运作能力的主体——节点企业以客户为中心，以获利为目的，相互适应和选择聚集而成。也就是说供应链就是把各节点企业作为主体的聚集体。供应链网络的相对稳定结构的形成是由各节点企业相互交流和相互依存并相互适应所造成的。这种稳定标志着作为主体的各节点企业，一方面相互之间不断交流和适应，另一方面根据其他成员的行为以及环境变化不断修正自身的行为规则，以便与整个聚集体——供应链和环境相适应。根据不同行业煤炭客户不同时期、不同煤种、不同数量的要求，煤炭企业根据煤炭地质赋存条件和生产能力，优化配置资源和制订集团和各矿的生产计划，各洗煤厂再制订相应的洗选计划，运销部门根据各矿的煤炭种类、数量、质量与煤炭用户订单的差异，组织各矿间内部配煤或外购煤炭销售或配煤。大型煤炭企业内部供应链上客户与煤炭企业相互影响，关系交互；煤炭企业内部矿井采配煤环节、选煤环节、配煤环节、商品煤各环节间的关系不是单向影响，而存在双向交互作用。

3. 动态性

供应链管理因企业战略和适应市场需求变化的需要，其节点企业或工序需要动态的更新，使供应链具有明显的动态特性。供应链中企业战略适应市场需求变化的需要，要求各节点企业运营必须动态适应市场节奏。这种动态特性，一方面要求供应链各节点企业之间动态适应链接，另一方面作为聚集体——供应链网络，动态适应于外部市场环境变化。从复杂适应系统（CAS）构筑块意义分析，我们可以将节点企业、工序策略或战略决策等视为各种规则、制度、效益、经验等"构筑块"组合而形成。主体企业或环节根据上游或下游节点活动以及供应链的环境变化做出"构筑块"的有机组合，形成适应于供应链的运作行为。这种"构筑块"组合可以生成企业的决策行为——内在模型同时生成供应链的非线性特征，所谓非线性指的是系统的输入在给定数量级上变化时其输出变化呈现出非线性关系。

4. 交叉性

供应链的形成、存在、重构都是基于一定的市场需求而发生的，并且用户的需求是拉动供应链运作的根源。从不同煤炭客户需求订单出发，大型煤炭企业内部供应链中一个环节可以同时成为多个不同供应链网络中的节点，众多供应链形成交叉结构，增加了协调管理的难度，形成部分交叉、部分跳跃的结构复杂的网链式大型煤炭企业内部供应链。

（四）大型煤炭企业内部供应链定量描述

如图3-4所示，假设大型煤炭企业供应链系统有矿井I个，洗煤厂J个，配煤基地R个，商品煤品种L种，大型煤炭企业的矿井、洗煤厂和配煤基地等节点构成内部供应链系统。供应链系统必要时可以通过外购煤满足客户需求，内部供应链系统外有K个客户。下面分别对大型煤炭企业内部供应链系统中矿井节点、选煤厂节点、客户需求、物流系统、资金流系统进行定量描述。

1. 大型煤炭企业供应链系统矿井节点定量描述

i为矿井序号，$i=1, 2, \cdots, I$。

输入变量：

XH_i（%）为矿井i的原煤灰分；

C_{i0}（元/吨）为矿井i生产单位原煤成本；

A_i（万吨）为矿井i原煤生产能力。

决策变量：

X_i（万吨）为矿井i原煤产量。

矿井点能力描述：

$$X_i \leq A_i \tag{3-1}$$

2. 大型煤炭企业供应链系统选煤厂节点定量描述

输入变量：

H_{jl}（%）为洗煤厂j生产的l种商品煤的灰分；

B_j（万吨）为选煤厂j洗配能力；

C_{jl}（元/吨）为选煤厂 j 选洗单位原煤成本；
YH_j（%）为选煤厂 j 入洗原煤灰分。
决策变量：
Y_j（万吨）为选煤厂 j 入洗原煤量；
L_{jl}（%）为矿洗煤厂 j 对 l 种商品煤的产量。
j 为选煤厂序号，j=1, 2, …, J；
l 为商品煤序号，l=1, 2, 3, 4, …, L，不妨设主要洗选产品（如精煤）序号为 1，原煤序号为 L。
洗煤厂能力描述：
$$Y_j \leqslant B_j \tag{3-2}$$
洗煤厂主要洗选产品产量与入洗原煤灰分和其他洗选产品产量有负相关关系，主要洗选产品产出率与入洗原煤灰分和其他洗选产品产量存在某种函数关系，可以通过统计回归的方式建立主要洗选产品产出率模型：
$$L_{j1}=f(YH_j, L_{j2}, L_{j3}, \cdots, L_{j(p-1)}) \tag{3-3}$$

3. 大型煤炭企业供应链系统客户需求定量描述

客户端处在煤炭企业供应链系统之外，是煤炭供应链系统信息流的来源，是煤炭企业供应链系统的决策依据。煤炭企业追求系统的整体利润最大，同时通过确定不同客户相应的最低订单满足率和最低质量保证来实现一定的客户满意度。客户满意度受订单满足率和交货质量的影响。订单满足率越高，交货质量越高，则客户满意度越高。考虑各商品煤对客户的重要程度不同，所以客户需求的不同商品煤的订单满足率和交货质量（灰分）对客户满意度的影响也不同，另外，各客户对商品煤订单满足率和质量要求的偏好程度也不同，需要确定各客户对不同商品煤的权重，以及各客户分别对数量和质量的权重。对煤炭企业来说，不同客户的重要程度也不相同，需要对各客户赋予相应的权重。据此，客户端变量描述：

输入变量：
E_{kl}（万吨）为客户 k 对 l 种商品煤需求量；
P_{kl}（元/吨）为客户 k 购买 l 种商品煤协议价格；
D_{kl}（%）为煤炭企业确定的对客户 k 的 l 种商品煤最低的订单满足率；
F_{kl}（%）为煤炭企业向客户 k 销售的 l 种商品煤灰分标准。
k 为客户序号，k=1, 2, …, K。
企业售给客户 k 的商品煤 l 的灰分：
$$AH_{kl} = \frac{\sum_j Z_{jkl} H_{jl} + W_{kl} H_{0l}}{\sum_j Z_{jkl} + W_{kl}}, \quad (l=1, 2, \cdots, p-1) \tag{3-4}$$

企业销售给客户 k 的原煤的灰分：

$$AH_{kp} = \frac{\sum_i Z_{ikp} XH_i + W_{kp} H_{0p}}{\sum_i Z_{ikp} + W_{kp}} \quad (3-5)$$

客户 k 的商品煤 l 的需求数量的订单满足率：

$$\frac{Q_{kl}}{E_{kl}} \quad (3-6)$$

$\frac{AH_{kl} - F_{kl}}{F_{kl}}$ 为供给客户 k 的商品煤 l 质量（灰分）与其要求的相对差距，可以反映客户的不满足度。

则客户 k 对供给的商品煤 l 质量的满足度：

$$1 - \frac{AH_{kl} - F_{kl}}{F_{kl}} \quad (3-7)$$

则可建立煤炭企业客户满意度模型：

$$\mu = \sum_k \theta_k \left[\gamma_{k1} \sum_{l=1}^{p} \rho_{kl} \frac{Q_{kl}}{E_{kl}} + \gamma_{k2} \sum_{l=1}^{p} \rho_{kl} \left(1 - \frac{AH_{kl} - F_{kl}}{F_{kl}}\right) \right] \quad (3-8)$$

式中，θ_k 为客户 k 的权重；

γ_{k1}，γ_{k2} 分别为煤炭数量和质量对客户 k 的权重；

ρ_{kl} 为商品煤 l 对客户 k 权重。

4. 大型煤炭企业供应链系统物流系统的定量描述

（1）矿井—洗煤厂。

决策变量：

X_{ij}（万吨）为矿井 i 运往选煤厂 j 的待洗原煤量。

（2）矿井—客户。

决策变量：

Z_{ikp}（万吨）为矿井 i 运往客户 k 的原煤量。

（3）洗煤厂—客户。

决策变量：

Z_{jkl}（万吨）为洗煤厂 j 运往客户 k 的 l 种商品煤数量，l=1，2，…，L-1。

（4）外购煤—客户。

输入变量：

H_{0l}（%）表示外购的 l 种商品煤的灰分。

决策变量：

W_l（万吨）为外购 l 种商品煤数量；

W_{kl}（万吨）为外购 l 种商品煤运往客户 k 的数量；

W_{k0} 为运往客户 k 的外购煤数量。

(5) 供应链系统—客户。

输入变量：

α_i（万吨）为煤矿企业供应链系统对外运输能力。

决策变量：

Q_{kl}（万吨）为企业销售给客户 k 的 l 种商品煤数量。

(6) 供应链物流变量的平衡式与约束式。

各矿井原煤生产量平衡公式：

$$X_i = \sum_j X_{ij} + \sum_k Z_{ikp} \tag{3-9}$$

洗煤厂原煤入洗量平衡公式：

$$Y_j = \sum_i X_{ij} \tag{3-10}$$

煤炭销售平衡公式：

$$Q_{kl} = \sum_j Z_{jkl} + W_{kl}, \quad l = 1, 2, \cdots, p-1 \tag{3-11}$$

$$Q_{kp} = \sum_i Z_{ikp} + W_{kp} \tag{3-12}$$

$$\sum_k Z_{jkl} = L_{jl} \cdot Y_j, \quad l = 1, 2, \cdots, p-1 \tag{3-13}$$

外购煤平衡公式：

$$W_l = \sum_k W_{kl} \tag{3-14}$$

$$W_{k0} = \sum_l W_{kl} \tag{3-15}$$

运输能力约束：

$$\sum_j \sum_k \sum_{l=1}^{p-1} Z_{jkl} + \sum_i \sum_k Z_{ikp} \leq \alpha \tag{3-16}$$

(7) 大型煤炭企业供应链资金流系统的定量描述。

输入变量：

S_{ij}（元/吨）矿井 i 到选煤厂 j 单位重量运输成本；

V_{ik}（元/吨）矿井 i 到客户 k 单位重量运输成本；

R_{jk}（元/吨）选煤厂 j 到客户 k 单位重量运输成本；

P_{0l}（元/吨）为外购 l 种商品煤报价；

T_k（元/吨）外购煤到客户 k 的单位重量运输成本；

C_{i0}（元/吨）为矿井 i 生产单位原煤成本；

C_{j1}（元/吨）为选煤厂 j 选洗单位原煤成本；

P_{kl}（元/吨）为客户 k 对 l 种商品煤报价。

大型煤炭企业供应链资金流净值—利润：

$$U = \sum_{k=1}^{K}\sum_{n=1}^{N} Q_{kn}P_{kn} - \sum_{i} X_i C_{i0} - \sum_{j} Y_j C_{j1} - (\sum_{j}\sum_{k}\sum_{n} Z_{jkn}R_{jk} + \sum_{i}\sum_{k} Z_{ikn}V_{ik} + \sum_{i}\sum_{j} X_{ij}S_{ij} + \sum_{k}\sum_{n} W_{kn}T_k) - \sum_{k}\sum_{n} W_{kn}P_{0n} \quad (3-17)$$

式中，煤炭销售收入（资金流入量）：$\sum_{k}\sum_{n} Q_{kn}P_{kn}$；

原煤生产成本：$\sum_{i} X_i C_{i0}$；

洗煤厂洗煤成本：$\sum_{j} Y_j C_{j1}$；

运输成本：$\sum_{j}\sum_{k}\sum_{n} Z_{jkn}R_{jk} + \sum_{i}\sum_{k} Z_{ikn}V_{ik} + \sum_{i}\sum_{j} X_{ij}S_{ij} + \sum_{k}\sum_{n} W_{kn}T_k$；

外购煤成本：$\sum_{k}\sum_{n} W_{kn}P_{0n}$。

二、基于"多阶系统"的大型煤炭企业内部供应链网络组织结构

（一）供应链系统要素及环境

王凤彬（2004）[93] 从系统理论与组织理论相结合的角度，探讨供应链系统的结构、行为及其与环境的关系，指出对供应链系统的管理需要采用一种不同于单个企业的组织逻辑，并以数学描述方式刻画了作为"二阶系统"的供应链系统的基本特征。研究揭示出供应链系统是一个具有物处理和转换功能的物流系统，需要精心设计其结构，以确保由多链环串联而成的物流系统能与信息系统和管理决策系统有机地整合，从而构建出结构完整、功能齐备、高效运行的虚拟一体化的供应链网络组织。

将大型煤炭企业内部供应链系统看作一个"组织"，它实际上是边界范围远大于某一企业的更大的组织，是由许多业务经营单位构成的"超组织"，因为网状关系是企业间组织的典型形态，所以大家常将其称为"网络"，本书指围绕大型煤炭企业内部供应链而形成众多经营单位间的网状关系。我们使用"大型煤炭企业内部供应链网络"一词来称谓大型煤炭企业内部供应链组织。

第三章 大型煤炭企业内部供应链系统结构与功能

一般系统论认为,系统是根据某种性质发生关系的要素的集合。用数学上的集合 $G=\{E_x\}$ ($x=1, 2, \cdots, X$) 来表示系统的构成要素,用 $R=\{r_{xt}=\langle E_x, E_t\rangle\}$ ($x, t=1, 2, \cdots, X$) 表示存在于系统要素之间的关系。由此,"系统"概念的数学表达式为:$S=f(G, R)$。上式反映对系统(包括供应链网络组织这一系统)的考察不仅要关注构成要素,更要看到存在于要素间的关系。这种关系,实际上就是具有特定功能的要素之间基于某种性质的相互联系(静态的关联)和相互作用(动态的互动)。

大型煤炭企业内部供应链作为一类系统,可以用一般系统的概念进行系统分析。首先我们需要依据"某种性质"界定大型煤炭企业内部供应链系统的构成要素。大型煤炭企业内部供应链的实质是围绕为煤炭客户提供有价值的产品或服务,而将从原煤开采直至产品或服务送抵最终顾客手中有关的各方面力量集结在一起这样一个业务运作过程。与煤炭产品或服务提供过程有关的各流程要素(图3-5中以粗黑圈〇表示的 $U_1, U_2, \cdots, U_m$)的集合体就代表该大型煤炭企业内部供应链的构成。在大型煤炭企业供应链全过程的各个步骤都在一个企业(或经营单位)内部完成的"纵向一体化"的供应链中,这一企业(或经营单位)就是大型煤炭企业内部供应链系统的分析层次。大型煤炭企业内部供应链系统分析的单元不应该局限于单体的企业(或经营单位),而应该扩展到企业间或经营单位间以网状关系联结起来的联盟体,即图3-5中由 $E_1, E_2, \cdots, E_x$ 构成的"二阶系统"①。这样,依据大型煤炭企业内部供应链业务关系这一"性质"而联结在一起的各要素 $U_{x1}, U_{x2}, \cdots, U_{xy}$ ($x=1, 2, \cdots, X$; $y=1, 2, \cdots, Y$) 集合为企业子系统 E_x 后再集合为更大的大型煤炭企业内部供应链系统 G,实际上也就是一种"多阶"集合。假设企业子系统 E_x 的构成要素为 $U_{x1}, U_{x2}, \cdots, U_{xy}$ ($x=1, 2, \cdots, X$; $y=1, 2, \cdots, Y$),用矩阵来表示该子系统即为 $E_x=\{U_{xy}\}$ ($x=1, 2, \cdots, X$; $y=1, 2, \cdots, Y$),则作为"多阶系统"的大型煤炭企业内部供应链的构成可表示为 $G=\{E_x U_{xy}\}$。

如果将所有构成要素 U_{xy} 在大型煤炭企业内部供应链各节点企业内部及企业之间所存在的联结关系笼统地表示为 $R_{xt}=\{\langle U_{xa}, U_{tb}\rangle\}$ ($x, t=1, 2, \cdots, X$; $a=1, 2, \cdots, A$; $b=1, 2, \cdots, B$)(图3-5中以实线表示的系统要素之间的关系),那么对这个"二阶系统"进行数学表述,即为:$S=\{E_x U_{xy}/R_{xt}\}$。此式乃研究"大型煤炭企业内部供应链网络组织"中所特指的系统概念。

在明确了大型煤炭企业内部供应链业务关系相关联的要素(U_{ij})是系统要素

---
① 王凤彬. 作为"二阶系统"供应链网络组织研究 [J]. 数量经济与技术经济研究, 2004 (6): 71. 系统具有层次性,当把一个系统看成是另一个更高一层系统的要素时,这一高层次的系统便称为"二阶系统"。

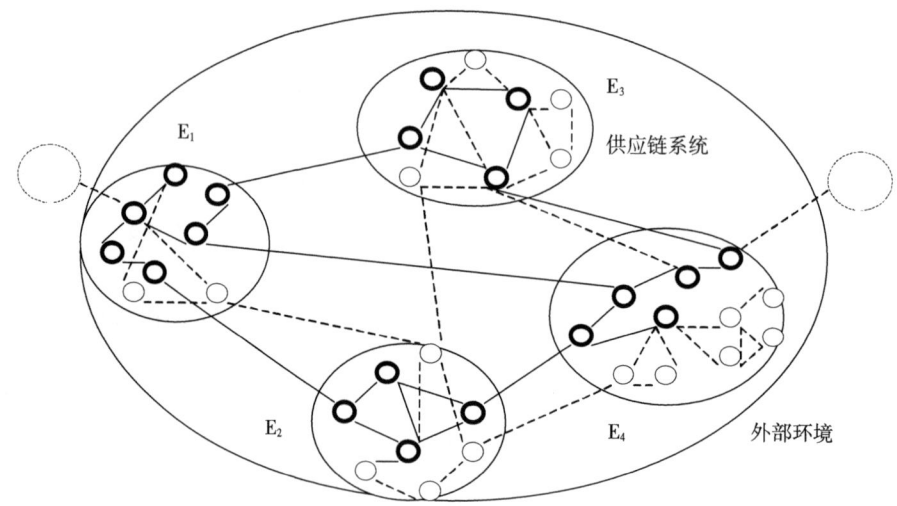

图 3-5 供应链系统要素及环境

的同时,我们还应注意到大型煤炭企业内部供应链系统环境的存在。系统论告诉我们,任何研究者都是依据"某种性质"来界定系统并确定其构成的要素(北原贞辅,1987)[94]。研究者所考察的"某种性质"之外的那些特性或要素,就将其列为"系统环境"。环境包括内部环境和外部环境,外部环境又包括外部直接环境和外部间接环境。与煤炭产品或服务构成竞争关系的企业或联盟体(争夺同一市场的另一供应链)以及纯粹市场买卖方式发生业务交易关系的企业或机构,就构成了该供应链系统的外部直接环境。其他无直接关系的环境要素的集合,则构成外部间接环境。大型煤炭企业内部供应链内如各矿下属人力资源部、后勤部、政工部等,被视为"内部环境"(图 3-5 中虚线所联结的以细黑圈○所表示的各要素),一方面因为它们处于供应链节点企业(经营单位)之内,所以是"内部的";另一方面,它们又与我们所研究的煤炭产品或服务的生产经营过程无关,因而只能作为"环境"要素,而不是系统要素。当然,作为大型煤炭企业内部供应链的内部环境,它本身也是一个"多阶系统"。无论对于外部环境还是内部环境,大型煤炭企业内部供应链联盟体的管理者都应当采取适应、利用和改造的态度,通过关注内外部环境因素对供应链系统运行状况的影响,确保供应链运作的良好绩效。

(二)基于"多阶系统"的大型煤炭企业内部供应链系统构成和流行为

以多个矿井、多个选煤厂、多个配煤基地、外购煤、多个客户情景下的煤炭供应链,即典型的煤炭供应链为例,运用系统论思想详细解析其供应链结构。图

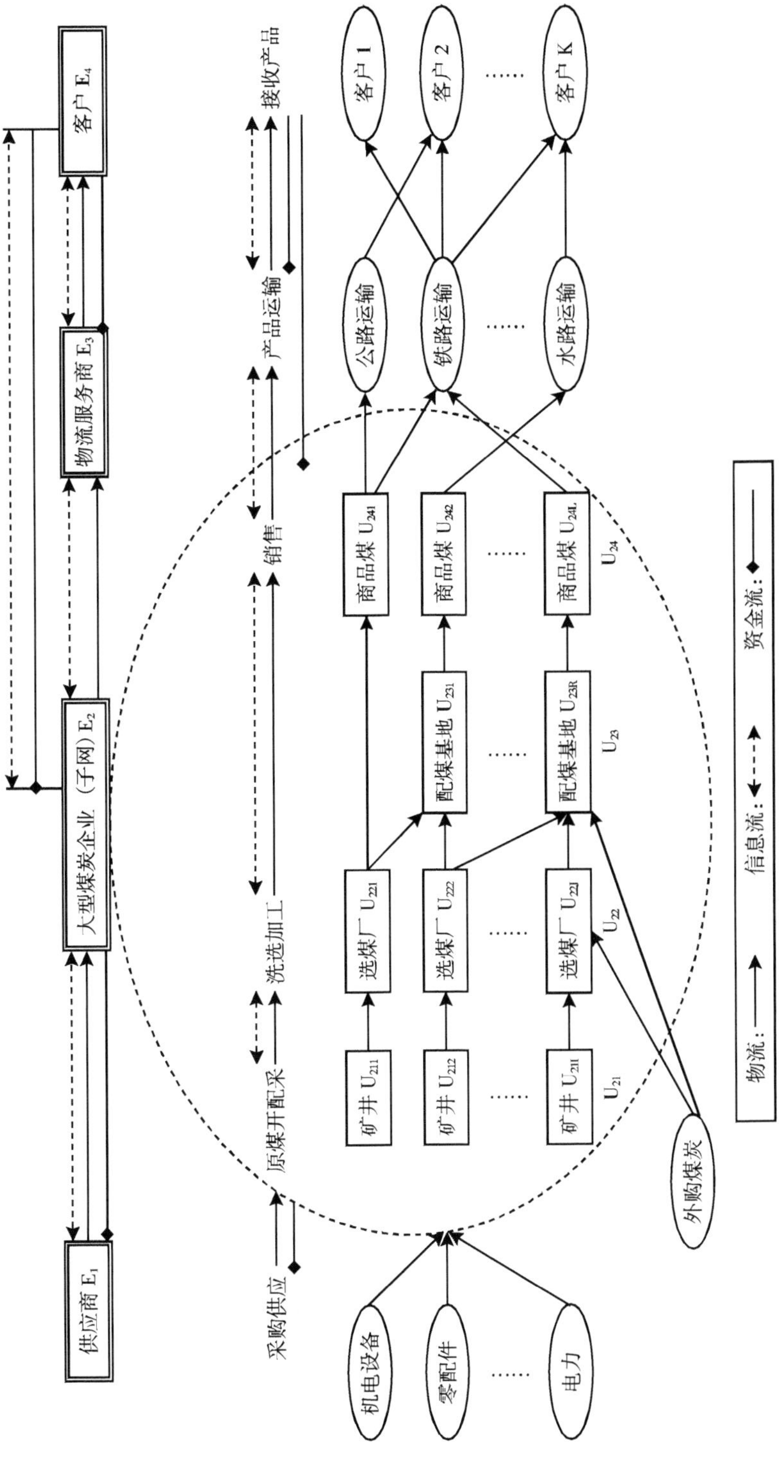

图 3-6 基于"多阶系统"的大型煤炭企业内部供应链构成和流行为

3-6 显示了此类型的供应链结构及以物流为主线,包括信息流及资金流的输入输出关系的流行为。

大型煤炭企业内部供应链的实质是围绕为煤炭客户提供有价值的产品或服务,而将从原煤开采直至产品或服务送抵最终顾客手中有关的各方面力量集结在一起的这样一个业务运作过程。与该产品或服务提供过程有关的各流程要素(图3-6 中用椭圆形和长方形表示的各业务环节的多作业点)的集合体就代表该系统的构成。

图 3-6 由 E_1、E_2、E_3、E_4 (x=1, 2, …, 4) 即供应商、大型煤炭企业、物流服务商、客户构成大型煤炭企业供应链的"一阶系统",又称为供应链的子网;在大型煤炭企业(供应链子网)E_2 内部由原煤开配采 U_{21},洗选加工 U_{22},配煤 U_{23},销售 U_{24} 等环节构成 "二阶系统",多个原煤生产节点即各矿井 U_{211},U_{212},…,U_{21I} (i=1, 2, …, I) 构成二阶系统原煤开配采环节 U_{21} 的下一级系统即 "三阶系统"①。多个煤炭洗选加工节点即各选煤厂 U_{221},U_{222},…,U_{22J} (j=1, 2, …, J) 构成二阶系统洗选加工环节 U_{22} 的下一级系统。用矩阵来表示供应链子网 E_x 即为 $E_x = \{U_{xy}\}$ (x=1, 2, …, X; y=1, 2, …, Y),作为"多阶系统"的大型煤炭企业内部供应链的构成可表示为 $G = \{E_x U_{xy}\}$。

在大型煤炭企业内部供应链系统中存在着以物流为主线,包括信息流及资金流的输入输出关系的流行为。

1. 信息流

在供应链上的信息流包括需求信息和供给信息。需求信息(如煤炭客户订单、煤炭生产计划等)从需方向供方流动,是从下游煤炭客户流向上游的逆向流,这时还没有物流流动,但是它却引发物流。而供给信息(如入库单、库存记录、提煤单等)随同物料一起沿着供应链从上游供方向下游需方流动,而且各节点企业或业务之间的信息流是双向交互的。

2. 物流

煤炭企业是根据客户或市场的需求安排原煤开采、洗选加工出成品,然后以商品的形式销售运输给客户,并提供售后服务。物料从供方开始,沿着各个环节向需方流动,这是供应链上最显而易见的物质流动。

3. 资金流

物料是有价值的,物料的流动引发资金的流动。供应链上企业的各项业务活

---

① 王凤彬. 作为"二阶系统"供应链网络组织研究[J]. 数量经济与技术经济研究, 2004 (6): 71. 系统具有层次性,当把一个系统看成是另一个更高一层系统的要素时,这一高层次的系统便称为"二阶系统"。本书的观点正好相反。当把一个子系统看成是最高系统的要素时,最高系统称为"一阶系统",这一低层次的子系统便称为"二阶系统",了系统的了系统称为"三阶系统",以此递阶。

动都会消耗一定的资源。消耗资源会导致资金流出,只有当消耗资源生产出的产品出售给客户后,资金才会重新流回企业,并产生利润。因此,供应链上还有资金的流动。商品的成本必须从整个供应链上来考虑,而不能局限于企业内部。图3-6中显示的资金流从需求方煤炭客户支付货款或交付定金开始,逆向流到运输物流部门、煤炭企业,与物流的方向正好相反。

作为聚集主体的节点企业做出适应反应的刺激根源是信息流。对上游节点企业来说,下游节点企业或客户的上传信息如煤炭质量要求、煤炭数量、服务标准等应迅速做出产品质量改进、提高服务、需求分析和开配采、选配煤等反应,以便改进和调整煤炭企业运作行为,适应于"客户需求"要求。而对下游节点企业或客户来说,上游的下传信息如煤种、煤质、数量、价格、位置、存货政策、柔性等应做出是否可以链接的选择性反应或发送上游节点企业需要改进的信息刺激。做出这种迅速反应的根源在于它具有一个面向聚集体——供应链和整个市场环境的企业决策行为——内在模型。

各种物料在供应链上移动,是一个不断增加其技术含量或附加值的增值过程。因此,供应链还有增值链(Value-added Chain)的含义。由于客户购买的是商品或服务的使用价值,所以产品只有满足客户需求,才能被售出,增值才有意义。

信息、物料、资金的流动和物料的增值都要靠煤炭企业的业务活动——工作流来带动。工作流决定了各种流的流速和流量,而工作流是否顺畅需要做好供应链的计划、协调,即首先要做好大型煤炭企业内部供应链的优化,通过大型煤炭企业内部供应链的优化保证工作流畅通,对瞬息万变的环境迅速做出响应,加快各种流的流速(生产量),在此基础上增大流量(产量),为企业谋求更大的效益。

三、大型煤炭企业内部供应链功能

(一) 通用供应链系统的功能

任何系统都具有将一定状态的输入转换为一定状态的输出的功能,系统论中常用向量 x, y 来分别表示系统的输入、输出。对供应链系统而言,从其基本行为表现来分析,它是将原材料(x)通过一系列业务运作活动转换为顾客所需要的产品(y),这是我们可以从供应链系统外部观察到的基本行为。然而打开供应链系统这一"黑箱",我们发现,业务运作活动实际上是在"内心活动"对如何处理原材料做出决定后方才进行的一项续后的转换活动。"内心活动"不负责具体的业务处理操作，而是通过其认知和判断形成"信息"，以此控制输入到业务处理过程中的决策变量，使整个系统运行过程能够取得预期的产出。如图3-7所示，将供应链系统的输入 x′ 分解为物的部分和信息部分，分别用向量 x 和 Ix 表示。供应链系统来自有形或无形管理机构的"内心活动"功能用矩阵 D 表示，它代表根据各种环境信息（包括客户需求信息 I_{1c}、原材料信息 I_{1r} 和环境条件信息 I_{1e} 等，它们一起构成向量 I_1）、物处理能力和过程信息（向量 I_2）以及产出信息（向量 I_3）[①] 等而决定采取何种处理方式的管理决策活动（系统论中常将各种有形或无形管理机构所进行的决策活动称为信息转换活动，以区别于物的转换活动）。经过管理机构管理决策活动 D 的转换而输出的信息也包括多维的变量。比如，为何（目的）生产、面向谁（顾客群）生产、生产什么（品种、质量、数量、交货期等）以及如何生产（方法、成本）等，统一用向量 I_y 表示。

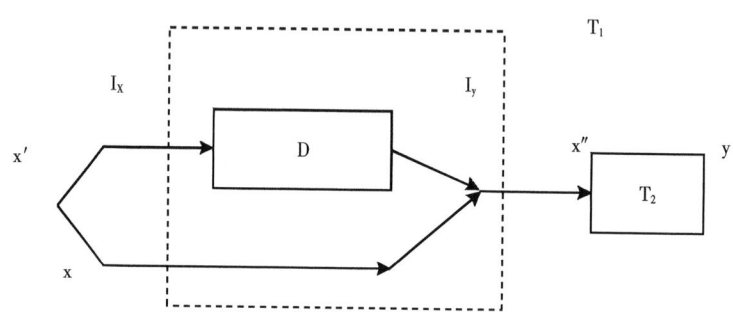

图 3-7 从管理视角初步认识的供应链系统

将供应链系统的输入分解为 x′ = (x, I_x)，在信息转换过程（T_1，T_1 包含心智活动功能 D）的作用下又综合为 x″ = (I_y, x)，然后经过物处理过程（T_2）产生最终的输出 y，这一输入输出关系可以表示为函数式 y = F{T_2, x, I_y}。具体地，可推导出如下数学表达式：y = T_2·x″ = T_2·T_1·x′。我们通过强调信息转换过程（T_1）的功能，打破了所谓的供应链系统是"以物为中心的系统"的狭隘认识，正式确认了供应链管理的意义和重要性[95]。

将供应链系统中存在的信息反馈关系添加到图 3-7 中，我们可以得到相对完整的供应链系统构成图，如图 3-8 所示。

图中以 T_3 表示供应链系统在向最终顾客（其需求以向量 I_{1c} 表示）提供了所生产的产品或服务（y）后获得反馈信息（以向量 I_{1o} 表示），并基于此信息进行偏

[①] 就系统的初始状态而言，输入管理机构中的信息 $I_{1(0)}$ 只有 I_1 和 I_2 两部分，而不包括由产出反馈形成的信息 I_3。这是因为，任何系统刚投入运行时根本就没有产出，因此也就不存在产出反馈的洗选。当 t≠0 时，$I_x = I_1 + I_2 + I_3$。

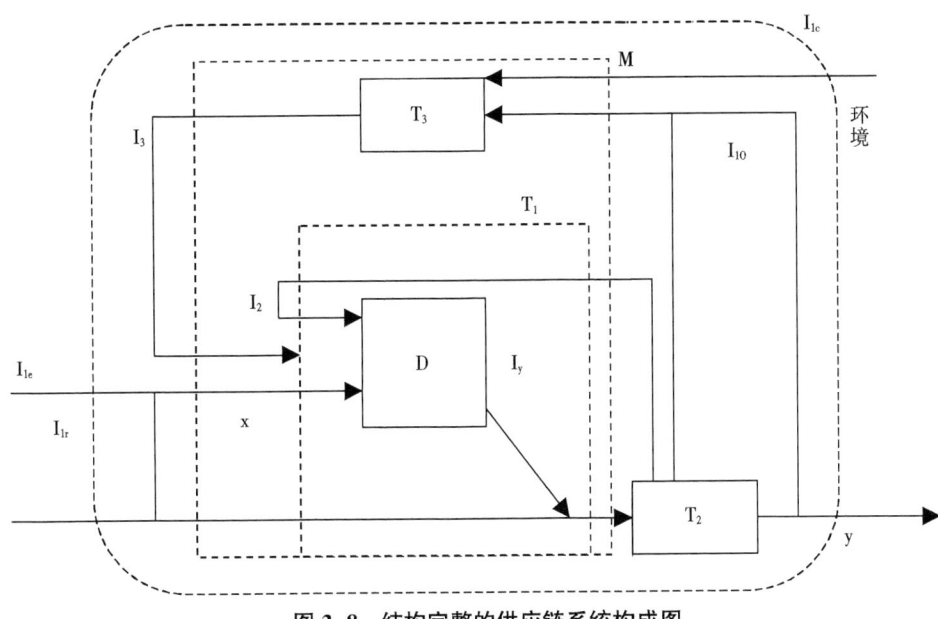

图 3-8 结构完整的供应链系统构成图

差控制功能。其具体作用表现为：在进行反馈功能 T_3 所表示的信息转换处理后形成反馈信息 I_3，返送回来作为 T_1 的另一输入信息源（$I_3 \in I_x$），指导新一轮的决策。将反馈功能算子 T_3 与包含了心智活动功能 D 的转换算子 T_1 综合而成一个复合系统（用 M 表示），这个系统就是我们通常所说的供应链系统的管理子系统。它与物的转换系统（T_2）一起构成了结构完整、功能齐备的供应链系统。

只认识到信息系统的作用，忽略管理决策的价值所在，是目前供应链管理尽管采取先进的 IT 技术也难以取得突破性进展的根本原因。供应链系统中物流系统（T_2）必须与由信息系统（T_3 是其重要组成部分）与管理决策系统（D）共同构成的管理系统（M）有机地结合，才能实现高效运行。

（二）大型煤炭企业内部供应链功能

以上笔者运用系统分析法和复杂系统理论对供应链系统的构成及其要素间的联结关系和要素的转换功能进行了描述和分析。联系实际的大型煤炭企业内部供应链活动过程，我们将图 3-8 所示的逻辑框图变换为图 3-9 的大型煤炭企业内部供应链系统现实构成图。

任何系统都具有将一定状态的输入转换为一定状态的输出的功能。我们将大型煤炭企业内部供应链的输入 x' 分解为物的部分和信息部分，分别用向量 x 和 I_x 表示，$x' = (x, I_x)$。输出为顾客所需要的商品煤或服务，用 y 表示[96]。

信息 I_x 由 I_1、I_2、I_3 三部分构成，I_1 表示环境信息，包括煤炭客户需求信息

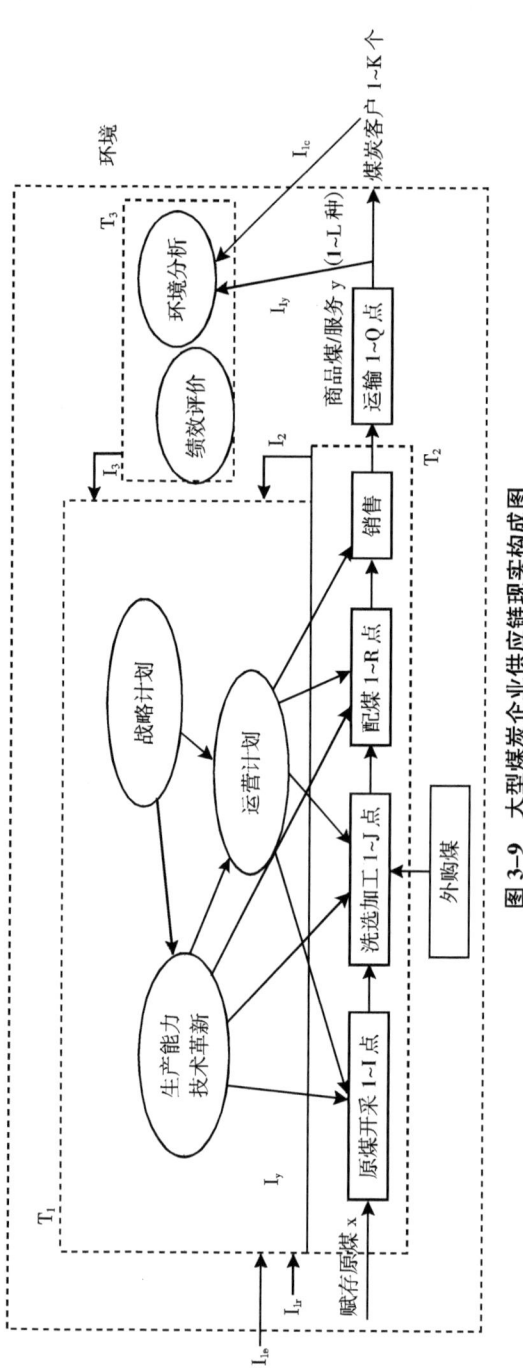

图 3-9 大型煤炭企业供应链现实构成图

I_{1c}、赋存原煤信息 I_{1r}、环境条件信息 I_{1e} 等，I_2 表示物处理能力和过程信息，I_3 表示产出信息。就系统初始状态而言，输入到信息转换系统 T_1 中的信息 I_x（$t=0$）只有 I_1 和 I_2 两部分，而不包括由产生反馈形成的信息 I_3。因为任何系统刚投入运行时没有产出，因而也就不存在产出反馈的信息。当 $t \neq 0$ 时，$I_x = I_1 + I_2 + I_3$。

信息 I_x 通过信息转换系统 T_1 中的管理决策活动 D 而转换为对物处理活动有指导价值的信息 I_y，$I_y = D \cdot I_x$。I_y 包括为何（目的）生产、面向谁（顾客群）生产、生产什么（品种、质量、数量、交货期等）以及如何生产（方法、成本）等。

I_x 转换为 I_y 的同时，输入 x' 在信息转换系统 T_1（$D \in T_1$）的作用下转换为 x''，$x'' = T_1 \cdot x'$，x'' 可用向量 x 和 I_y 表示，即 $x'' = (I_y, x) = T_1 \cdot x'$。$x''$ 经过物转换系统 T_2（即经过原煤开采、洗选加工、配煤、销售等活动）生成输出 y。$y = T_2 \cdot x'' = T_2 \cdot T_1 \cdot x'$。

如图 3-9 所示，T_3 表示供应链系统在向最终顾客（需求以 I_{1c} 表示）提供了所生产的商品煤或服务 y 后获得反馈信息 I_{1y}，并基于此信息进行偏差控制的反馈系统，其具体作用表现为：反馈系统 T_3 对供应链系统的输出是否满足环境要求做出评判，形成反馈信息 I_3，I_3 返送回来作为 T_1 的另一个输入信息源（$I_3 \in I_x$），指导新一轮决策。

我们将反馈系统 T_3 与信息转换系统 T_1 综合而成为一个复合系统（M），这就是我们通常所说的供应链系统的管理子系统，它与物处理系统 T_2 共同构成结构完整、功能齐备的供应链系统 T。

大型煤炭企业内部供应链的优化，可表示为信息转换系统 T_1 中的管理决策活动 D 根据输入到供应链系统中的各种环境信息、物处理系统 T_2 提供的物处理能力和过程信息、反馈系统 T_3 提供的反馈信息等决定采取的供应链运作最佳方案。

四、不同市场状况下大型煤炭企业内部供应链区别

（一）煤炭市场供给及影响因素

1. 煤炭市场供给结构

在煤炭市场供给结构方面，我国的煤矿主要由国有重点煤矿、地方国有煤矿和乡镇煤矿构成。国有重点煤矿是我国煤炭工业的骨干企业。这类煤矿由中央政府投资建设，资金雄厚，掌握先进生产技术，主要供应国有重点企业和大中城市用煤，对全国煤炭供需平衡和市场稳定具有主导调节能力；地方国有煤矿主要由地方筹资建设和管理，煤炭主要供应地方国有骨干企业；乡镇煤矿包括集体、个

体和其他类型的煤矿，乡镇煤炭地产地销，主要供应当地乡镇企业和农村生活用煤。

2. 煤炭市场供给影响因素

煤炭供给是煤炭企业愿意并且能够提供出售一定数量的煤炭（商品）。本书的研究对象是我国煤炭市场，这里供给的主体不限定指某个煤炭企业，而是市场上各类煤炭企业的汇总。由于煤炭是一种短期内不可再生能源，所以影响其供给的因素不同于普通商品。根据定义我们从以下五个方面分别讨论影响煤炭供给的因素。

（1）煤炭资源约束。我国煤炭资源总体上比较丰富，但精查储量不足。目前可供建设大中型矿井的精查储量在 300 亿吨左右，仅可以设计建设 1.6 亿吨规模的矿井。估算到 2020 年煤炭精查储量缺口 1250 亿吨，详查储量缺口 2100 亿吨，普查储量缺口 6600 亿吨，需要投资 400 亿元以上。

（2）煤矿建设投资。煤矿建设投资主体的多寡决定了资金来源渠道的宽窄。我国煤矿由过去的计划经济体制下的国家出资到现在煤炭建设项目的投资已经按市场经济体制运作，形成了煤炭企业、电力及其他企业、各商业银行和政策性银行等煤矿建设投资主体的多元化格局。

（3）煤炭工业技术水平。煤炭设计、建筑、施工、监理企业的竞争力直接影响中国煤炭行业的整体水平和煤炭供给能力。只有拥有高级资质的设计企业以及勘探大师，才有可能建设出具有国际水平的现代化矿井。另外，高新技术的应用，能极大地提高煤炭生产效率和经济效益，增强供给能力。

（4）煤炭运输能力。在我国，煤炭供给是由两个方面决定的，一方面取决于煤炭企业的生产能力，也就是取决于煤矿的数量和生产规模的大小；另一方面，煤炭企业能够提供出售的煤炭数量受运输能力尤其是铁路运输能力的制约，煤矿生产出来的煤炭必须通过铁路运出去才能形成有效供给，还有部分煤炭通过沿海及内河运到需求地，所以煤炭供给又取决于运输能力的大小。

（5）产业集中度。产业集中度低会直接导致投资行为无视资源赋予规律和煤炭开发计划，很多开采条件好、储量丰富，煤质优良、适于建设大型煤炭基地的整装煤田被任意划块，使宝贵的优质煤炭资源得不到综合开发和合理利用，在盲目分割之下进行无序开采和乱采滥挖。

（二）煤炭市场需求及影响因素

1. 我国煤炭市场需求结构

煤炭产品用户主要有工业用户、行政事业单位用户和生活用户，它是涉及各行各业和广大民众的产品，其中电力、钢铁、建材和化工四个行业煤炭消费量占煤炭总消费量的 90% 左右，不同行业中由于其产品特性、工艺条件、技术装备等不同，对煤炭的品种、质量和数量也有不同的需求；生活用户主要指居民用于取暖、燃料等方面。

2. 煤炭市场需求影响因素

第一，促进煤炭市场需求的因素。促进煤炭市场需求的因素主要有以下四方面：①煤炭在各种能源中占有储量优势。目前我国已探明的煤炭资源约8.7万亿吨，仅次于俄国和美国，居世界第三位。相比而言，我国的石油天然气后备可供开采的资源严重不足，储量小而且开采成本高。②煤炭是具有价格竞争力的能源。煤炭在价格上相对于石油和天然气具有很强的竞争力。这也是目前煤炭这种"不洁净能源"即使在西方发达国家能源消费结构中依然还占有一定比例的主要原因。③煤炭消费潜力大。我国是一个农业大国，目前农民生活中60%以上的能源仍靠柴草，农村从使用生物能源向矿物能源转变是必然的趋势，这将进一步扩大对煤炭的需求。④现代科学技术为煤炭工业提供了广阔的发展前景。煤炭液化和气化技术为煤炭成为洁净能源创造了条件。煤气化燃料电池技术，不仅可以提高煤炭利用率，而且能大幅度减少大气污染。水煤浆技术在西方发达国家已经成熟，目前在我国的研究开发也取得了重大进展。另外，煤炭清洁开采技术和洗选新技术成果的推广应用，大大提高了煤炭质量，减少了污染，为煤炭开拓了广阔的市场。

第二，制约煤炭需求的因素：①国民经济结构的调整。国民经济中的第二产业是煤炭消费的主体，随着国民经济结构的调整，第三产业比重上升，第二产业比重下降，使得单位国民生产总值能耗下降，节约了能源，降低了煤炭消耗量。②节能技术的应用。近几年来，我国各行业节能效果显著，节能技术的应用使得能源利用效率提高，减少了对煤炭的需求。③能源消费结构的变化。我国的一次能源消费结构中，煤炭比例下降，石油、天然气、水电比例上升。每下降1个百分点，平均少用1300万吨标准煤，折合原煤1800万吨。④"西气东输"对煤炭工业的影响。"西气东输"工程从新疆塔里木起步，跨过9个省、市、自治区，最终到达我国的长江三角洲地区。工程竣工后，中、东部地区增加的120亿立方米的天然气供应量可置换1540万吨标准煤的其他能源，其中主要是煤炭。所以，"西气东输"无疑会对煤炭工业产生直接影响。

3. 不同市场状态下大型煤炭企业内部供应链管理目标

20多年来，我国煤炭市场出现了几次供求失衡的状况：20世纪80年代中期供不应求，20世纪90年代中期供严重大于求，煤炭供求的"松""紧"轮番交替，使煤炭市场处于从冷到热又从热到冷的来回振荡之中。

煤炭市场的供求矛盾会给国民经济的各个方面造成严重影响，长时期供给大于需求的煤炭市场结构，虽然能够满足国民经济发展对煤炭的需求，但却会给煤炭工业经济带来无法挽回的损失和消极影响，煤炭价格偏低，煤炭企业长期处于亏损状态，缺乏自我改造与发展的机能，只能依靠国家的财政补贴过日子，供过于求加之煤价偏低，造成了煤炭资源的大量浪费；煤炭市场需求量大于供给量时，煤炭市场出现供不应求，这时煤炭价格会上涨甚至还会导致煤炭价格市场混乱，煤炭供给不足引起供求关系的上下振动，严重妨碍了煤炭产业的健康发展，给人们的正常生活和国民经济的正常发展造成巨大的影响。

因此，在不同供求关系的市场状态下，大型煤炭企业内部供应链管理的目标是在一定煤炭资源约束条件下，追求最终客户满意与煤炭供应链企业满意的最大化，不同供求关系的市场状态下，大型煤炭企业内部供应链运作机制、管理目标等会有差异，具体见表3-1。

表3-1　两种市场状态下的大型煤炭企业内部供应链关系比较

市场状态 区别	供大于求	供不应求
运作思想	客户导向	生产导向
供应链运作机制	拉式供应链	推式供应链
供应链运作起点	终端客户的订单信息流	煤炭企业生产规划
供应链不确定性	需求不确定性高，供应不确定性低	需求不确定性低，供应不确定性高
供应链管理目标	高客户满意度 低或中等供应链企业满意度	中等或低客户满意度 高供应链企业满意度
优化原则	优先考虑客户满意度	优先考虑供应链企业利润最大化

在供大于求的状况下，煤炭产品供给大于煤炭客户需求，大型煤炭企业内部供应链管理的目标是实现客户高度满意，按质、按量、按时地向煤炭客户供货，为客户的生产稳定提供基础保障。大型煤炭企业内部供应链运作起于终端客户的订单信息流，在客户订单需求的拉动下，树立"需求—开发—生产"的观念，大型煤炭企业内部组织好开采、洗选、配煤、销售运输等环节的工作，以此实现在使煤炭客户高度满意的情况下供应链企业利润最大化的大型煤炭企业内部供应链管理的目标。

在供不应求的状况下，经济快速增长，煤炭需求增加，客户需求大于煤炭产品供给，大多煤炭企业会以生产导向思想维作供应链，在煤炭资源勘探基础上，根据资源条件和一些预测数据进行采购生产设备和零配件，然后安排计划进度进行生产，煤炭产品生产出来后发售给煤炭客户，煤炭企业生产什么客户只能接受什么，属于传统推动式运作机制。在这种运作机制下，大型煤炭企业内部供应链管理的主要目标转变为实现供应链企业利润最大化，并满足煤炭客户的特定需求，在优先保证重要客户满意的情况下，兼顾一般客户。

五、实际应用：A 矿业集团内部供应链结构与功能描述

A 矿业集团内部供应链是指以 A 矿业集团为供给主体，由原煤开采、煤炭洗选加工、煤炭外购、配煤、煤炭销售、运输直至交付到最终客户等相关流程之间的供需关系所形成的具有网链结构的供应链。

A 矿业集团内部供应链管理是大型煤炭企业在一定内外部环境条件下，以满足用户需求为导向，集成原煤开采、煤炭洗选加工、煤炭外购、配煤、煤炭销售、运输直至交付到最终客户等运作活动，实现物流、信息流、资金流的同步运转，对用户的需求做出迅速的反应的管理活动。A 矿业集团内部供应链是围绕着向徐州矿业集团客户供给煤炭产品而由 A 矿业集团构建的由多流程、多部门、多资源要素构成的开放供应链系统，其目标是实现煤炭产品的均衡供给。我们首先分析 A 矿业集团及其供应链现状，然后解析 A 矿业集团内部供应链的构成及功能。

（一）A 矿业集团简介

A 矿业集团有限公司（以下简称"A 矿业集团"）是 1998 年 5 月经江苏省人民政府批准由 A 矿务局改制而成，是一个具有百余年开采历史的特大型煤炭企业，是华东地区和江苏省重要的煤炭生产基地。现有 25 个分公司、29 个全资或控股子公司和 11 个事业法人单位；资产总额 117.86 亿元，职工 6.9 万人，年生产煤炭 1500 万吨左右；入选全国 500 家大企业集团和中国煤炭百强企业，在江苏省和全国能源企业中占举足轻重的地位。

A 矿业集团的发展经历了五个历史时期，即开发期、成长期、成熟稳定期、衰退期和二次发展期。

开发期：1882 年，在两江总督兼南洋通商大臣左宗棠倡议下，徐州利国矿务总局成立，1898 年矿场迁至贾汪，成立贾汪煤矿公司；1945 年"抗战"胜利后，国民政府接管；1948 年贾汪解放，当时的华东财办工矿部山东矿务局派人接管矿场，称贾汪煤矿，1953 年成立了贾汪矿务局，1958 年成立徐州煤炭矿务局，翌年更名为徐州矿务局。

成长期：新中国成立以后，江苏省国民经济发展对能源的需求量逐渐增加，徐州煤矿发扬艰苦奋斗的精神，依靠科技进步，发展先进的生产力，1956 年在全国率先试验和使用水力采煤，1958 年建成我国第一个全盘水力化矿井，并设计制造了全国第一台刨煤机，是我国在 20 世纪 70 年代第一批推行综合机械化采煤的

矿区，1977年全局产量超过了1000万吨，确立了A矿业集团在全国煤炭企业中的重要地位。

成熟稳定期：党的十一届三中全会发起的全国思想解放运动，激发了A矿业集团职工的工作热情。1979年徐州矿务局获得综采工作面单产、效率、设备利用率、坑木消耗和乳化油消耗五项全国第一，产量达到1285万吨，被国务院命名为先进企业。1989年徐州矿务局在全国最大经营规模的500家工业企业中排第71位，行业最佳经济效益排行第8位。

衰退期：从80年代末开始，随着开采深度的增加，开采条件越来越复杂，开采成本逐渐上升，煤炭资源不足的问题逐渐显现，资源枯竭矿井逐渐增多，企业的社会负担越来越沉重，企业经营越来越困难。

二次发展期：进入21世纪，随着国民经济快速增长，煤炭需求量逐年增加，特别是华东地区，煤炭缺口巨大，煤炭产品供不应求，供需矛盾十分突出，煤炭价格快速上涨，A矿业集团凭借其占据的地理位置优势，短短几年内取得了良好的经济效益，以此重新焕发活力：西部开发，圈占资源；对外投资，参股入股；发展非煤产业，转型提效，进入第二个高速发展时期。

（二）A矿业集团供应链现状

近几年来，A矿业集团逐渐意识到煤炭客户的重要性，围绕客户需求，不断加强供应链管理，与上游辅助材料供应商、物流运输服务商和客户等供应链成员企业建立合作伙伴关系，组织好采购、原煤开采、洗选加工、配煤和销售等供应链业务活动。目前A矿业集团下设矿井11个：垞城、夹河、庞庄、韩桥、三河尖、卧牛山、张双楼、权台、旗山、义安、张集。主要商品煤品种有：冶炼精煤、其他精煤、洗块煤、洗混煤、筛混中块、筛混煤。洗选加工环节的洗煤厂主要有两类：炼焦煤洗煤厂和动力煤洗煤厂。炼焦煤洗煤厂：夹河、庞庄、三河尖；动力煤洗煤厂：卧牛山、张双楼、权台、旗山、义安、张集。商品煤的主要运输方式有铁路、水运和公路运输。主要煤炭客户包括火力和热力发电厂等电煤用户、中石化、直供用户、经营单位（独立的煤炭销售经营公司）和其他小用户。供应商包括机电设备供应商、生产经营所需零配件供应商以及电力供应商等。此外，A矿业集团目前还实施大营销战略，即从外部采购煤炭与本企业生产煤炭进行配煤后销售或直接购买销售，以此满足本企业客户的需求。A矿业集团内部供应链中存在着三流：物流、资金流及信息流。其中，物流从上游向下游流动，资金流从下游向上游流动，而信息流的流动则是双向的。"三流"贯穿了企业的全部活动，以上游供应（如机械、电力、木材等）企业作为煤矿原材料供应商，以矿业集团（包括原煤开采、原煤运输、精煤生产、煤炭销售等）作为原煤及精煤生产商，再通过产品运输环节到达用户，形成以物流为主线，包括信息流及资金流的输入输出

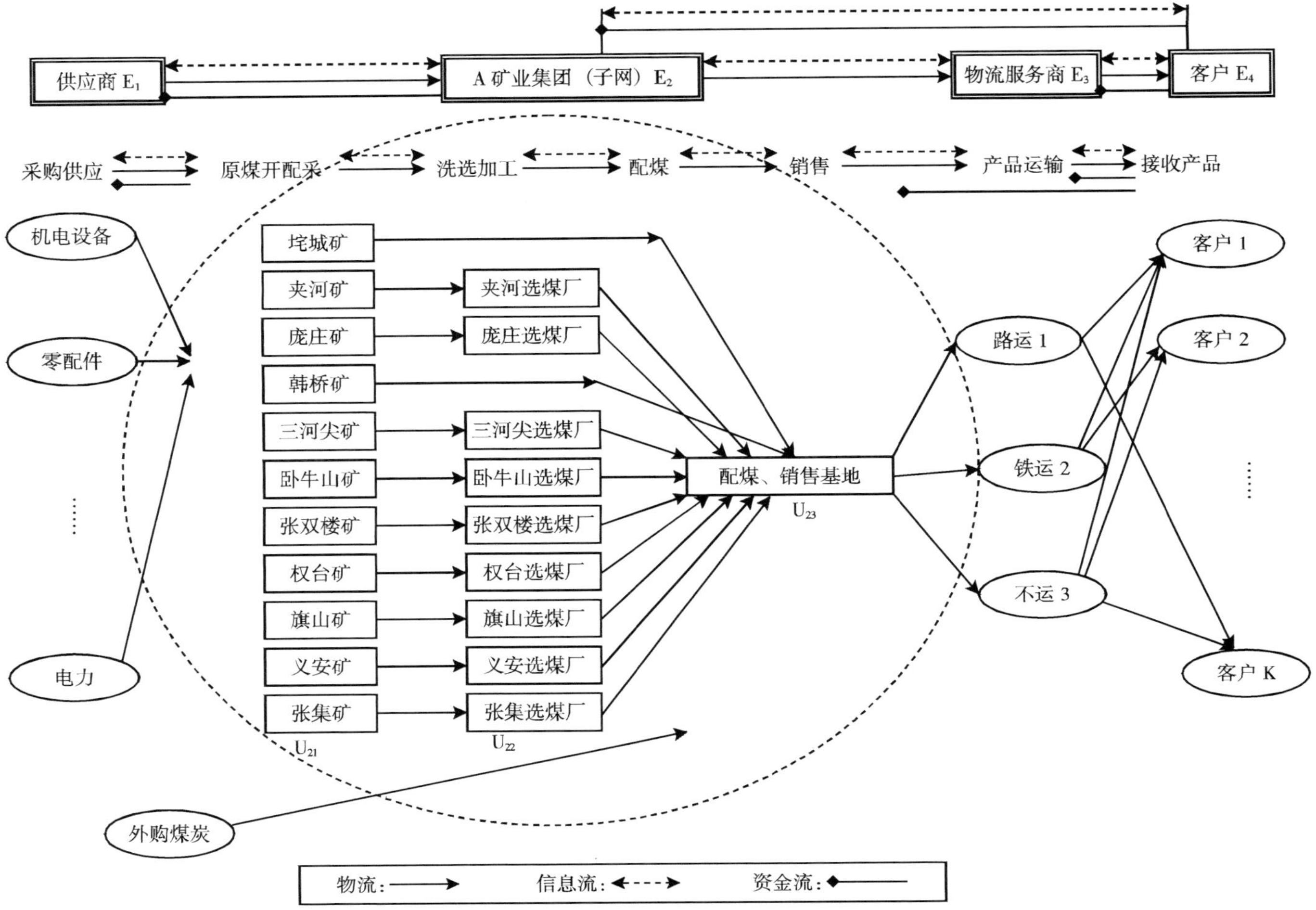

图 3-10 基于"多阶系统"的 A 矿业集团内部供应链结构

关系的煤炭供应链框架。A矿业集团内部供应链系统的图形描述如图3-10所示。

1. 客户端

客户作为整个A矿业集团供应链物流的"汇"和需求信息流和资金流的"源",成为整个供应链的最终物质承担者,同时也是供应链信息反馈的转折点,其需求直接影响了上游A矿业集团的生产,处于重要地位。A矿业集团煤炭客户从分布区域上看,基本上集中在华东市场。主要煤炭客户包括火力和热力发电厂等电煤用户、中石化、直供用户、经营单位(独立的煤炭销售经营公司)和其他小用户。在A矿业集团产品的销售中,固定用户占70%~80%,由于A矿业集团所处的区域地理位置优越,市场相对比较稳定,产品在市场上比较畅销。徐州矿业集团客户对煤炭的要求主要是希望A矿业集团能实现在数量、质量和时间等方面向其稳定均衡供给煤炭商品。A矿业集团近几年不断重视与客户的关系管理,不断加强基于客户价值导向的供应链运作管理,不断追求在供应链整体结构优化下最大限度地满足客户需要。

2. 物流运输环节

在大型煤炭企业向客户供给煤炭时,除了受国家经济发展环境和产业政策、自身资源储备、管理和技术水平等制约外,还有一个重要的制约因素,即运输问题。因为我国煤炭生产和消费分属两地,西北是煤炭主产区,而东部及南部为煤炭主需区,这就需要西煤东输、北煤南运;而且煤炭产品本身又属于大宗、散装货物,需要大量的运力保障。每年我国的煤炭订货会都是煤炭供方、需方和铁路运输部门三家的订货会,体现出运输对煤炭生产、销售的重要性。A矿业集团地处铁路、公路、水运都比较发达的徐州,而煤炭需求方主要分布在距离较近、交通便利的华东地区如江苏、浙江、上海等省市,A矿业集团煤炭销售的运输问题一般来说还是比较有保障。A矿业集团商品煤的主要运输方式有铁路和水运运输,其中铁路运输量占40%,水运占近60%。A矿业集团的煤炭物流运输业务主要由第三方物流服务商提供,其中,铁路运输主要由铁路局负责,水运由港务局和船队负责。

3. 配煤销售环节

从A矿业集团的产品营销来看,A矿业集团的主要优势产品是电力用煤,煤炭产品尽管质量中等,但其所具有的区位优势使其拥有成本优势和垄断优势,但这种优势的存在也成为A矿业集团的产品结构调整的桎梏,导致目前产品附加值低、科技含量低。目前A矿业集团的主要商品煤品种有:筛混煤、冶炼精煤、其他精煤、洗块煤、洗混煤、筛混中块。2000年之前,A矿业集团实行局矿分离,局、矿都可以销售煤炭。2000年以后,由集团下属的运销公司集中收购各矿的煤炭产品并进行集中销售,各矿成为成本中心,只允许销售少量的矸石、煤泥和劣质煤。A矿业集团公司每年与运销处签合同,运销处再把质量、数量、发运情况下达给各矿销售办（矿运销公司），由矿质管中心发煤，并负责煤炭的数量和质量。而配煤包括 A 矿业集团自产煤参配、自产煤与外购煤的参配。配煤可在矿区内部或各矿区间进行，即在原煤运输到洗选环节配煤，也可在通过火车或汽车装车外运时配煤；也可在港口进行。对于港口配煤，可将企业内部各矿的煤炭进行参配，也可以将 A 矿业集团自产煤与外购煤炭参配，以此满足客户需求。港口配煤一般由港务局根据 A 矿业集团的要求来配煤，也属于 A 矿业集团可控范围之内，所以将港口配煤也看作 A 矿业集团内部供应链的一个流节。

4. 洗选加工环节

洗选加工环节是大型煤炭企业内部供应链中的重要环节。围绕着客户的煤炭质量需求，从矿井开采出的原煤需要输送到选煤厂进行洗选加工，剔除杂质，提高煤炭质量，进而满足客户的煤质质量需要。目前 A 矿业集团的煤炭资源洗选较容易，精煤回收率高。洗选加工环节的洗煤厂主要有两类：炼焦煤洗煤厂和动力煤洗煤厂。炼焦煤洗煤厂：夹河、庞庄、三河尖；动力煤洗煤厂：卧牛山、张双楼、权台、旗山、义安、张集。

5. 原煤开采环节

原煤开采环节是大型煤炭企业内部供应链中生产的起点，也是保证向煤炭客户均衡供给煤炭商品的起点。虽然 A 矿业集团有百年的历史，但目前年产原煤仍达 1500 多万吨。但由于 A 矿业集团目前煤炭资源赋存条件较差，导致煤炭产业生产集约化程度低，生产成本较高，产品单一，市场适应能力差。A 矿业集团现有生产矿井的煤类主要是气煤，产品种类少，结构不合理，且产品质量较低，缺少高档次产品和精品，难以适应市场变化，资源的价值没有充分发挥。

6. 煤炭资源储备条件

煤炭资源储备条件是大型煤炭企业内部供应链系统的重要内部环境因素，在很大程度上影响供应链运作状况。A 矿业集团本部资源勘探程度相对较高，但储量较少，截至 2003 年末，本部在籍矿井的保有工业储量（A+B+C）为 106786 万吨，其中 A+B 级储量 54771 万吨，D 级储量 7702 万吨；保有储量中的可采储量为 6.66 亿吨，经济可采储量仅为 3.29 亿吨，已进入资源衰竭期，客观上限制了 A 矿业集团煤炭产业的发展。

A 矿业集团本部各煤层均为中等变质程度的烟煤，主要煤种有气煤、气肥煤和肥煤，还有少量 1/3 焦煤，是较好的配焦煤，也是极好的动力燃料，各煤层煤质变化较大。

在资源短缺的条件下，A 矿业集团积极开发外部资源，但起步较晚，目前已经争取到部分资源，如在新疆阿克苏地区独资兴建了俄霍布拉克煤矿，与宝鸡市政府正式签订了控股开采戚家坡煤田的协议；另外，在山西、陕西、内蒙古、贵州等地洽谈资源和合作开采问题，近几年内可获得 50 亿吨以上的工业储量。

7. 辅助材料供应商端

供应商是 A 矿业集团需求供给的"源",供应商不仅仅是集团物资(钢材、水泥、电力)的供应者,而且从物质的流动上来看,又是物质(煤炭)的消费者,在煤业集团供应链中既处于"源头"地位,又是链尾,使供应链形成了一个闭合,处于一个动态的供应链环中,企业间存在复杂的"三流"关系。

A 矿业集团与供应商关系不断发展为一种合作伙伴式关系,由战略联盟取代了相互的不信任。本书对大型煤炭企业与供应商的合作、关系、协调运作等不作研究。

(三)基于"多阶系统"的 A 矿业集团内部供应链构成

如图 3-10 所示,A 矿业集团内部供应链由辅助材料供应商、A 矿业集团、物流服务商和客户等子系统,即供应链子网构成,而 A 矿业集团子系统又由原煤开配采、洗选加工、配煤、销售等二阶系统(大型煤炭企业内部供应链流节)构成。在原煤开配采二阶系统中由 11 个矿区的三阶系统构成,洗选加工由各矿所建的选煤厂完成(除了垞城矿和韩桥矿没有选煤厂外,其余 9 个矿都在各自的矿区建有选煤厂,以便开采出的原煤可以就近进行洗选加工),经过洗选加工成的各矿的各种类型商品煤的销售由 A 矿业集团的运销公司负责完成。而配煤包括 A 矿业集团自产煤参配、自产煤与外购煤的参配。配煤可在矿区内部或各矿区间进行,即在原煤运输到洗选环节配煤,也可在通过火车或汽车装车外运时配煤,也可在港口进行。A 矿业集团商品煤的主要运输方式有铁路和水运运输。A 矿业集团的客户主要分布在华东的江苏、上海和浙江的电煤用户、中石化、直供用户、经营单位等。总体来看,A 矿业集团内部供应链是一类多层、多链、多网、纵横交错的大型煤炭企业内部供应链网络。可归属于大型煤炭企业内部供应链中典型的类型。

如图 3-10 所示,在 A 矿业集团内部供应链 S 中,由 E_1,E_2,…,E_4 即供应商、A 矿业集团、物流服务商、客户等构成内部供应链的"一阶系统",又称为供应链的子网;由原煤开配采 U_{21},洗选加工 U_{22},配煤销售 U_{23} 构成 A 矿业集团 E_2(供应链子网)的"二阶系统",垞城矿 U_{211}、夹河矿 U_{212}、…、张集矿 U_{2111}(i =1,2,…,11)等 11 个矿区构成二阶系统原煤开配采 U_{21} 的下一级系统,即"三阶系统"。依据供应链业务关系这一"性质"而联结在一起的各要素 U_{x1},U_{x2},…,U_{xy}(x = 1,2,…,X;y = 1,2,…,Y)集合为经营单位 E_x 子系统后再集合为更大的 A 矿业集团内部供应链系统 S,实际上也就是从"三阶系统"集合到"二阶系统"、从"二阶系统"集合到"一阶系统"再集合到大系统。假设子系统即"一阶系统"(供应链子网)E_x 的构成要素为 U_{x1},U_{x2},…,U_{xy},用矩阵来表示该子系统即为 $F_n = \{U_{ny}\}$(x = 1,2,…,X;y = 1,2,…,Y),则作为

"多阶系统"的 A 矿业集团内部供应链的构成可表示为 $G=\{E_x U_{xy}\}$。

在明确了与煤炭产品或服务的供应链业务关系相关联的要素 U_{xy} 是系统要素的同时，我们还应注意到 A 矿业集团内部供应链的系统环境的存在。与 A 矿业集团煤炭产品或服务构成竞争关系的企业或联盟体（争夺同一市场的另一供应链）如兖矿集团、大屯煤电、淮北、皖北、淮南矿务局等以及纯粹市场买卖方式发生业务交易关系的企业或机构，构成了该供应链系统的外部直接环境，国家煤炭产业政策、国家经济发展形势等则构成其外部间接环境。A 矿业集团内部供应链内部如各矿下属人力资源部、后勤部、政工部等，被视为"内部环境"，当然，作为大型煤炭企业内部供应链的内部环境，它本身也是一个"多阶系统"。无论对于外部环境还是内部环境，A 矿业集团内部供应链联盟体的管理者都应当采取适应、利用和改造的态度，通过关注内外部环境因素对供应链系统运行状况的影响，确保供应链运作的良好绩效。

（四）A 矿业集团内部供应链功能分析

在煤炭供应链中，由计划经济时代的定产定销转化为市场经济时代的以销定产、以运定销格局的转变。在市场经济条件下，煤炭企业不再是一个封闭的企业，而是一个与供应商、物流服务商、煤炭客户、合作企业、银行等外部经济体系有着广泛联系的开放性系统。煤炭企业在错综复杂的现代生产经营活动过程中，必须面向市场，突出重点，抓住主线，紧紧围绕市场需求变化就企业的一系列生产经营活动内容做出决策。供应链运营受社会宏观经济的影响，用户需求、煤炭供应、运输能力三者是主要影响因素。目前 A 矿业集团采用集中采购、集中生产、集中收购、集中销售的供应链运作模式，但 A 矿业集团内部供应链的管理决策系统是一种封闭的系统，属于煤炭供应链传统金字塔结构，如图 3-11 所示。只有相应的职能部门如销售处与外界交换物质能量与信息，其决策层在金字塔顶，其他层只是执行上一层的具体指导，任一指令不分大小，都是逆流式逐层下达，不可越级。这种方式适用于稳定不变的市场环境、稳定的运输条件及用户情况[96]。信息由下向上传递逐层过滤，决策信息由上向下传达，逐层分解。

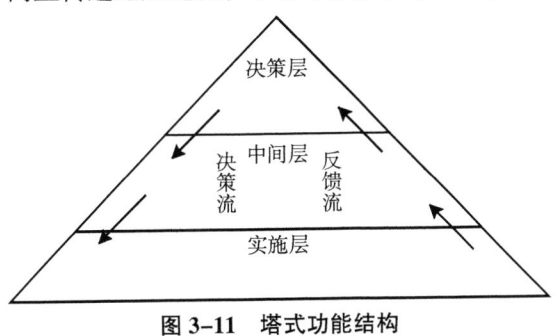

图 3-11 塔式功能结构

1. 决策层

对煤炭供应链而言,决策层一方面决定了供应链中的原煤产出、精煤产品结构、链节体的整体协调发展和利益在链节体间的分配;另一方面决策层对整个供应链综合绩效起到决定作用。目前 A 矿业集团采用集中采购、集中生产、集中收购、集中销售的供应链运作模式,即由集团公司建立决策中心。决策中心通过中间层收集实施层各子链节信息,根据市场及客户需求信息、生产库存信息、运输能力信息等,制订各链节生产计划信息,如原煤开采计划、洗选加工计划和生产结构调整计划等。

2. 中间层

中间层起到上命下达、下情上报的桥梁作用,处于决策流和反馈流的中间位置。决策层通过中间层向实施层如生产矿井、洗选加工、配煤、销售等部门发送决策信息。例如,在定价模式中,由实施层的 A 矿业集团运销公司提定价建议给中间层的集团公司经营管理部,经营管理部审核后请示集团公司决策层领导,由领导审批,审批后再由经营管理部下达文件给实施层,实施层运销公司完全执行决策。同时中间层还有反馈协调功能。反馈功能是 A 矿业集团供应链在向最终顾客(图 3-10 中需求以 I_{1c} 表示)提供了所生产的商品煤或服务后获得反馈信息,并基于此信息进行偏差控制,对供应链系统的输出是否满足环境要求做出评判,形成反馈信息 I_3,I_3 返送回来作为 T_1 的另一个输入信息源($I_3 \in I_X$),指导新一轮决策。协调功能是指中间层对实施层实施过程中可能存在的子链节体之间由于可能存在资源冲突形成的"死锁",比如在供应链运营过程中,矿井与生产加工厂存在合作协商问题,生产加工的产品存在与运输部门合作运达用户等问题,进行协调解决。

3. 实施层

实施层由各个子链节组成,通过中间层接受决策层的控制指令,操作具体业务过程,如原煤开采、洗选加工、配煤、销售、交付等活动。决策层通过中间层对实施层起作用,实施层根据中间层下达的决策层的各种供应链决策组织生产,在链节体之间存在冲突时由中间层协调解决。实施层在实施过程中及时了解链节外信息,通过信息处理中心挖掘生产经营数据蕴藏的知识,并通过中间层将信息反馈给决策层,形成反馈信息流。这种模式容易产生中间传递环节造成的信息放大或信息滞后等现象。

本书认为,A 矿业集团内部供应链不仅应是一个具有物处理和转换功能的物处理系统,更是一个需要精心设计其结构和功能,以确保由多链环串并联而成的实施层物处理系统与中间层反馈系统和决策层信息转换系统构成的管理子系统有机的整合,从而构建出结构完整、功能齐备、高效运行的供应链网络组织。

(五) A 矿业集团内部供应链管理现状分析

在煤炭供应链中，由计划经济时代的定产定销转化为市场经济时代的以销定产、以运定销格局。供应链运营受社会宏观经济的影响，用户需求、煤炭供应、运输能力三者是主要影响因素。煤炭企业加工产品通过运输部门运达用户完成产品价值的转移，获得自身发展所需的"能量"，企业用户通过煤炭企业提供的能源、材料，经过运输部门的服务完成自身的需求，从而持续发展。但目前 A 矿业集团内部供应链管理方面还存在一定的问题。

1. 经营理念定式

A 矿业集团的管理基础扎实，经过多年的经营与管理，现已形成了一套比较健全的管理体制，但其性质仍是国有独资企业。由于计划经济体制下管理的束缚以及一些历史遗留问题，还没有完全建立起现代企业制度，在许多方面仍沿用过去矿务局的管理模式，因而对客户管理的重视程度没有提升到一个战略的高度，竞争意识不太强，受旧经营思维的约束，主要体现在以下几个方面：①把煤炭产品销售视为做买卖，因而在煤炭产品实现销售以后，即认为销售工作基本结束，而不太重视售后服务的完善工作。把客户的购买等同于客户关系来看待，当煤炭产品供大于求时，企业非常重视客户的获取与关系的维护，而当供不应求时，就会出现不太重视客户管理的现象。②对内部供应链缺乏统筹规划和优化布局。有的只是局部系统优化，缺乏定量的全局对内部优化规划和管理。③定性决策多，定量决策少。大多数领导依赖经验判断做出供应链各环节的供给、物流等计划，缺乏客观科学的定量化决策方法和技术的应用，使得实际决策效果往往很难达到最优，造成资源的浪费或客户的流失。④企业的组织结构、企业文化、人力资源等不太适应以"客户为导向"的供应链管理的要求与发展趋势，必须对其进行调整才能适应客户导向的煤炭内部供应链优化的需要。

2. 供应链业务流程老化

供应链业务流程是 A 矿业集团服务客户各个环节的具体体现。实施业务流程管理能够帮助 A 矿业集团认清客户管理的关键点，找出关键因素，并且清楚地知道在各个环节上的主要任务以及所要采取的措施。A 矿业集团业务流程老化具体体现在业务流程没有细化、各业务环节部门快速协调沟通能力较差。对流程的各个节点没有做出相应的职能匹配，尤其客户管理方面，更没有比较规范的、系统的管理方法和措施。一方面是因为市场紧俏，产品供不应求，企业领导忽视了对客户的管理；另一方面是因为集团工作人员的惯性思维。在这方面，集团必须能够通过优化业务流程来帮助集团进行更好的煤炭内部供应链管理。

六、小 结

本章分析了大型煤炭企业内部供应链简化链状形态,并结合实际世界中煤炭供应链的复杂现象,分析了几种具有代表性的供应链网状类型。运用系统分析法和复杂系统理论对大型煤炭企业内部供应链系统的构成以及要素间的联结关系和要素的转换功能进行了考察和描述。指出了大型煤炭企业内部供应链是由辅助材料供应商、大型煤炭企业、物流运输部门、客户等供应链成员(供应链子网)及各成员内部业务部门组成的多阶系统。大型煤炭企业内部供应链系统的管理子系统的主要功能是根据各种环境信息(包括煤炭客户需求信息、赋存原煤信息和环境条件信息等)、物处理能力和过程信息以及产出信息等而决定采取何种处理方式的管理决策活动,也就是说大型煤炭企业内部供应链中物流系统必须与由反馈系统与信息转换系统共同构成的管理子系统有机地结合,才能实现高效运行,即煤炭供应链研究的重点是链中实体之间的信息共享与交互、优化决策问题。最后以A矿业集团为例,应用上面的理论,分析了其基于"多阶系统"的供应链的构成,从管理视角分析其供应链功能,并分析了A矿业集团内部供应链管理现状。

第四章　大型煤炭企业内部供应链属性研究

对大型煤炭企业内部供应链进行研究，其目标在于研究完整供给系统供应链过程及多个环节有机结合的理论，实现对供应链过程或供给系统的整体优化。然而，要对大型煤炭企业内部供应链这样典型的大系统实施优化，除了定性分析大型煤炭企业内部供应链的结构、功能以外，还需对内部供应链的属性进行研究。本章将分析大型煤炭企业内部供应链属性，并对大型煤炭企业内部供应链属性运作不确定性进行定量测度研究，为煤炭企业内部供应链这类系统优化模型的构建和优化方法选择作准备。

一、大型煤炭企业内部供应链属性分析

大型煤炭企业内部供应链是以面向煤炭产品的核心企业为根节点的双向树状结构所组成的网链系统，是跨越多个职能部门活动的有序集合，在向最终顾客提供某种煤炭产品或服务的过程中，由拥有独特能力的若干独立经营单位，通过一系列相互联系的流程而形成的某种虚拟化的整体。大型煤炭企业内部供应链属性主要表现在五个方面：供应链结构多点多级性、交叉网状性、面向客户需求性、动态性及运作不确定性。

(一) 供应链结构多点多级性

大型煤炭企业内部供应链是一类由多流程、多部门、多资源要素构成的系统，由多个子系统构成。根据客户对煤炭产品品种、质量、数量和时间等各方面的要求，大型煤炭企业组建由原煤开采、洗选加工、配煤、销售运输至客户的多个环节构成的内部供应链，其构成要素从流程角度看，涉及辅助材料供应、原煤开采、洗选加工、配煤、销售运输直至客户等多个环节，如果把大型煤炭企业内部供应链网中相邻两个业务实体的关系看作供应—购买关系，大型煤炭企业内部

供应链网的结构呈现多级性。

其构成要素从流程角度看,涉及原煤开采、洗选加工、配煤、销售运输直至客户等多个环节,而且同类环节通常不止一个,而每个环节内部又包含众多部门、作业点,如大型煤炭企业一般至少有几个矿井,每个矿井有完整的生产技术、经营管理、安全监察、后勤等部门配合协作负责安排相应的区队、班组等实施矿井的煤炭井下开采、运输提升、通风、机电、排水等作业。从涉及部门看,横向上,该系统不仅有生产部门、销售部门、运输部门参与运作,而且检验部门、技术部门、人力资源部门等也参与辅助运作。纵向上,该系统运作需要公司、各矿、区队、班组、员工从上到下全体参与,大型煤炭企业内部供应链结构呈现多点性。

(二) 交叉网状性

由于系统可看成更高一层系统的要素,即系统的层次性,大型煤炭企业内部供应链是由多个子系统构成的,子系统又包括多个孙系统。大型煤炭企业内部供应链由勘探设计、原煤开配采、洗选加工、配煤、销售等子系统(大型煤炭企业内部供应链流节)构成,原煤开配采子系统又由若干矿井等孙系统构成,洗选加工由各矿所建的洗煤厂或煤炭企业统一建的单一中央洗煤厂完成,加工成的各种类型商品煤的销售由煤炭企业内部的运销公司负责完成,而配煤包括集团内部与外部配煤,内部一般由矿与矿配煤,可在原煤运输到洗选环节配煤,也可在通过火车或汽车装车外运时配煤;外部配煤可在港口或运到用户处再配,这里不考虑用户配煤,对于港口配煤,可将企业内部各矿参配,也可以煤炭企业内与企业外购煤炭参配,以此满足客户需求,港口往往根据矿务集团的要求来配煤,属于煤炭企业可控范围,所以将港口配煤看作大型煤炭企业内部供应链的一个流节。这样,依次递进深入,构成多层、多链、多网、纵横交错的大型煤炭企业内部供应链网络。

(三) 面向客户需求性

大型煤炭企业内部供应链的形成、存在、重构,是基于煤炭客户需求而发生的,并且在供应链的运作过程中,客户的需求拉动是大型煤炭企业内部供应链中信息流、产品服务流、资金流运作的驱动源。大型煤炭企业内部供应链运作的起点和目的是向客户均衡供给煤炭产品。根据客户对煤炭产品品种、质量、数量和时间等各方面的要求,大型煤炭企业组建由原煤开采、洗选加工、配煤、销售运输直至客户的多环节构成的内部供应链,通过煤炭企业内部供应链的有效运作,向客户提供其定制的煤炭产品和服务,保证煤炭企业对客户的均衡供给,满足客户需求。

(四) 动态性

首先,大型煤炭企业内部供应链是一个受环境影响的开放系统。大型煤炭企业内部供应链本身就是外界环境不断变化的产物,是信息技术、网络技术、管理理论发展的产物,是市场不断变化的产物,是满足煤炭用户个性化需求的产物,大型煤炭企业内部供应链随着环境的变化也改变着自己的组成实体、运行模式以及相关产品。其次,大型煤炭企业内部供应链网的成员通过物流和信息流而联结起来,它们之间的关系是不确定的,其中某一成员在业务方面的稍微调整都会引起供应链网结构的变动,供应链成员之间、供应链之间的关系就会出现适应性的调整,使得大型煤炭企业内部供应链具有动态性;此外,从客户需求来看,煤炭客户在不同的生产周期内对不同煤炭产品的质量和数量要求不尽相同,存在着很大的差别,内部供应链成员根据客户需求的变化,如煤炭质量要求、煤炭数量、服务标准等,相应迅速做出产品质量改进、提高服务、需求分析和开配采、选配煤等反应,以便改进和调整煤炭企业运作行为,适应"客户需求",体现出明显的动态性。

(五) 运作不确定性

大型煤炭企业内部供应链是一个开放的、动态的、多级的、与环境密切相关的系统,影响因素多且模糊,所面临的内外部环境,如供应链成员、客户需求信息、煤炭开采环境等具有动态特征,造成供给、加工、需求过程的多变性和不确定性。

二、大型煤炭企业内部供应链不确定性分析及测度

大型煤炭企业内部供应链属性主要表现为:供应链结构多点多级性、交叉网状性、面向客户需求性、动态性及运作不确定性。在运作不确定性研究方面,可以通过定量方法进行测度,本节将对大型煤炭企业内部供应链属性——运作不确定性,进行分析并定量测度研究,分析该大型煤炭企业内部供应链不确定性的成因、构成以及定量测度,为大型煤炭企业内部供应链这类系统的优化模型构建和优化方法选择作准备。

(一) 供应链不确定性研究现状

在供应链不确定性研究方面,任常锐等[97]认为供应链不确定性主要受技术

和信息处理两方面影响,在这两方面的作用下,产生了过程或生产的不确定性、管理系统的不确定性。同时,供应链的不确定性还受其组织规模的影响。周德华[98]提出供应链不确定性包括四个方面:技术不确定性、组织不确定性、环境不确定性和输出不确定性,并详细分析了影响这四方面不确定性的因素。柴跃廷等[99]认为供应链结构不确定性表现在两方面:一是供应链形态的不确定性;二是构成供应链实体的不确定性。

由于供应链是个非线性系统,不确定性是供应链的伴生物,既无法回避,也不能完全消除,只能通过建立基于不确定性的供应链运作机制,以适应不确定性的状态和环境。首先要解决的问题是对供应链不确定性、供应链不确定性产生的原因、供应链不确定性的特征和构成进行分析,并对供应链不确定性进行度量,建立基于不确定性的供应链适应机制。

(二) 大型煤炭企业内部供应链不确定性分析

大型煤炭企业内部供应链的不确定性是大型煤炭企业内部供应链各个要素在集成、合作、延伸、互动等变化过程中产生的。不确定性是由于产品制造、系统结构及其设备运行、信息处理、物料传送、人员工作中的不确定性以及市场消费需求变化等因素造成的[100]。

穆东 (2006)[101]根据供应链集成、运作过程中所涉及交互的非线性关系,对不确定性的构成进行分析,认为供应链是协同的产物,协同是合作、互动的结果,合作和互动产生涌现,表现出不确定性,结合供应链协同的类型,将不确定性分为集成不确定性、运作不确定性、制造不确定性和环境不确定性,四者形成供应链不确定性度量的集成、运作、制造和环境的四维构成和测度体系。

根据大型煤炭企业内部供应链特点,构造煤炭企业内部供应链不确定性度量的测度体系,从大类上说,大型煤炭内部供应链由原煤生产过程、洗选过程和产品运销过程三部分组成,大型煤炭企业内部供应链的任务就是在基于煤炭客户需求的前提下,三个过程内部和三者之间的协同,协同是大型煤炭企业内部供应链有效运行的保证,是要素间相互作用的结果,更是大型煤炭企业内部供应链运作的涌现,从而使大型煤炭企业内部供应链具有不确定性,形成供应链不确定性度量的原煤生产、洗选、产品运销的三维构成和测度体系,如图4-1所示。

1. 大型煤炭企业内部供应链原煤生产不确定性

地质条件、开采机械、安全因素、原煤赋存不确定性是原煤生产不确定性的主要来源。

地质条件不确定性。与美国、澳大利亚等国相比,我国煤田地质构造复杂、煤层埋藏深。

我国煤炭资源埋藏较深。据统计,在我国煤炭保有资源储量中,300米以浅

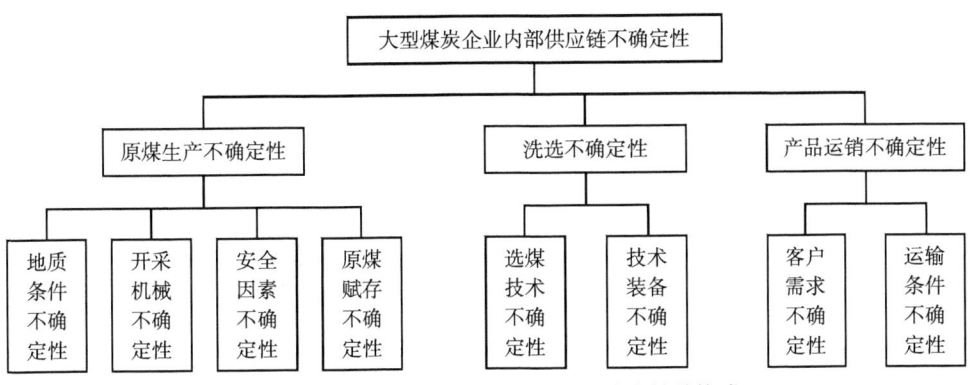

图 4-1　大型煤炭企业内部供应链不确定性的构成

的占 36.1%；埋藏 300~600 米的占 44.6%；埋藏 600~1000 米的占 19.3%；平均开采深度 400 米。

我国煤炭矿区构造相对比较复杂，具有明显的分区性。从分布面积和区域看，以中等和复杂构造为主，从资源量上看，我国煤矿构造以简单构造类型为主，在全部保有资源储量中，简单构造类型资源储量占 57%，中等构造类型占 29%，复杂构造类型占 14%。

开采机械不确定性。由于我国煤层赋存和安全条件千差万别，应采用高科技的煤炭开采技术积极支持高产、高效、安全、高回收率和注意环境保护的现代化生产，煤炭开采健康发展的重要标志是机械化，必然需要与我国复杂地质条件相匹配的煤炭机械，但目前我国还缺乏相应的煤炭机械以适应高度机械化矿井的使用，远不能满足实际需要。

安全因素不确定性。煤层的赋存条件决定了煤矿开采时对安全控制的难易程度，如高瓦斯和高应力，由于采矿是一个动态过程，事故发生前在作业场前不断变动的应力场和矿井小构造的变化难以测定，其科学技术是世界未解决的难题，事实上应力的解除将便利于瓦斯的解吸和抽采，因此煤与瓦斯突出、煤矿冲击地压和突水事故属于"难控制的不安全因素"，造成煤炭生产的不确定性[102]。煤矿企业内部安全不确定性分析如图 4-2 所示。

原煤赋存不确定性。煤层赋存的地质过程决定了其分布的不均衡性，决定了煤炭开采是否紧接市场，由此形成煤炭的大量调运和价格差异，此外，煤炭质量（发热量、灰分、含硫量等）决定于沉积和变质过程，受原煤赋存质量的影响很大，虽然通过积极的质量管理能够提升煤炭产品质量，但煤炭企业内在的资源条件、生产设施、技术工艺水平决定了煤炭产品质量所能达到的高度以及实现一定质量要求的成本。

我国煤层以稳定和较稳定煤层为主。从资源量看，稳定煤层资源量占保有资

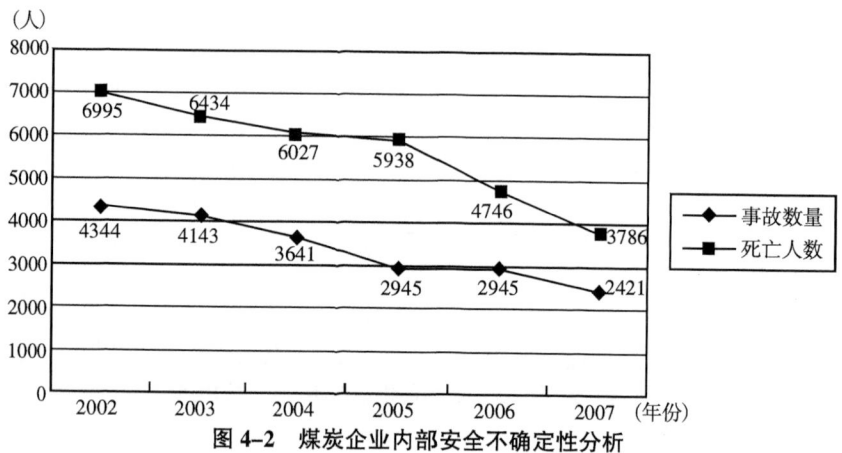

图 4-2 煤炭企业内部安全不确定性分析

源量的 45%，较稳定煤层资源占 48%，不稳定和极不稳定煤层资源量占 7%。

煤炭资源分布与区域经济发展和生态环境分布不协调：煤炭资源分布与区域经济发展水平、消费需求极不匹配，从煤炭资源地理分布看，秦岭大别山以北保有全国煤炭资源储量的 90%，且集中在晋陕蒙地区，秦岭大别山以南仅保有全国煤炭资源储量的 10%，集中分布在贵州省和云南省，两省储量占到南方区的 77%。我国最发达的十省市仅保有全国煤炭资源储量的 5%。

根据国土资源部发布的《全国矿产资源储量通报》，截至 2006 年底，全国资源储量主要分布在山西、内蒙古、陕西、贵州四省区，资源储量占全国的 72%，如图 4-3 所示。

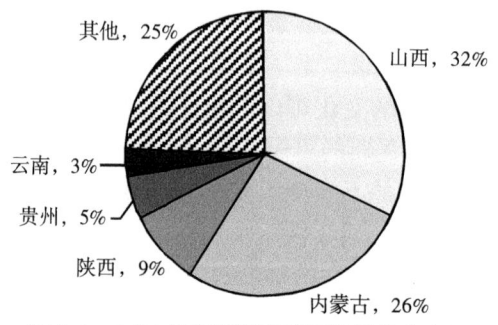

图 4-3 2006 年我国煤炭地区储量分布比例

2. 大型煤炭企业内部供应链洗选不确定性

煤炭产品洗选的不确定性主要受选煤技术以及技术装备不确定性的影响。

选煤技术不确定性。选煤技术陈旧，会造成选煤工艺适应性差，分选效果差，资源浪费严重，产品质量不稳定，难以适应原煤性质和产品质量、品种的变化需求。

技术装备不确定性。目前,我国煤炭洗选加工业技术装备落后,产品可靠性差、自动化程度低、品种少,选煤设备规格少,不能按照客户煤炭质量要求进行设计制造,而是一种型号、性能供给所有用户,处理能力低。

3. 大型煤炭企业内部供应链产品运销不确定性

煤炭客户需求不确定性以及运输条件不确定性是煤炭产品运销不确定的主要原因。

煤炭客户需求不确定性。煤炭客户由于所处的行业不同,利用煤炭的生产设备不同,对煤炭数量、质量(发热量、灰分、含硫量、水分)等指标的要求存在很大的差异,造成客户需求的不确定性。

运输条件不确定性。煤炭属于大宗能源性产品,必须依赖铁路、公路和水路的大力配合,由于资源、交通、成本等与离散行业企业确定企业位置策略、运输策略的不同,煤炭开采、加工受矿藏地理分布的影响;铁路、公路运输能力受地区发展水平、国家宏观经济能力等的影响,水运受矿井、用户地理位置的影响,造成煤炭产品运销的不确定性。

通过分析 2006 年、2007 年铁路日均运煤量,发现造成铁路运输不确定性的原因是铁路日均煤炭运量随煤炭需求淡旺季变化而适度调整的可调空间不等,2007 年铁路运力较为宽松,煤炭运输需求相对于铁路运煤能力并非全部是刚性需求,铁路运煤量具有一定的可调空间;2006 年铁路运力相对紧缺,煤炭运输需求相对于铁路运输能力基本上全是刚性需求,铁路运煤量的可调空间极小。

表 4-1 全国铁路日均运煤量

单位:万吨

时间	2006 年	2007 年
1 月	295	330.1
2 月	291.6	345.9
3 月	297.9	324.1
4 月	305	327
5 月	307.2	323.4
6 月	305.7	335.9
7 月	229.3	345.6
8 月	309.9	340.6
9 月	313.7	338.1
10 月	321	338.4
11 月	317.7	332.1
12 月	318.2	340.7

通过对 2006 年、2007 年港口日均运煤量进行分析，造成港口运输不确定性的原因有以下三方面：一是沿海地区不良天气较多，影响航运；二是交通部治理航运超限，海上煤炭装运效率有所下降；三是个别港口业主存煤场地存煤较多，存在部分码头船等煤与个别码头船存煤多而装运少的矛盾。

表 4-2 全国主要港口日均运煤量

单位：万吨

时　间	2006 年	2007 年
1 月	102.7	128.9
2 月	102.4	122.7
3 月	105.9	120.2
4 月	110.4	120
5 月	109.3	127.8
6 月	107.5	131.2
7 月	112.7	133.8
8 月	116.1	134.2
9 月	111.8	132.3
10 月	112.7	125.4
11 月	117.1	130.6
12 月	113.6	119.2

资料来源：瓮立平，刘社育. 2008 年中国煤炭工业发展研究报告 [M]. 徐州：中国矿业大学出版社，2008.

（三）大型煤炭企业内部供应链不确定性测度

熵、信息以及不确定性之间的关系问题是科学发展史上的一个重要问题。熵的概念来自于热力学，信息的概念来自于通信理论和控制论，不确定性的概念则来自于系统研究，虽然各自都有严格的定义和适用范围，但熵、信息和不确定性相互间存在着内在的一致性。关于熵、信息和不确定性的关系问题，国内外学者进行了各种探讨。

1948 年 Shannon[103] 首次提出用熵来度量信息量，优点是能从信息源系统的不确定性出发，用概率测度和数理统计的方法，表征系统的无序度。1989 年在我国第二届熵会上，新疆气象科学研究所张学文研究员提出"复杂度定律"，把熵原理扩大为复杂度定律。布里渊、林启茨和奥根斯坦等人曾就信息论熵与热力学或统计力学熵的相互关系进行了讨论。瓦伦迪努兹曾整理了 5 种不同单位的熵和信息的表示法，即信息量、信息熵、经验物理熵、理论物理熵和熵信息，并讨论了它们的关系。Drestke（1999）[104] 把熵用于描述制造系统不确定性，指出在制造系统中，设备状态数越多，其熵值即不确定性程度越高；由多台设备构成的生产装置的总熵等于每一独立设备的熵之和。Deshmukh（1998）[105] 提出了一个基于熵的分析框架来测定制造系统的静态不确定性。Efstathiou 等（1999）[106] 证明了系统熵等于不确定性，表示用来描述和控制系统状态信息量的总和。贾燕等人（2002）[107] 把熵应用到供应链不确定性的研究中，提出了量化分析模型与方法。宁方华等人（2006）[108] 基于熵的概念，计算出包括时效模型和质量模型的结构有序度，并推导系统的运行有序度表达式。从研究文献来看，目前用熵评价、对比或控制供应链系统不确定性的研究为数不多。

1. 基于熵的大型煤炭企业内部供应链不确定性测度模型

大型煤炭企业内部供应链的系统熵模型建立。大型煤炭企业内部供应链是一个开放的不确定系统，与外界环境如煤炭客户发生能量、物质和信息的交换，其不确定性包括系统内部的不确定性和与外部环境交互的不确定性。内部不确定性包括集成结构不确定性、运作不确定性，外部环境不确定性包括煤炭客户市场需求的不确定性、原煤赋存条件的不确定性等，产生的系统熵一方面包括系统自身由于其内部的因素相互作用而产生的影响即熵产，另一方面包括由系统与外界的相互作用产生的熵流。因此，描述大型煤炭企业内部供应链不确定性的系统熵包括两部分：系统自身的熵产和与外界交换发生的熵流，这种交流影响到大型煤炭企业内部供应链熵的变化，而熵则是大型煤炭企业内部供应链不确定性的一种表现和衡量，具体如图 4-4 所示。

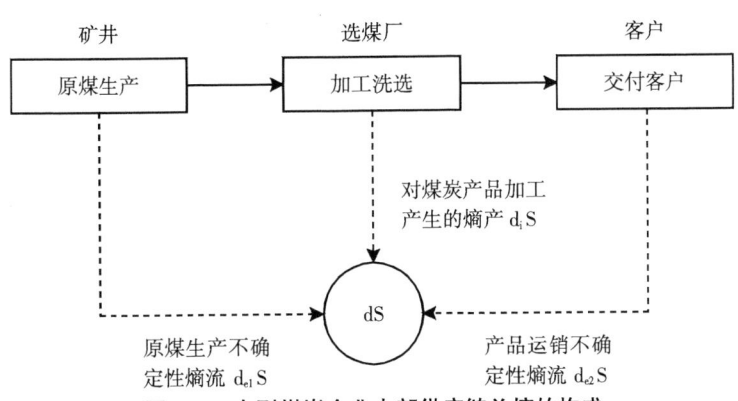

图 4-4 大型煤炭企业内部供应链总熵的构成

$dS = d_i S + d_e S$，dS 是大型煤炭企业内部供应链的总熵，表示系统的整体混乱度，dS 越大，表示系统越混乱和无序，不确定性程度越高。$d_i S$ 是熵产，表示大型煤炭企业内部供应链由于其内部因素相互作用而产生的影响，即系统内部的熵产生；$d_e S$ 是熵流，表示大型煤炭企业内部供应链和外界环境的物质和能量交换过程中引起的熵流。本书中的熵流 $d_e S$ 主要包括大型煤炭企业内部供应链原煤的不确定性熵流以及与煤炭客户的熵流，公式为：$d_eS = d_{e1}S + d_{e2}S$；其中 $d_{e1}S$ 表示原煤生产不确定性熵流；$d_{e2}S$ 表示产品运销不确定性熵流。

大型煤炭企业内部供应链熵度量。大型煤炭企业与煤炭客户、原煤供应之间要经常传递信息，从一般意义上讲这就是通信。一般地说，信源发出的信息的不确定性越大，通过通信，信宿得到的信息量越多；反之，信源发出的信息的不确定性越小，信宿得到的信息量越少。由此可见，信息的多少与信源的不确定性有关。因此，大型煤炭企业内部供应链不确定性问题的研究最终转变成了对各信源不确定性问题的研究。

一般情况下，一个信源可以用一个概率空间来描述，因此，信源的不确定程度 $H(x)$ 可以用信源概率空间的概率分布来描述，即 $H(x) = H(P_1, P_2, \cdots, P_N)$，式中，$P_1, P_2, \cdots, P_N$ 是各状态 $x_1, x_2, \cdots, x_N$ 的概率分布 $P(x_1)$，$P(x_2)$，$\cdots$，$P(x_N)$ 的缩写。

信源输出一个消息所提供的平均信息量或者信源的不确定度 $H(x)$ 与热力学、统计学中关于系统熵的公式完全一样。因此，本书把信源输出一个消息所提供的平均信息量或者信源的不确定度 $H(x)$ 叫作信源熵，表示为：

$$H(x) = -\sum p(x_i) \log_2 p(x_i) \tag{4-1}$$

式中，X 表示给定的系统，X_i 为系统中的某一可能状态，$p(X_i)$ 为状态 X_i 在系统中出现的概率，$H(x)$ 则表示系统 x 的熵。然而，本书所研究的供应链的不确定性具有一定的动态性，所以我们采用式（4-2）(Frizelle 和 Woodcock) 来计算具有动态性的不确定性问题：

$$H(T, NT) = \{[p\log_2 p + (1-p) \log_2 (1-p)] + (1-p) H'(x^{NT})\} \tag{4-2}$$

这里 $H'(x^{NT}) = -\sum_{}^{M} \sum_{}^{N} p(jli) \log_2 p(jli)$

在式（4-2）中 $H(T, NT)$ 表示一个平稳的离散输入输出系统 X 的信息熵；X 的状态被分成两类：T（Tolerated）和 NT（Non Tolerated），其中 T 状态出现的概率为 p；系统有 M 个节点，$p(jli)$ 表示在节点 i 出现第 j 种 NT 状态的条件概率；$H'(x^{NT})$ 是在 NT 状态下节点 i 出现状态 j 的条件概率的熵值。

大型煤炭企业内部供应链中的每个信源（各节点企业或内部经营单位）存在很多个状态，但只分为可控状态和不可控状态两种。各个信源的不确定程度是由不可控状态带来的，由于各信源不确定性问题属于离散信源不确定性量度范畴，所以整个大型煤炭企业内部供应链不确定性问题属于多元联合信源的不确定性量度范畴。

2. 大型煤炭企业内部供应链与一般制造企业供给系统不确定性测度比较

供应链管理的主要目标是在规定时间里，按规定把符合数量和质量要求的产品交付给客户。在量度大型煤炭企业内部供应链总熵时，为简化起见，我们主要从数量（原煤计划生产量和实际生产量、商品煤计划销售量和实际销售量）和质量角度（商品煤计划灰分值和实际灰分值）来进行。以华东某大型煤炭企业为例，表中列出了该大型煤炭企业内部供应链中涉及的数量值，利用这些数据来量度大型煤炭企业内部供应链总熵，量度大型煤炭企业内部供应链的不确定性，具体见表4-3、表4-4和表4-5。

表4-3　某大型煤炭企业原煤生产量（2006年）

单位：吨

订单序号	产品代码	矿井	原煤计划生产量	原煤实际生产量	原煤实际生产量-计划生产量（偏差）
1	a	矿1	43608	47489	3880
2	b	矿2	150208	158300	8092
3	c	矿3	147608	149866	2257
4	d	矿4	15225	14436	-789
5	e	矿5	220875	222636	1761
6	f	矿6	123596	122363	-1232
7	g	矿7	72267	75538	3271
8	h	矿8	68167	71557	3390
9	i	矿9	136125	141651	5526
10	j	矿10	136467	141664	5197

表4-4　某大型煤炭企业商品煤灰分值（2006年）

单位：%

订单序号	产品代码	矿井	商品煤灰分计划值	商品煤灰分实际值	商品煤灰分实际值-计划值（偏差）
1	a	矿1	23	38.99	16
2	b	矿2	23	24.37	1
3	c	矿3	21	26.05	5
4	d	矿4	21	20.10	-1
5	e	矿5	23	30.74	8
6	f	矿6	23	24.62	2
7	g	矿7	23	46.03	23
8	h	矿8	23	30.15	7
9	i	矿9	25	21.42	-4
10	j	矿10	23	19.57	-3

表 4–5　某大型煤炭企业商品煤销售量（2006 年）

单位：吨

订单序号	产品代码	矿井	商品煤计划销售量	商品煤实际销售量	商品煤实际销售量－计划销售量（偏差）
1	a	矿 1	74274	49045	−25229
2	b	矿 2	165732	153973	−11759
3	c	矿 3	176748	145230	−31518
4	d	矿 4	11079	14232	3153
5	e	矿 5	256967	204180	−52787
6	f	矿 6	114427	103133	−11294
7	g	矿 7	87038	74865	−12172
8	h	矿 8	84838	69056	−15782
9	i	矿 9	167437	140905	−26531
10	j	矿 10	164738	140004	−24734

本书利用原煤实际产量与原煤计划产量之间的偏差量计算 $d_{e1}S$，表示大型煤炭企业内部供应链原煤生产的不确定性熵流；利用商品煤实际销售量与计划销售量的偏差量计算 $d_{e2}S$，表示供应链上大型煤炭企业产品运销不确定性熵流；利用商品煤实际灰分值和计划灰分值的偏差量来计算熵产 d_iS，表示大型煤炭企业内部供应链由于洗选而产生的影响。

计算步骤及参数选择如下：

步骤 1：整理数据，计算偏差值；偏差值＝实际量－计划量。

步骤 2：划分系统状态；根据偏差值将系统分为可控（T）和不可控（NT）两大类状态。可通过自己定义一个适当的指标作为状态的分界线。选取 9 种状态（x_i = 1，2，3，4，5，6，7，8，9），其中 x_i（0）是可控状态，其对不确定度没有影响，所以在此不做考虑；状态 x_1、x_2，…，x_9 是非可控状态，它们分别会对不确定度产生不同程度的影响。

步骤 3：计算各种状态出现的概率；由于我们的数据都是离散的有限序列，所以我们可以用频度来近似各种状态出现的概率。频率 F（x_i）：偏差出现在不同状态的次数；概率 P（x_i）：每种状态出现的概率。

步骤 4：计算熵值和不确定性指标。每种状态的不确定度：P（x_i）$\log_2$ P（x_i）；总的不确定度 H（x）：非可控状态的不确定度之和。

大型煤炭企业内部供应链与原煤供应交互引起的熵流 $d_{e1}S$。

对表 4–6 中的结果进行分析，大型煤炭企业内部供应链中，原煤实际生产量与计划生产量相比，出现偏差值，均处于不可控状态，可控状态（x_1，0）的概率为 0，其中，不可控状态（x_3，+7~+9）的概率为 0.1，其不确定程度为−0.33；不

表 4-6 原煤生产不确定度——大型煤炭企业内部供应链与原煤供应交互产生的熵流 $d_{e1}S$

状态（x_i）		原煤实际生产量 - 计划生产量			
		频率 $F(x_i)$	概率 $P(x_i)$	$\log_2 P(x_i)$	$P(x_i) \log_2 P(x_i)$
可控状态（x_1）（0）		0	0	—	—
非可控状态（单位：千吨）	(x_2)（+10~+∞）	0	0	—	—
	(x_3)（+7~+9）	1	0.1	-3.32193	-0.33219
	(x_4)（+4~+6）	3	0.3	-1.73697	-0.52109
	(x_5)（+1~+3）	4	0.4	-1.32193	-0.52877
	(x_6)（-3~-1）	2	0.2	-2.32193	-0.46439
	(x_7)（-6~-4）	0	0	—	—
	(x_8)（-9~-7）	0	0	—	—
	(x_9)（-∞~-10）	0	0	—	—
$H(x)$（$d_{e1}S$）		1.8464			

可控状态（x_4，+4~+6）的概率为 0.3，其不确定程度为-0.52；其中不可控状态（x_5，+1~+3）出现的概率最大，为 0.4，其不确定程度最高，为-0.52，将不可控状态所对应的不确定程度相加，即为大型煤炭企业内部供应链的原煤生产的不确定度。

产品运销引起的系统熵流变化 $d_{e2}S$。对表 4-7 中结果进行分析，大型煤炭企业内部供应链销售过程中，商品煤实际销售量与计划销售量相比，出现偏差值，其中，可控状态（x_1，0）的概率为 0.1，不可控状态（x_6，-3~-1）的概率最大，为 0.8，其不确定程度比较低，为-0.25；不可控状态（x_7，-6~-4）的概率为 0.1，其不确定程度为-0.33，将不可控状态所对应的不确定程度相加，即为大型煤炭企业内部供应链产品运销的不确定度。

表 4-7 产品运销不确定度——大型煤炭企业内部供应链与煤炭客户交互产生的熵流 $d_{e2}S$

状态（x_i）		商品煤实际销售量 - 计划销售量			
		频率 $F(x_i)$	概率 $P(x_i)$	$\log_2 P(x_i)$	$P(x_i) \log_2 P(x_i)$
可控状态（x_1）（0）		1	0.1	—	—
非可控状态（单位：万吨）	(x_2)（+10~+∞）	0	0	—	—
	(x_3)（+7~+9）	0	0	—	—
	(x_4)（+4~+6）	0	0	—	—
	(x_5)（+1~+3）	0	0	—	—
	(x_6)（-3~-1）	8	0.8	-0.32193	-0.25754
	(x_7)（-6~-4）	1	0.1	-3.32193	-0.33219
	(x_8)（-9~-7）	0	0	—	—
	(x_9)（-∞~-10）	0	0	—	—
$H(x)$（$d_{e2}S$）		0.5897			

商品煤实际灰分值和计划灰分值的偏差量引起的大型煤炭企业内部供应链洗选不确定的熵产 d_iS。

表4-8 洗选不确定度——大型煤炭企业供给系统的熵产 d_iS

状态（x_i）		商品煤实际灰分值－计划灰分值			
		频率 $F(x_i)$	概率 $P(x_i)$	$\log_2 P(x_i)$	$P(x_i)\log_2 P(x_i)$
可控状态（x_1）（0）		0	0	—	—
非可控状态（单位：%）	（x_2）（+10~+∞）	2	0.2	−2.32193	−0.46439
	（x_3）（+7~+9）	2	0.2	−2.32193	−0.46439
	（x_4）（+4~+6）	1	0.1	−3.32193	−0.33219
	（x_5）（+1~+3）	2	0.2	−2.32193	−0.46439
	（x_6）（−3~−1）	2	0.2	−2.32193	−0.46439
	（x_7）（−6~−4）	1	0.1	−3.32193	−0.33219
	（x_8）（−9~−7）	0	0	—	—
	（x_9）（−∞~−10）	0	0	—	—
$H(x)$（d_iS）			2.5219		

对表4-8中的结果进行分析，大型煤炭企业内部供应链洗选过程中，商品煤实际灰分值与计划灰分值相比，出现偏差值，均处于不可控状态，不可控状态比较均匀地分布在六种状态中，可控状态（x_1，0）的概率为0，其中，不可控状态（x_2，+10~+∞）的概率为0.2，其不确定程度为−0.46；不可控状态（x_3，+7~+9）的概率为0.2，其不确定程度为−0.46；将不可控状态所对应的不确定程度相加，即为大型煤炭企业内部供应链洗选的不确定度。

表4-9 大型煤炭企业内部供应链与一般制造企业不确定性测度比较

不确定度类型	大型煤炭企业内部供应链	一般制造企业供给系统
生产不确定度 $d_{e1}S$	1.8464	1.3177
产品运销不确定度 $d_{e2}S$	0.5897	0.6644
内部加工不确定度 d_iS	2.5219	2.6464
合计 dS	4.9581	4.6285

从表4-9中可以看出，大型煤炭企业内部供应链的不确定度4.9581高于一般制造企业供给系统的不确定度4.6285[97]，不确定程度越高，说明该供应链无序和混乱程度越高，供应链不确定性程度越高，因此，大型煤炭企业内部供应链与一般制造企业供给系统相比，不确定性程度更高。

分析不确定性程度高的原因，其不确定度主要包括原煤生产不确定度、洗选不确定度以及产品运销不确定度三部分，与一般制造企业供给系统相比，大型煤炭企业洗选不确定度和产品运销不确定度略低于一般制造企业，而原煤生产不确定度高于一般制造企业供给系统的生产不确定度，原煤生产的不确定度是主因，由于煤炭产品复杂的地质赋存条件、勘测技术、采掘设计及技术，导致原煤生产的不确定性，是大型煤炭企业内部供应链不确定性程度高的主要来源。

3. 大型煤炭企业内部供应链不确定性测度的时间序列分析

对该大型煤炭企业2006年1~12月的相关数据进行整理，计算原煤生产的不确定度、运销不确定度以及洗选不确定度，其中原煤生产的不确定度通过原煤实际生产量与计划生产量之差进行衡量，洗选不确定度通过商品煤实际灰分值与计划灰分值之差进行衡量，产品运销不确定度通过商品煤实际销售量与计划销售量之差进行衡量。

（1）原煤生产不确定度引起的熵流$d_{e1}S$。表4-10和表4-11分别是某大型煤炭企业2006年上半年和下半年的原煤计划产量与实际产品。通过表格可以计算出原煤生产的不确定度，详见表4-12。

表4-10　某大型煤炭企业2006年1~6月原煤产量

单位：吨

矿井	原煤产量	1月	2月	3月	4月	5月	6月
矿1	计划	43400	39200	55000	52500	54300	35900
	实际	45581	45015	60379	56492	52921	36471
矿2	计划	151900	137200	161200	156000	161200	130000
	实际	156980	155124	168210	162661	165726	142997
矿3	计划	153500	138500	153500	150000	155000	140000
	实际	159898	146039	157241	150074	143282	145405
矿4	计划	15500	14000	15500	15300	14300	15300
	实际	15515	14119	15519	15321	14305	12845
矿5	计划	223200	201600	210800	205000	230000	230000
	实际	188308	205000	216953	207196	186162	237052
矿6	计划	134850	121700	134900	135000	116500	120000
	实际	142060	126348	134899	120048	127862	123200
矿7	计划	68200	44100	62000	59400	69800	75000
	实际	68268	62018	64099	47358	68006	81354
矿8	计划	69800	62900	69800	67500	60800	58300
	实际	72066	71569	74866	70056	64069	64100
矿9	计划	146600	132500	150400	144000	134400	144000
	实际	154102	141010	156328	139008	143388	152518
矿10	计划	149100	134700	150400	144000	144000	144000
	实际	164696	153618	155889	149318	144168	144098

表 4-11　某大型煤炭企业 2006 年 7~12 月原煤产量

单位：吨

矿井	原煤产量	7月	8月	9月	10月	11月	12月
矿1	计划	46500	38800	42000	40300	35100	40300
	实际	36137	39948	43436	44327	44483	64673
矿2	计划	155000	155000	150000	145000	145000	155000
	实际	167999	156795	157995	150026	148900	166187
矿3	计划	125000	155000	150000	151900	147000	151900
	实际	129588	157237	155110	154500	151871	148141
矿4	计划	15800	15800	15300	14800	15300	15800
	实际	15870	16212	15627	13589	9903	14406
矿5	计划	235600	235600	228000	238700	216000	196000
	实际	245190	240104	245073	240438	235090	225064
矿6	计划	119000	131800	127500	95600	127500	119000
	实际	119159	132519	107148	117463	108577	109078
矿7	计划	80600	83700	81000	75600	81000	86800
	实际	85615	83722	91323	84917	85018	84756
矿8	计划	52000	72900	70500	77500	75000	81000
	实际	54989	72996	73069	78566	76066	86266
矿9	计划	148800	148800	144000	145700	141000	53300
	实际	155698	158568	151861	146012	145010	56304
矿10	计划	148800	148800	130200	130200	84000	129400
	实际	148950	149188	136688	143200	92288	117867

表 4-12　2006 年 1 月原煤生产不确定度

状态 (x_i)		原煤实际生产量 – 计划生产量			
		频率 F (x_i)	概率 P (x_i)	$\log_2$ P (x_i)	P (x_i) $\log_2$ P (x_i)
可控状态 (x_1)	(0)	2	0.2	—	—
非可控状态 (单位：千吨)	(x_2) (+10~+∞)	1	0.1	-3.32193	-0.33219
	(x_3) (+7~+9)	2	0.2	-2.32193	-0.46439
	(x_4) (+4~+6)	2	0.2	-2.32193	-0.46439
	(x_5) (+1~+3)	2	0.2	-2.32193	-0.46439
	(x_6) (-3~-1)	0	0	0	0
	(x_7) (-6~-4)	0	0	0	0
	(x_8) (-9~-7)	0	0	0	0
	(x_9) (-∞~-10)	1	0.1	-3.32193	-0.33219
H (x) (d_{e1}S)			2.0575		

（2）洗选不确定度。采用同样的方法计算2006年2~12月原煤生产不确定度。表4-13和表4-14分别是某大型煤炭企业2006年上半年和下半年的商品煤实际灰分值与计划灰分值。通过表格可以计算出洗选不确定度，详见表4-15。

表4-13 某大型煤炭企业2006年1~6月商品煤灰分值

单位：%

矿井	商品煤灰分	1月	2月	3月	4月	5月	6月
矿1	计划	23	23	23	23	23	23
	实际	33.33	34.7	35.01	39.51	39.23	40.33
矿2	计划	23	23	23	23	23	23
	实际	25.33	26.27	24.6	24.61	25.64	24.32
矿3	计划	23	23	23	23	23	23
	实际	24.13	25.23	26.31	25.32	28.28	26.3
矿4	计划	23	23	23	23	23	23
	实际	32.94	15.01	22.53	17.74	19.2	29.04
矿5	计划	23	23	23	23	23	23
	实际	21.25	33.25	33.2	31.58	35.69	35.24
矿6	计划	23	23	23	23	23	23
	实际	27.52	21.7	22.3	24.73	21.27	23.78
矿7	计划	23	23	23	23	23	23
	实际	22.33	46.84	47.06	45.36	45.75	49.45
矿8	计划	23	23	23	23	23	23
	实际	20.45	24.83	27.77	32.54	35.81	39.85
矿9	计划	23	23	23	23	23	23
	实际	23.47	21.73	21.56	21.81	21.65	20.36
矿10	计划	23	23	23	23	23	23
	实际	22.11	22.97	21.25	19.54	19.04	18.2

表4-14 某大型煤炭企业2006年7~12月商品煤灰分值

单位：%

矿井	商品煤灰分	7月	8月	9月	10月	11月	12月
矿1	计划	23	23	23	23	23	23
	实际	40.8	45.58	43.43	37.44	37.96	40.55
矿2	计划	23	23	23	23	23	23
	实际	24.93	23.62	23.59	22.68	23.49	23.33
矿3	计划	23	23	23	23	23	23
	实际	26.23	25.74	25.84	26.19	27.31	25.67
矿4	计划	23	23	23	23	23	23
	实际	17.97	17.7	16.99	17.52	16.59	18

续表

矿井	商品煤灰分	7月	8月	9月	10月	11月	12月
矿5	计划	23	23	23	23	23	23
	实际	32.07	32.43	31.06	28.42	27.12	27.56
矿6	计划	23	23	23	23	23	23
	实际	21.32	21.9	24.82	26.43	30.46	29.26
矿7	计划	23	23	23	23	23	23
	实际	50.64	47.52	48.57	49.46	53.19	46.2
矿8	计划	23	23	23	23	23	23
	实际	31.56	26.66	30.58	29.62	30.24	31.88
矿9	计划	23	23	23	23	23	23
	实际	19.76	19.17	20.13	22.95	22.37	22.13
矿10	计划	23	23	23	23	23	23
	实际	19.04	19.34	19.34	18.51	17.54	17.91

表 4-15 2006 年 1 月洗选不确定度

状态 (x_i)		商品煤实际灰分值-计划灰分值			
		频率 F (x_i)	概率 P (x_i)	$\log_2 P(x_i)$	$P(x_i) \log_2 P(x_i)$
可控状态 (x_1) (0)		1	0.1	—	—
非可控状态 (单位：%)	(x_2) (+10~+∞)	2	0.2	-2.32193	-0.46439
	(x_3) (+7~+9)	0	0	0	0
	(x_4) (+4~+6)	1	0.1	-3.32193	-0.33219
	(x_5) (+1~+3)	2	0.2	-2.32193	-0.46439
	(x_6) (-3~-1)	4	0.4	-1.32193	-0.52877
	(x_7) (-6~-4)	0	0	0	0
	(x_8) (-9~-7)	0	0	0	0
	(x_9) (-∞~-10)	0	0	0	0
H(x) ($d_{e2}S$)			1.7897		

采用同样的方法可以计算 2006 年 2~12 月洗选不确定度。

（3）产品运销引起的系统熵流变化 $d_{e3}S$。表 4-16 和表 4-17 分别是某大型煤炭企业 2006 年上半年和下半年的商品煤计划销售量与实际销售量。通过表格可以计算出产品运销不确定度，详见表 4-18。

表 4-16 某大型煤炭企业 2006 年 1~6 月商品煤销售量

单位：吨

矿井	销售量	1月	2月	3月	4月	5月	6月
矿1	计划	71740	64300	77100	79700	79700	78850
	实际	65431	37567	66501	44183	44099	36478

续表

矿井	销售量	1月	2月	3月	4月	5月	6月
矿2	计划	174580	159550	150350	157000	158700	182100
	实际	154275	155890	162406	161102	158485	136076
矿3	计划	182860	195280	210820	202180	207070	156370
	实际	162865	142273	148163	144033	123920	133179
矿4	计划	9770	6250	6250	6250	6250	8250
	实际	12321	5983	15186	11221	9455	16034
矿5	计划	276910	275900	258550	255100	237100	252500
	实际	206691	169814	169844	189414	184263	213782
矿6	计划	137880	123250	102250	101070	99560	127570
	实际	96468	90854	82990	131639	82460	98751
矿7	计划	91600	82350	83450	83450	82350	80950
	实际	69896	66436	61018	46530	71837	66361
矿8	计划	75600	91550	90350	83050	70750	69250
	实际	71188	68427	74737	66201	58181	59179
矿9	计划	156940	175050	201550	200200	155450	180100
	实际	141349	106419	172334	180842	145516	149678
矿10	计划	145930	187360	190490	190450	167060	179710
	实际	141902	171926	169305	169970	123290	150745

表4-17 某大型煤炭企业2006年7~12月商品煤销售量

单位：吨

矿井	销售量	7月	8月	9月	10月	11月	12月
矿1	计划	78850	71300	92650	87000	100050	10050
	实际	36592	40088	44479	57263	44171	71389
矿2	计划	182100	163750	187800	153050	159900	159900
	实际	167924	172921	131399	141459	145965	159772
矿3	计划	156370	167780	167670	167630	153470	153470
	实际	140678	149619	153088	150399	148944	145598
矿4	计划	8250	8250	59680	5050	4350	4350
	实际	11196	16643	46191	8962	5935	11659
矿5	计划	252500	226550	250150	272780	262780	262780
	实际	234618	240554	208914	231278	191391	209596
矿6	计划	127570	120810	108720	117720	103360	103360
	实际	112469	90988	107593	89037	107292	147050
矿7	计划	80950	82000	88750	94400	97100	97100
	实际	90831	77408	93652	74282	65772	114361

续表

矿井	销售量	7月	8月	9月	10月	11月	12月
矿8	计划	69250	75650	90900	87500	107100	107100
	实际	54090	68773	67643	77668	73779	88806
矿9	计划	180100	181350	155200	149900	136700	136700
	实际	147942	156153	146284	134101	154559	55686
矿10	计划	179710	180650	139670	159170	128330	128330
	实际	169507	114778	143463	168398	69519	87249

表4-18 2006年1月产品运销不确定度熵流 $d_{e2}S$

状态（x_i）		商品煤实际销售量－计划销售量			
		频率 F（x_i）	概率 P（x_i）	$\log_2$ P（x_i）	P（x_i）$\log_2$ P（x_i）
可控状态（x_1）(0)		3	0.3	—	—
非可控状态（单位：万吨）	（x_2）(+10~+∞)	0	0	0	0
	（x_3）(+7~+9)	0	0	0	0
	（x_4）(+4~+6)	0	0	0	0
	（x_5）(+1~+3)	0	0	0	0
	（x_6）(-3~-1)	5	0.5	-1	-0.5
	（x_7）(-6~-4)	1	0.1	-3.32193	-0.33219
	（x_8）(-9~-7)	1	0.1	-3.32193	-0.33219
	（x_9）(-∞~-10)	0	0	0	0
H（x）（$d_{e2}S$）		1.1644			

采用同样的方法计算2006年2~12月产品运销不确定度。

2006年1~12月此煤炭企业集团的原煤生产不确定度、洗选不确定度、产品运销不确定度以及总熵的数据详见表4-19。

表4-19 大型煤炭企业内部供应链不确定性测度时间序列（2006年1~12月）

时间	原煤生产不确定度 $d_{e1}S$	洗选不确定度 d_iS	产品运销不确定度 $d_{e2}S$	总熵 dS
1月	2.0575	1.7897	1.1644	5.0116
2月	1.8388	1.8388	1.4966	5.1742
3月	1.1066	1.8388	1.5710	4.5164
4月	2.0575	2.1710	1.7066	5.9351
5月	2.2575	2.1219	1.3821	5.7615
6月	2.1142	2.0464	1.2955	5.4561
7月	1.9253	2.3219	1.0246	5.2718
8月	1.1932	2.4464	1.3533	4.9929
9月	2.1897	2.2464	1.0499	5.4860

续表

时间	原煤生产不确定度 $d_{e1}S$	洗选不确定度 d_iS	产品运销不确定度 $d_{e2}S$	总熵 dS
10月	2.1142	2.0575	1.0246	5.1963
11月	2.3219	2.1897	1.6499	6.1615
12月	2.4464	2.3897	2.1897	7.0258

对大型煤炭企业内部供应链不确定度 dS 与时间 t 进行拟合，看是否存在显著关系。

dS = 4.7931 + 0.1086t

（14.0972）（2.3512）

$R^2 = 0.35$，D.W. = 1.4433

对内部供应链洗选加工不确定度 d_iS 与时间 t 进行拟合，看是否存在显著关系。

d_iS = 1.828 + 0.0452t

（19.6523）（3.5730）

$R^2 = 0.56$，D.W. = 1.3733

通过计算 2006 年 1~12 月的熵值，量度大型煤炭企业内部供应链的不确定程度，对大型煤炭企业内部供应链不确定性程度进行时间序列分析，可以看出，在原煤生产不确定度、洗选不确定度以及产品运销不确定度三个不确定度中，原煤生产不确定度 $d_{e1}S$ 呈现忽高忽低的不确定性，反映了煤矿复杂的地质赋存条件导致原煤生产的不确定性；产品运销不确定度 $d_{e2}S$ 反映了煤炭客户的需求或运输变动，导致商品煤实际销售量与计划销售量的不确定性，加剧了大型煤炭企业内部供应链的不确定性；大型煤炭企业洗选的不确定度 d_iS 与时间有相关关系，不确定度随着时间逐渐增加，反映了煤炭产品在加工洗选过程中，煤炭实际灰分值和计划灰分值的偏差，引起洗选不确定程度的增加，造成大型煤炭企业内部供应链不确定性程度的升高，大型煤炭企业内部供应链总熵 dS 与时间 t 有线性相关关系，随时间变化呈现增加趋势，不确定程度逐渐增加。

三、小　结

大型煤炭企业内部供应链的运作不确定性主要分为：原煤信源的不确定性、产品运销的不确定性以及洗选的不确定性。通过计算总熵可以看出，大型煤炭企业内部供应链不确定度高于一般制造企业供给系统不确定度。分析其不确定性程度高的原因，发现煤炭产品复杂的地质赋存条件导致原煤生产的不确定性，原煤生产不确定度高于一般制造企业供给系统的生产不确定度，是大型煤炭企业内部供应链不确定性程度高的主要来源。

从时间序列方面分析大型煤炭企业内部供应链的不确定性程度，原煤生产不确定度 $d_{e1}S$ 呈现忽高忽低的不确定性；运销不确定度 $d_{e2}S$ 随着时间逐渐增加，反映煤炭客户的需求或运输情况变动，加剧了大型煤炭企业内部供应链的不确定性；洗选不确定度 d_iS 随着时间逐渐增加，煤炭实际灰分值和计划灰分值的偏差，引起洗选不确定程度的增加，造成大型煤炭企业内部供应链不确定性的升高，大型煤炭企业内部供应链总熵 dS 随着时间变化呈现明显的增加趋势，说明大型煤炭企业内部供应链不确定性程度随着时间变化逐渐升高，是不确定性程度逐渐升高的巨系统。

第五章　大型煤炭企业内部供应链多目标动态优化模型构建与算法设计

本章通过分析大型煤炭企业内部供应链优化的必要性，建立了大型煤炭企业内部供应链的多目标非线性优化决策模型，提出多目标优化模型可以转化成目标规划模型进行求解，并设计了遗传算法求解模型。

一、大型煤炭企业内部供应链优化的必要性

大型煤炭企业内部是通过对整个大型网络供应链中的信息流、物流、资金流进行设计、优化和控制，把合适的煤炭产品，以合适的数量，在合适的时间送到合适的地点，即通过实现均衡供给，以满足煤炭客户需求，并保证煤炭客户与供应链成员共同获利的整个管理过程，这就涉及大型煤炭企业内部供应链这类大型系统的优化问题。

运用熵对大型煤炭企业内部供应链的不确定性进行测度，发现大型煤炭企业内部供应链是一个高度不确定的巨系统，而且不确定性程度随着时间变化逐渐升高，是不确定程度逐渐升高的巨系统。

具体分析不确定性的根源，发现大型煤炭企业内部供应链内各环节之间的各种矛盾是系统正熵产生的源泉，随着矛盾的激化，正熵也不断增加，供应链越来越不稳定，越来越混乱无序，不确定性程度越来越高，当熵增加到最大值时，也就是矛盾不可调和之时，于是大型煤炭企业内部供应链宣告瓦解，严重影响煤炭企业内部供应链的生存与发展。

相应的，对一个供应链来说，其负熵就是一切可能有利于消除或缓解系统内各种矛盾的因素。一个供应链要获得生存与发展，必须不断地引入负熵，以抵消系统正熵的增加值，从而确保形成更高层次的稳定有序的结构。对于正熵的大型煤炭企业内部来说，为了减少系统总熵，应采取人为控制措施，对大型煤炭企业内部供应链进行优化，相当于输入负熵流，减少系统总熵，保证大型煤炭企业内

部供应链的均衡性,有利于未来的长远发展,因此,对大型煤炭企业内部供应链这个不确定系统进行优化是非常必要的。

二、供应链系统优化模型和方法比较分析

从建模的角度看,多级供应链系统的设计和分析模型可分为四类,即确定型分析模型(变量已知且是确定的)、不确定型分析模型(其中主要是随机模型即变量未知但假设服从某一分布)、经济模型和模拟模型。

(一)确定型分析模型

表 5-1　确定型分析模型

模型类型	研究内容	研究学者
探索型方法	用七种探索型方法,用以计划装配型供应链的生产/配送操作,目标是确定成本最低的生产方式/产品配送计划,以满足用户对最终产品的需求。其中,总成本包括平均存储成本和固定成本(订货成本、启动成本)	Williams (1981)[109]
动态规划	用动态规划的算法确定供应链内每个节点的生产/配送批量	Williams (1983)[110]
混合整数规划模型	建立了一个混合整数规划模型,称为"整体供应链模型",它考虑了多种产品、多种设备、多阶段、多个时间周期和多种运输模式的情况。而且,该模型的目标函数是一个时间和成本的组合函数,其中总成本包括生产成本、库存成本、材料加工成本、运输成本	Arnzten 等 (1995)[111]
线性混合整数规划	提出了实施战略供应链管理的新观点。战略供应链管理是决定生产项目和供应链网络的长期供应链管理。他们提出线性混合整数规划模型将传统的购买、生产、分销和零售的供应链网络通过发展和循环的商业进程扩展为一个产品生命周期。并且由此最大化公司的税后利润和优化产品项目,同时扩展供应链网络	Fandel 和 Stammen (2004)[112]

(二)不确定条件下供应链优化模型

表 5-2　不确定条件下供应链优化模型

不确定条件	模型	研究内容	研究学者
供应和需求均不确定	多目标规划模型	提出了由一个制造商和一个供应商构成的多产品、多阶段供应链在原材料市场的供应和消费市场的需求均不确定下的多目标鲁棒运作模型。采用已知概率的离散情景描述消费市场需求和原材料市场供应的不确定性。供应链的运作模型为一个多目标规划问题,满足诸如供应链协调运作、所有供应链成员的目标利润尽可能大、对于不确定需求的决策的鲁棒性等多个相互冲突的目标。数值算例的结果表明,将鲁棒性运用于这些目标中,能够减少产品需求和原材料供应的不确定性对目标值的影响	徐家旺、黄小原 (2006)[113]

续表

不确定条件	模型	研究内容	研究学者
需求和价格均不确定	多目标优化模型	建立了产品需求和价格均不确定情况下的多成员供应链的多目标优化模型	Cheng-Liang C., Wen-Cheng L. (2004)[114]
交货时间以及需求不确定		交货时间以及需求不确定情况下短生命周期产品的协调订货决策	Z. Kevin Weng, Tim McClurg (2003)[115]
需求为随机	随机网络均衡模型	利用均衡理论以及变分不等式的方法研究了具有随机需求的多商品流供应链网络,分析了网络中各层决策者的独立行为及其相互作用,构建了随机网络均衡模型,得到了该系统达到均衡的条件并给出经济解释。最后通过一个算例说明了模型的合理性	滕春贤、姚锋敏、胡宪武 (2007)[116]
需求不确定		在基于 ARMA 时间序列的需求和目标库存最大策略的假定条件下,建立了供应链系统模型,利用时间序列分析方法证明库存序列、订货序列和库存残差序列同样为 ARMA 时间序列	程永生等 (2007)[117]
需求不确定		需求不确定的两阶段供应链中主导零售商的两期价格和订货策略	Kewen Pan, K.K.Lai, L.Liang, Stephen C.H. Leung (2009)[118]

此外,在不确定性需求的供应链决策建模研究方面,区间分析、模糊集合理论、概率分析和情景分析等方法被用于传统市场环境下不确定供应链运作的研究中,取得了显著的成果。

(三) 经济模型

Chrity 和 Grout (1994)[119] 建立了一个经济型的博弈模型,用以描述供应链中采购商和供应商的关系。该模型是一个 2×2 的供应链关系矩阵,用以区分每种关系类型的产生条件。这些条件包括特性程度不同的过程和产品。因而,通过该矩阵可以获得采购商和供应商假设的相关风险。

(四) 模拟模型

Wikner 等人 (1991)[120] 检验了五种供应链改进策略,并在三阶段参考供应链模型中执行了这些战略。这五种战略包括:①准确调整现有的决策规划;②减少供应链每个阶段上及其内部的时间延迟;③从供应链中排除分销阶段;④改进供应链内每个阶段上的决策准则;⑤信息流一体化,将需求区分为"实际"订货和"满足"订货。模拟结果表明,最有效的改进战略是第五种战略,即改善信息在供应链内的流动,分离订货。

(五）供应链系统优化方法

表 5-3　供应链系统优化方法比较和分析

优化方法	特　点	应用领域	研究学者
动态随机规划	一般是动态随机规划模型，使各时期期望费用总和最小或期望收益最大	研究供应链在不确定情况下的管理与协调问题	Huchzermeier（1996）[121]，Edgar（2000）[122]，Geoffrey（2002）[123]，Wang Sen（2004）[124]
混合整数规划	目标函数为生产和销售成本等费用最小或利润最大，整数变量表示供应链中成员选择、生产技术的选择等，用连续变量表示供应链中各成员的能力等，用约束表示供应链中的物流平衡关系和供需关系等	混合整数规划模型能很好地对应供应链流程，而且求解方法多样化，使之成为一类广泛使用的供应链模型	Hadi Mohammadi Bidhandi（2009）[125]，M. Rabbani（2009）[126]，Alebachew D. Yimer（2009）[127]，Tadeusz Sawik（2008）[128]，Dong Liang（2008）[129]，Peter M. Verderame（2008）[130]，Theodore S. Glickman（2008）[131]，Chumpol Monthatipkul（2008）[132]，Phuong Nga Thanh（2008）[133]，S.A. Torabi（2008）[134]，Le Thi Hoai An（2007）[135]，常良峰等（2002）[136]，刘晓等（2003）[137]，Mokashi 等（2003）[138]，陈豪雅等（2004）[139]，Schnessweiss 等（2004）[140]
神经网络	新兴的人工智能技术，用以模拟人类大脑神经网络结构和行为	有很强适应能力，能及时容纳新出现的约束条件，实时处理功能，对供应链管理有重要作用	庄健（2006）[141]，轩超亭（2000）[142]
Petri 网	适用系统的图形化、数学化建模工具，具有并发控制描述和图形表示能力，反映自然规律中事物间的依赖关系	经过不断扩充和完善，技术已经在多个领域得到广泛的应用，并被越来越多的专家学者运用到供应链研究中	杨连慧（2004）[143]，刘振峰（2006）[144]，侯发欣（2004）[145]
遗传算法	模拟生物在自然环境中的遗传和进化过程而形成的一种自适应全局优化概率搜索算法[200]	从代表问题潜在的解集的种群开始，按照优胜劣汰原理，根据个体适应度大小选择个体，借助组合交叉变异，产生代表新解集的种群，末代种群最优个体解码，作为近似最优解	陈继昊（2007）[146]，李仲兴（2005）[147]，李院生（2005）[148]，李一峰（2003）[149]，郭仁拥（2006）[150]

三、大型煤炭企业内部供应链优化模型的建模准备

围绕为煤炭客户提供有价值的产品或服务，大型煤炭企业内部供应链将从原煤开采直至产品或服务送抵最终顾客手中有关的各方面力量集结在一起进行业务运作，通过对客户的均衡供给，进而实现客户与供应链成员共同获益。与该产品或服务提供过程有关的各流程要素的集合体就代表该系统的构成，供应链系统分析的单元不应该局限于单体的企业，而应该扩展到企业间（或经营单位间）以网状关系联结起来的联盟体，即图3-6中由 E_1，E_2，…，E_X（$x=1$，2，…，X）即供应商、大型煤炭企业、物流服务商、客户等构成大型煤炭企业内部供应链的"一阶系统"，又称为供应链的子网；在大型煤炭企业（供应链子网）E_2 内部由原煤开配采 U_{21}，洗选加工 U_{22}，配煤 U_{23}，销售 U_{24} 等环节构成"二阶系统"，多个原煤生产节点即各矿井 U_{211}，U_{212}，…，U_{21I}（$i=1$，2，…，I）构成二阶系统原煤开配采环节 U_{21} 的下一级系统即"三阶系统"。多个煤炭洗选加工节点即各选煤厂 U_{221}，U_{222}，…，U_{22J}（$j=1$，2，…，J）构成二阶系统洗选加工环节 U_{22} 的下一级系统。用矩阵来表示供应链子网 E_x 即为 $E_x = \{U_{xy}\}$（$x=1$，2，…，X；$y=1$，2，…，Y），作为"多阶系统"的大型煤炭企业内部供应链的构成可表示为 $G = \{E_x U_{xy}\}$。在我国，除了有单一中央选煤厂的大型煤炭企业外，大多数大型煤炭企业为多个矿井、多个选煤厂、配煤基地、多种商品煤、多个客户情景，因此，本书主要探讨这类普遍存在的大型煤炭企业内部供应链的优化问题，图3-6显示了此类型的供应链结构及以物流为主线，包括信息流及资金流的输入输出关系的流行为。

一般来讲，各矿在自己的矿区内建立为矿服务的选煤厂。各矿经过选煤厂加工成的商品煤有可能直接通过运输销售给客户，也有可能在矿场或港口等地配煤后再销售给客户。如果内部无法实现最优化配置，大型煤炭企业才会考虑从外部采购煤炭进行配煤。外购煤炭环节是供应链中间环节的入点。但如果外购煤进行配煤成本过高，大型煤炭企业有可能放弃此策略，而承担客户满意度降低的风险。本章主要用数学语言分析大型煤炭企业内部供应链运作节点中的矿井节点、洗煤厂节点、客户端需求及质量要求，然后分析整个供应链的物流、资金流及优化目标，最后初步建立供应链优化数学模型。

（一）模型假设与相关说明

（1）煤炭企业按照"以销定产"的原则，根据年初的订单安排一年的生产和供给。

（2）决策期间内煤炭供应链成员生产成本、煤炭运输成本以及各成员生产技术水平可近似认为无变动。

（3）表征商品煤质量的指标主要有灰分、水分、发热量等因素，而灰分是最主要的指标，且统计分析得出，煤炭发热量主要受灰分影响。

（4）煤炭企业的供给受制于资源条件和运输条件等内外部不可控因素，不能无限制地增加，也就是说，煤炭企业不可能满足所有用户的所有需求，只能通过筛选客户以及对供给过程要素的优化，最大限度地满足用户对煤炭质量、数量等方面的要求。

（5）煤炭需求具有动态性特征，会随时间变化，特别是随着季节的变化出现较大幅度的波动的动态特征。

（6）商品煤从煤炭企业到客户的运输费用由客户承担。

（二）变量描述

1. 下标与集合

i 为矿井序号，i=1，2，…，I；
j 为选煤厂序号，j=1，2，…，J；
l 为商品煤序号，l=1，2，…，L，不妨令原煤序号为 l=0；
k 为客户序号，k=1，2，…，K；
t 为时间段序号，t=1，2，…，T（若 t 表示月份，则 T=12；若 t 表示季度，则 T=4）。

2. 大型煤炭企业内部供应链已知常数

XH_i（%）为矿井 i 的原煤灰分；
A_i（万吨）为矿井 i 单位时间段原煤生产能力；
H_{jl}（%）为洗煤厂 j 生产的 l 种商品煤的灰分；
B_j（万吨）为选煤厂 j 单位时间段的洗配能力；
C_{j1}（元/吨）为选煤厂 j 选洗单位原煤成本；
YH_j（%）为选煤厂 j 入洗原煤灰分；
α（万吨）为煤矿企业供应链单位时间段对外运输能力；
S_{ij}（元/吨）矿井 i 到选煤厂 j 单位重量运输成本；
C_{i0}（元/吨）为矿井 i 生产单位原煤成本；
C_{j1}（元/吨）为选煤厂 j 洗选单位原煤成本；
C_{l2}（元/吨）为单位时间段内 l 种商品煤单位库存成本；
V_i^0（万吨）为年初矿井 i 的库存原煤量；
R_{jl}^0（万吨）为年初洗煤厂 j 的库存 l 种商品煤数量；
R_{jl}^t 为洗煤厂 j 的库存 l 种商品煤的最大能力；

V_i^t 为矿井 i 的库存原煤的最大能力。

3. 大型煤炭企业内部供应链客户需求输入变量

E_{kl}^t（万吨）为时间段 t 内客户 k 对 l 种商品煤需求量；

P_{kl}^t（元/吨）为时间段 t 内客户 k 购买 l 种商品煤价格；

F_{kl}（%）为客户 k 对 l 种商品煤灰分的要求标准；

θ_k 为客户 k 的权重；

γ_{k1}，γ_{k2} 分别为煤炭数量和质量对客户 k 的权重；

ρ_{kl} 为商品煤 l 对客户 k 权重。

4. 大型煤炭企业内部供应链决策变量

X_i^t（万吨）为时间段 t 内矿井 i 原煤产量；

Y_j^t（万吨）为时间段 t 内选煤厂 j 入洗原煤量；

L_{jl}^t（万吨）为矿洗煤厂 j 对 l 种商品煤的产出量；

AH_{kl}^t（%）为企业销售给客户 k 的商品煤 l 的灰分；

X_{ij}^t（万吨）为时间段 t 内矿井 i 运往选煤厂 j 的待洗原煤量；

Q_{kl}^t（万吨）为时间段 t 内企业销售给客户 k 的 l 种商品煤数量；

V_i^t（万吨）为时间段 t 末矿井 i 的库存原煤量；

R_{jl}^t（万吨）为时间段 t 末洗煤厂 j 的库存 l 种商品煤数量；

Z_{jkl}^t（万吨）为时间段 t 内由洗煤厂 j 销售给客户 k 的商品煤 l 的量；

Z_{ik0}^t（万吨）为时间段 t 内由矿井 i 销售给客户 k 的原煤的量；

D_{kl}^t（%）为时间段 t 内煤炭企业对客户 k 的 l 种商品煤的订单满足率。

(三) 目标函数

1. 煤炭企业供应链系统资金流净值——系统利润

$$U = \sum_{t=1}^{T} \left[\begin{array}{l} \sum_{k=1}^{K} \sum_{l=1}^{L} Q_{kl}^t P_{kl} - \sum_{i=1}^{I} X_i^t C_{i0} - \sum_{j=1}^{J} Y_j^t C_{j1} - \sum_{j=1}^{J} \sum_{i=1}^{I} X_{ij}^t S_{ij} - \\ \sum_{j=1}^{J} \sum_{l=1}^{L} C_{l2} \frac{R_{jl}^t + R_{jl}^{t-1}}{2} - \sum_{i=1}^{I} C_{02} \frac{V_i^t + V_i^{t-1}}{2} \end{array} \right] \quad (5-1)$$

式中，$\sum_{t=1}^{T} \sum_{i=1}^{I} X_i^t C_{i0}$ 为原煤生产总成本；

$\sum_{t=1}^{T} \sum_{j=1}^{J} Y_j^t C_{j1}$ 为煤炭企业洗煤总成本；

$\sum_{t=1}^{T} \sum_{j=1}^{J} \sum_{i=1}^{I} X_{ij}^t S_{ij}$ 为煤炭供应链内部运输总成本；

$\sum_{t=1}^{T}\sum_{k=1}^{K}\sum_{l=1}^{L} Q_{kl}^{t} P_{kl}$ 为煤炭销售收入；

$\sum_{t=1}^{T}(\sum_{j=1}^{J}\sum_{l=1}^{L} C_{l2}\frac{R_{jl}^{t}+R_{jl}^{t-1}}{2}+\sum_{i=1}^{I} C_{02}\frac{V_{i}^{t}+V_{i}^{t-1}}{2})$ 为煤炭企业库存总成本。

2. 客户满意度目标

影响煤炭企业的客户满意度的因素主要有：①供给煤炭的数量与质量。客户满意度受订单满足率和交货质量的影响，订单满足率越高，交货质量越高，则客户满意度越高。②供给商品煤煤种。因为各商品煤对客户的重要程度不同，所以客户需求的不同商品煤的订单满足率和交货质量（灰分）对客户满意度的影响也不同，需要确定各客户对不同商品煤的权重。③时间因素。各种不同类型的客户，对不同时间段的重视也不同，需要确定各时间段对客户的重要度；对煤炭企业来说，不同客户的重要程度也不相同，需要对各客户赋予相应的权重。④不同客户对企业的重要度。各客户对商品煤订单满足率和质量要求的偏好程度也不同，需要确定煤炭供给数量和质量对各客户的权重。

建立煤炭企业综合客户满意度模型：

$$\mu = \sum_{t=1}^{T}\sum_{k}(\theta_{k}(\gamma_{k1}\sum_{l=0}^{L}\rho_{kl}\frac{Q_{kl}^{t}}{E_{kl}^{t}}+\gamma_{k2}\sum_{l=0}^{L}\rho_{kl}(1-\frac{AH_{kl}^{t}-F_{kl}}{F_{kl}}))) \quad (5-2)$$

其中，企业时间段 t 内销售给客户 k 的商品煤 l 的灰分：

$$AH_{kl}^{t}=\frac{\sum_{j} Z_{jkl}^{t} H_{jl}}{\sum_{j} Z_{jkl}^{t}}, \quad (l=1, 2, \cdots, L) \quad (5-3)$$

时间段 t 内企业销售给客户 k 的原煤的灰分：

$$AH_{k0}^{t}=\frac{\sum_{i} Z_{ik0}^{t} XH_{i}}{\sum_{i} Z_{ik0}^{t}} \quad (5-4)$$

$1-\frac{AH_{kl}^{t}-F_{kl}}{F_{kl}}$ 为时间段 t 内客户 k 对供给的商品煤 l 质量（灰分）的满足度；

$\frac{Q_{kl}^{t}}{E_{kl}^{t}}$ 为时间段 t 内对客户 k 的商品煤 l 的需求数量的订单满足率，用以度量客户 k 对供给的商品煤 l 数量的满足度。

（四）约束条件

1. 原煤生产能力约束

$$X_{i}^{t} \leqslant A_{i} \quad (5-5)$$

2. 洗煤厂洗选能力约束

$$Y_j^t \leq B_j \tag{5-6}$$

3. 库存能力约束

$$R_{jl}^t \leq R_{jl}' \tag{5-7}$$

$$V_i^t \leq V_i' \tag{5-8}$$

4. 洗煤厂主要产品产出率回归公式

洗煤厂主要洗选产品产量与入洗原煤灰分和其他洗选产品产量有负相关关系，可以通过洗煤厂历史洗煤数据，用多元线性回归法建立各洗煤厂洗损率模型，并分别利用 t 统计量和 F 统计量对模型变量显著性和模型整体的显著性进行检验。则：

$$L_{jl}^t = f(Y_j^t,\ YH_j^t,\ L_{j2}^t,\ L_{j3}^t,\ \cdots,\ L_{jL}^t) \tag{5-9}$$

5. 煤炭企业供应链系统物流平衡和约束条件

各矿井原煤生产量平衡公式：

$$X_i^t + V_i^{t-1} = \sum_j X_{ij}^t + \sum_k Z_{ik0}^t + V_i^t,\ i=1,\ 2,\ \cdots,\ I;\ t=1,\ 2,\ \cdots,\ T \tag{5-10}$$

洗煤厂原煤入洗量平衡公式：

$$Y_j^t = \sum_i X_{ij}^t,\ j=1,\ 2,\ \cdots,\ J \tag{5-11}$$

洗煤厂如洗原煤灰分公式：

$$YH_j^t = \frac{\sum_{i=1}^{I} X_{ij}^t\, XH_i}{\sum_{i=1}^{I} X_{ij}^t},\ j=1,\ 2,\ \cdots,\ J;\ t=1,\ 2,\ \cdots,\ T \tag{5-12}$$

煤炭销售平衡公式：

$$Q_{kl}^t = \sum_j Z_{jkl}^t,\ k=1,\ 2,\ \cdots,\ K;\ l=1,\ 2,\ \cdots,\ L;\ t=1,\ 2,\ \cdots,\ T \tag{5-13}$$

$$Q_{k0}^t = \sum_i Z_{ik0}^t,\ k=1,\ 2,\ \cdots,\ K;\ t=1,\ 2,\ \cdots,\ T \tag{5-14}$$

$$\sum_k Z_{jkl}^t + R_{jl}^t = L_{jl}^t + R_{jl}^{t-1},\ j=1,\ 2,\ \cdots,\ J;\ l=1,\ 2,\ \cdots,\ L;\ t=1,\ 2,\ \cdots,\ T \tag{5-15}$$

6. 运输能力约束

$$\sum_j \sum_k \sum_{l=1}^{L} Z_{jkl}^t + \sum_i \sum_k Z_{ik0}^t \leq \alpha,\ t=1,\ 2,\ \cdots,\ T \tag{5-16}$$

四、大型煤炭企业内部供应链多目标动态优化模型

(一) 大型煤炭企业内部供应链多目标动态优化模型的建立

煤炭企业不仅追求整体利润最大化目标,而且追求客户满意度最大化目标,既要保证利润的实现,又要尽量满足客户需求,保证企业可持续发展,实现企业长期利润。由于各个目标间存在相互冲突的问题,且单独满足任意一个目标都无法使总目标达到最优,因此须在这些目标之间取一个折中结果,这种多于一个的数值目标在给定区域上的最优化问题一般就称为多目标最优化问题,因此,本书建立以式(5-1)、式(5-2)为目标函数的大型煤炭供应链系统多目标动态优化模型(5-17),对煤炭企业多个目标实施优化。

$$\max U = \sum_{t=1}^{T} \begin{bmatrix} \sum_{k=1}^{K}\sum_{l=1}^{L} Q_{kl}^t P_{kl} - \sum_{i=1}^{I} X_i^t C_{i0} - \sum_{j=1}^{J} Y_j^t C_{j1} - \sum_{j=1}^{J}\sum_{i=1}^{I} X_{ij}^t S_{ij} \\ - \sum_{j=1}^{J}\sum_{l=1}^{L} C_{l2} \frac{R_{jl}^t + R_{jl}^{t-1}}{2} - \sum_{i=1}^{I} C_{02} \frac{V_i^t + V_i^{t-1}}{2} \end{bmatrix}$$

$$\max \mu = \sum_{t=1}^{T} \sum_{k} (\theta_k (\gamma_{k1} \sum_{l=0}^{L} \rho_{kl} \frac{Q_{kl}^t}{E_{kl}^t} + \gamma_{k2} \sum_{l=0}^{L} \rho_{kl} (1 - \frac{AH_{kl}^t - F_{kl}}{F_{kl}})))$$

$$\text{s.t.} \begin{cases} X_i^t \leq A_i; \ Y_j^t \leq B_j; \ R_{jl}^t \leq R_{jl}'; \ V_i^t \leq V_i'; \\ L_{j1}^t = f(Y_j^t, YH_j^t, L_{j2}^t, L_{j3}^t, \cdots, L_{jL}^t); \ Y_j^t = \sum_i X_{ij}', \ j=1, 2, \cdots, J; \\ X_i^t + V_i^{t-1} = \sum_j X_{ij}^t + \sum_k Z_{ik0}^t + V_i^t, \ j=1, 2, \cdots, I, \ t=1, 2, \cdots, T; \\ Q_{kl}^t = \sum_j Z_{jkl}^t, \ k=1, 2, \cdots, K, \ l=1, 2, \cdots, L, \ t=1, 2, \cdots, T; \\ Q_{k0}^t = \sum_i Z_{ik0}^t, \ k=1, 2, \cdots, K, \ t=1, 2, \cdots, T; \\ \sum_k Z_{jkl}^t + R_{jl}^t = L_{jl}^t + R_{jl}^{t-1}, \ j=1, 2, \cdots, J, \ l=1, 2, \cdots, L, \ t=1, 2, \cdots, T; \\ \sum_j \sum_k \sum_{l=1}^{l} Z_{jkl}^t + \sum_i \sum_k Z_{ik0}^t \leq \alpha, \ t=1, 2, \cdots, T; \end{cases}$$

$$\begin{cases} YH_j^t = \dfrac{\sum\limits_{i=1}^{I} X_{ij}^t \, XH_i}{\sum\limits_{i=1}^{I} X_{ij}^t}, & j=1, 2, \cdots, J, \ t=1, 2, \cdots, T; \\[2mm] AH_{kl}^t = \dfrac{\sum\limits_{j} Z_{jkl}^t \, H_{jl}}{\sum\limits_{j} Z_{jkl}^t}, & l=1, 2, \cdots, L, \ t=1, 2, \cdots, T; \\[2mm] AH_{k0}^t = \dfrac{\sum\limits_{i} Z_{ik0}^t \, XH_i}{\sum\limits_{i} Z_{ik0}^t}, & t=1, 2, \cdots, T; \end{cases} \quad (5-17)$$

(二) 大型煤炭企业供应链多目标动态优化模型的特点分析

1. 集成性

大型煤炭企业供应链系统的多目标非线性优化模型集成了大型煤炭供应链系统矿井生产决策、洗煤厂生产决策、各节点的库存决策和商品煤销售决策。

2. 客户需求导向性

大型煤炭企业供应链系统的多目标非线性优化模型以客户需求为导向，可以根据市场需求情况变化，调整输入变量取值，求解得到相应的决策变量，进行系统决策。内部供应链系统的生产、运输、库存和销售决策均随着客户需求的变化而调整。

3. 动态性

大型煤炭企业供应链系统的多目标非线性优化模型中引入了时间变量，煤炭企业要根据煤炭需求量随时间（月份、季节）变化情况，进行动态的集成决策。

4. 多目标性

大型煤炭企业供应链系统的多目标非线性优化模型同时考虑利润目标和客户满意度因素，煤炭企业在追求系统利润的同时，还要通过保证一定的订单满足率和商品煤质量来维持一定的客户满意度，模型具有科学性。

(三) 大型煤炭企业内部供应链多目标动态优化模型的求解策略与算法

1. 多目标优化模型的求解策略——转化为目标优化模型求解

上述供应链决策模型（5-17）是一个多目标、具有约束的非线性规划模型，本书将该模型转化为目标规划模型求解，一般目标规划是将多个目标函数写成一个由偏差变量构成的函数求最小值，按多个目标的重要性，确定优先等级，顺序求最小值，按决策者的意愿，事先给定所要达到的目标值，设 d^- 为未达到目标值的差值,称为负偏差变量,d^+为超过目标值的差值,称为正偏差变量,$d^-\geq 0$,$d^+\geq 0$,当期望结果不超过目标值时,目标函数求正偏差变量最小;当期望结果不低于目标值时,目标函数求负偏差变量最小;当期望结果恰好等于目标值时,目标函数求正负偏差变量之和最小。

(1) 设 d_1^-,d_1^+ 为煤炭企业利润相对偏差,企业利润目标 U^*,则煤炭企业整体利润对目标的相对偏差要尽可能小:

$$\begin{cases} \min d_1^- \\ \sum_{t=1}^{T} \left[\dfrac{\sum_{k=1}^{K}\sum_{l=1}^{L} Q_{kl}^t P_{kl} - \sum_{i=1}^{I} X_i^t C_{i0} - \sum_{j=1}^{J} Y_j^t C_{j1} - \sum_{j=1}^{J}\sum_{i=1}^{I} X_{ij}^t S_{ij} -}{U^*} \right. \\ \left. \dfrac{\sum_{j=1}^{J}\sum_{l=1}^{L} C_{l2} \dfrac{R_{jl}^t + R_{jl}^{t-1}}{2} - \sum_{i=1}^{I} C_{02} \dfrac{V_i^t + V_i^{t-1}}{2}}{U^*} \right] + d_1^- - d_1^+ = 1 \end{cases}$$ (5-18)

(2) 设 d_2^-,d_2^+ 为煤炭企业综合客户满意度的数量偏差,则大型煤炭企业供应链的综合客户满意度与 1 的偏差要尽可能小:

$$\begin{cases} \min d_2^- \\ \sum_{t=1}^{T}\sum_{k} \left(\theta_k \left(\gamma_{k1} \sum_{l=0}^{L} \rho_{kl} \dfrac{Q_{kl}^t}{E_{kl}^t} + \gamma_{k2} \sum_{l=0}^{L} \rho_{kl} \left(1 - \dfrac{AH_{kl}^t - F_{kl}}{F_{kl}}\right) \right) \right) + d_2^- - d_2^+ = 1 \end{cases}$$ (5-19)

(3) 目标规划的目标函数中包含了多个目标,决策者对于具有同等重要性的目标可以合并为一个目标,如果同一目标中还想分出先后次序,可以赋予不同的权系数,按系数大小再排序。令煤炭企业对利润和客户满意度的权重分别为 λ_1,λ_2 得大型煤炭供应链目标优化决策模型:

$$\min = \lambda_1 d_1^- + \lambda_2 d_2^-$$

$$s.t. \begin{cases} \sum_{t=1}^{T} \left[\dfrac{\sum_{k=1}^{K}\sum_{l=1}^{L} Q_{kl}^t P_{kl} - \sum_{i=1}^{I} X_i^t C_{i0} - \sum_{j=1}^{J} Y_j^t C_{j1} - \sum_{j=1}^{J}\sum_{i=1}^{I} X_{ij}^t S_{ij} -}{U^*} \right. \\ \left. \dfrac{\sum_{j=1}^{J}\sum_{l=1}^{L} C_{l2} \dfrac{R_{jl}^t + R_{jl}^{t-1}}{2} - \sum_{i=1}^{I} C_{02} \dfrac{V_i^t + V_i^{t-1}}{2}}{U^*} \right] + d_1^- - d_1^+ = 1; \\ \sum_{t=1}^{T}\sum_{k} \left(\theta_k \left(\gamma_{k1} \sum_{l=0}^{L} \rho_{kl} \dfrac{Q_{kl}^t}{E_{kl}^t} + \gamma_{k2} \sum_{l=0}^{L} \rho_{kl} \left(1 - \dfrac{AH_{kl}^t - F_{kl}}{F_{kl}}\right) \right) \right) + d_2^- - d_2^+ = 1; \\ X_i^t \leq A_i; \quad Y_j^t \leq B_j; \quad R_{jl}^t \leq R_{jl}'; \quad V_i^t \leq V_i'; \\ L_{jl}^t = f(Y_j^t, YH_j^t, L_{j2}^t, L_{j3}^t, \cdots, L_{jL}^t); \quad Y_j^t = \sum_i X_{ij}^t, \; j=1,2,\cdots,J; \\ X_i^t + V_i^{t-1} = \sum_j X_{ij}^t + \sum_k Z_{ik0}^t + V_i^t, \; j=1,2,\cdots,I, \; t=1,2,\cdots,T; \\ Q_{kl}^t = \sum_j Z_{jkl}^t, \; k=1,2,\cdots,K, \; l=1,2,\cdots,L, \; t=1,2,\cdots,T; \end{cases}$$

$$\begin{cases} Q_{k0}^t = \sum_i Z_{ik0}^t, \ k=1,\ 2,\ \cdots,\ K,\ t=1,\ 2,\ \cdots,\ T; \\ \sum_k Z_{jkl}^t + R_{jl}^t = L_{jl}^t + R_{jl}^{t-1},\ j=1,\ 2,\ \cdots,\ J,\ l=1,\ 2,\ \cdots,\ L,\ t=1,\ 2,\ \cdots,\ T; \\ \sum_j \sum_k \sum_{l=1}^l Z_{jkl}^t + \sum_i \sum_k Z_{ik0}^t \leqslant \alpha,\ t=1,\ 2,\ \cdots,\ T; \\ YH_j^t = \dfrac{\sum_{i=1}^l X_{ij}^t\ XH_i}{\sum_{i=1} X_{ij}^t},\ j=1,\ 2,\ \cdots,\ J,\ t=1,\ 2,\ \cdots,\ T; \\ AH_{kl}^t = \dfrac{\sum_j Z_{jkl}^t\ H_{jl}}{\sum_j Z_{jkl}^t},\ l=1,\ 2,\ \cdots,\ L,\ t=1,\ 2,\ \cdots,\ T; \\ AH_{k0}^t = \dfrac{\sum_i Z_{ik0}^t\ XH_i}{\sum_j Z_{ik0}^t},\ t=1,\ 2,\ \cdots,\ T; \end{cases}$$

(5-20)

2. 求解非线性目标优化模型的遗传算法

第一，基因表达与初始化。采用浮点表达基因。对于数值优化问题，浮点表达与二进制表达相比有许多优点。按浮点表达，每个染色体编码为实数向量，且与决策变量等长。本模型用向量 $[x_1,\ x_2,\ \cdots,\ x_n]$ 作为表达问题解的染色体。

初始化过程首先确定约束集合中的一个内点 V_0 和一个大的正数 M_0，然后按以下步骤产生 pop_size 个染色体：

步骤1：在 R^n 中随机选择一个方向 d。

步骤2：令 $M=M_0$，若 $v_0+M\cdot d$ 可行，令其为新的染色体；否则令 M 为 (0, M) 间的随机数，直到 $v_0+M\cdot d$ 可行。

步骤3：重复上述步骤 pop_size 次，即产生 pop_size 个初始可行解。

第二，评估函数。

步骤1：计算每个染色体的目标函数值，然后将所有染色体按目标函数值从坏到好的顺序排序（最坏的在位置1，最好的在位置 pop_size），本模型是极大问题，按目标值的升序排序。

步骤2：定义三个偏好参数 p_1，p_0，p_2（$0<p_1<p_0<p_2<1$），分别用来确定三个标准染色体 u_1，u_0，u_2，使得 $u_1=[p_1\cdot \text{pop\_size}]$，$u_0=[p_0\cdot \text{pop\_size}]$，$u_2=[p_2\cdot \text{pop\_size}]$。其中 $[x]$ 表示大于 x 的最小整数。

步骤3：令第 u_1 位染色体的适值为 $e^{-1}\approx 0.37$，第 u_0 位染色体的适值为1，第

u_2 位染色体的适值为 $2 - e^{-1} \approx 1.63$。对于第 u 位的染色体 v，它的指数适值 eval(v) 和位数 u 的关系如下：

$$\text{eval}(v) = \begin{cases} \exp\left[-\dfrac{u - u_0}{u_1 - u_0}\right], & u < u_0 \\ 2 - \exp\left[-\dfrac{u - u_0}{u_2 - u_0}\right], & u > u_0 \end{cases} \tag{5-21}$$

然后，按适值 eval(v_k)，k = 1，2，…，pop_size 构造转轮，并用来产生新的种群。

第三，交叉。这里采用算术交叉，对于双亲 v_1，v_2，交叉产生的两个后代 v'，v'' 如下：

$$v' = c_1 v_1 + c_2 v_2, \quad v'' = c_2 v_1 + c_1 v_2 \tag{5-22}$$

其中，c_1，$c_2 \geq 0$，且 $c_1 + c_2 = 1$。

第四，变异。和初始化步骤一样，变异运算按自由方向变异染色体。令父亲为 [x_1，x_2，…，x_n]，随机产生的变异方向为 d，后代即为：

$$v' = v + M \cdot d \tag{5-23}$$

若后代不可行，则在（0，M）间产生随机数 M，直到 v + M·d 可行为止。

五、小　结

通过对大型煤炭企业内部供应链的属性进行研究及测度，我们发现大型煤炭企业内部供应链是一个高度不确定的巨系统。基于此背景，本章首先重点比较分析作为供应链这类不确定系统的主要优化理论和方法，对供应链系统建立的模型主要有确定型分析模型、不确定型分析模型、经济模型和模拟模型，应用的优化方法主要有混合整数规划、动态规划、多目标规划、排队论、神经网络等。在前面章节中用数学语言具体分析大型煤炭企业内部供应链结构，在物流、信息流、资金流等流行为以及优化目标的基础上，结合大型煤炭企业供应链的特色，建立大型煤炭企业内部供应链多目标动态优化模型，该模型以供应链系统利润和客户满意度为目标，具有集成性、动态性、客户需求导向性、多目标性的特征。本章还分析了该多目标动态优化模型的求解策略和算法设计，提出了将多目标动态优化模型转化成目标规划模型后，设计了遗传算法求解模型。本章的设计为煤炭企业内部供应链系统的优化提供了基础，也为我国典型大型煤炭企业进行实证研究提供了准备，由此可以通过企业的实践验证模型的有效性和实用性。

第六章　算例：A矿业集团内部供应链多目标动态优化模型构建与优化

本章根据第五章建立的大型煤炭企业内部供应链多目标非线性动态优化模型，建立A矿业集团内部供应链多目标动态优化模型，对A矿业集团内部供应链进行系统决策。并将多目标优化模型的决策结果和单目标优化模型决策结果进行对比分析。通过A矿业集团内部供应链优化算例分析，提出A矿业集团内部供应链集成决策的政策建议。

由于A矿业集团具有以下特点，存在优化的必要性。

一是优质煤炭产品数量少。在煤炭市场的竞争中，比的是煤价，拼的是煤质。在华东地区的原16个重点煤矿（集团公司或矿务局）中，A矿业集团洗选产品的质量位居中上水平，但由于矿区的原煤入洗率低、入洗原煤的灰分高而导致产量低，而且为提高筛选煤的质量而采取掺入洗煤产品等，导致企业每年能投入市场的优质煤炭资源并不多；另外，企业其他产品的质量在华东地区各煤炭企业中则位居中下水平。正是由于企业的优质煤炭产品数量少，而一般的混煤产品数量多，企业更需要加强煤炭内部供应链的优化，统筹协调集团内部各矿的开采、洗选、配煤工作和集团外购煤炭的配煤、销售工作，以便既满足徐州矿业集团客户的需求，保持和提高客户满意度，又为徐州矿业集团保持和创造更多的利润。

二是主要竞争对手能力比较强。A矿业集团的主要竞争对手是兖矿和两淮。其中，淮北、淮南的开采条件和生产成本与A矿业集团不相上下，在产品价格上不占太大的优势，而兖矿则是生产规模大、成本低、效益好的现代化矿业集团，是比较强大的竞争对手。A矿业集团要重视煤炭内部供应链的优化，做到既与客户建立长期的合作关系，又能使徐州矿业集团长期获益。即使在煤炭市场供不应求时也要重视煤炭内部供应链优化，提高客户的忠诚度，从而在市场供大于求时，保证客户仍然保持自己的忠诚而愿意与A矿业集团继续合作。

一、A矿业集团煤炭内部供应链优化模型构建准备

目前A矿业集团下设矿井11个：垞城、夹河、庞庄、韩桥、三河尖、卧牛山、张双楼、权台、旗山、义安、张集。主要商品煤品种有：冶炼精煤、其他精煤、洗块煤、洗混煤、筛混中块、筛混煤。洗选加工环节的洗煤厂主要有两类：炼焦煤洗煤厂和动力煤洗煤厂。炼焦煤洗煤厂：夹河、庞庄、三河尖；动力煤洗煤厂：卧牛山、张双楼、权台、旗山、义安、张集。商品煤的主要运输方式有铁路、水运和公路运输。主要煤炭客户包括火力和热力发电厂等电煤用户、中石化、直供用户、经营单位（独立的煤炭销售经营公司）和其他小用户。供应商包括机电设备供应商、生产经营所需零配件供应商以及电力供应商等。此外，A矿业集团目前还实施大营销战略，即从外部采购煤炭与本企业生产煤炭进行配煤后销售或直接购买销售，以此满足本企业客户的需求。A矿业集团内部供应链中存在着"三流"：物流、资金流及信息流。其中，物流从上游向下游流动，资金流从下游向上游流动，而信息流的流动则是双向的。"三流"贯穿了企业的全部活动。以上游供应（如机械、电力、木材等）企业作为煤矿原材料供应商，以矿业集团（包括原煤开采、原煤运输、精煤生产、煤炭销售等）作为原煤及精煤生产商，再通过产品运输环节到达用户，形成以物流为主线，包括信息流及资金流的输入输出关系的煤炭供应链框架。

A矿业集团内部供应链管理的目标是在一定资源约束条件下通过对煤炭客户的动态均衡供给进而实现最终客户满意与供应链企业利润的最大化。对A矿业集团内部供应链而言，将地球赋存的原煤通过一系列业务运作活动转换为顾客所需要的产品，这是我们可以从供应链系统外部观察到的基本行为，而这些可观测到的基本行为即业务运作活动实际上是在"内心活动"，对如何处理地球赋存原煤做出决定后方才进行的一项后续的转换活动。其供应链系统的"内心活动"的主要功能是根据各种环境信息（包括煤炭客户需求信息、赋存原煤信息和环境条件信息等）、物处理能力和过程信息以及产出信息等而决定采取何种处理方式的管理决策活动，通过管理决策活动转换为对煤炭物流等物处理活动有指导价值的信息，例如，为何（目的）生产、面向谁（顾客群）生产、生产什么（品种、质量、数量、交货期等）以及如何生产（方法、成本）等。也就是说A矿业集团内部供应链中物流系统必须与由信息系统和管理决策系统共同构成的管理系统有机地结合，才能实现高效运行，而A矿业集团内部供应链的优化是管理决策系统的中心。

第六章 算例：A矿业集团内部供应链多目标动态优化模型构建与优化

A矿业集团各个矿井产出情况：

垞城：没有洗煤厂，销售原煤

夹河：对应一个洗煤厂，销售冶炼精煤、混煤、原煤

庞庄：对应一个洗煤厂，销售冶炼精煤、混煤、原煤

韩桥：没有洗煤厂，销售原煤

三河尖：对应一个洗煤厂，销售冶炼精煤、混煤、原煤

卧牛山：对应一个洗煤厂，销售其他精煤、混煤、原煤

张双楼：对应一个洗煤厂，销售其他精煤、混煤、原煤

权台：对应一个洗煤厂，销售其他精煤、混煤、原煤

旗山：对应一个洗煤厂，销售其他精煤、混煤、原煤

义安：对应一个洗煤厂，销售其他精煤、混煤、原煤

张集：对应一个洗煤厂，销售其他精煤、混煤、原煤

A矿业集团下属11个矿井，其中9个矿井建有洗煤厂，设：

A矿业集团大部分矿井自建洗煤厂，矿井与洗煤厂存在固定的对应关系，i（j）为矿井序号（选煤厂序号）：1—垞城，2—夹河，3—庞庄，4—韩桥，5—三河尖，6—卧牛山，7—张双楼，8—权台，9—旗山，10—义安，11—张集。

l商品煤煤种序号，l=0，1，2，3：0—原煤，1—冶炼精煤，2—其他类炼焦精煤，3—洗混煤。

k为客户序号。

在这里，考虑煤炭需求随季度的变化情况，则t为季度序号，t=1，2，3，4。

（一）A矿业集团内部已知参数

A矿业集团内部矿井的生产参数见表6-1，包括各矿井的原煤生产能力、原煤生产成本、原煤灰分，各洗煤厂入洗能力、洗煤成本、各产出煤的灰分等参数；A矿业集团计划年度年初库存情况以及各煤种库存成本见表6-2。其中，XH_i（%）为矿井i的原煤灰分；A_i（万吨）为矿井i单位时间段原煤生产能力；H_{jl}（%）为洗煤厂j生产的l种商品煤的灰分；B_j（万吨）为选煤厂j单位时间段的洗配能力；C_{j1}（万元/万吨）为选煤厂j洗选单位原煤成本；C_{i0}（万元/万吨）为矿井i生产单位原煤成本；C_{j1}（万元/万吨）为选煤厂j洗选单位原煤成本；C_{l2}（万元/万吨）为单位时间段内l种商品煤单位库存成本；V_i^0（万吨）为年初矿井i的库存原煤量；R_{jl}^0（万吨）为年初洗煤厂j的库存l种商品煤数量。

另外，各矿井原煤库存能力为10万吨，各洗煤厂冶炼精煤库存能力为5万吨，其他精煤库存能力为5万吨，混煤库存能力为8万吨。

表 6-1 A 矿业集团各矿井已知参数

i (j)	名称	A_i（万吨）	C_{i0}（万元/万吨）	B_j（万吨）	C_{j1}（万元/万吨）	XH_i（%）	H_{j1}（%）	H_{j2}（%）	H_{j3}（%）
1	垞城	85	304	—	—	33.1	—	—	—
2	夹河	110	345	96	25	35.3	8.5	—	14.3
3	庞庄	225	310	110	22	32.4	7.0	—	16.1
4	韩桥	65	308	—	—	30.1	—	—	—
5	三河尖	56	298	30	38	20.6	8.8	—	15.8
6	卧牛山	18	316	16	30	30.1	—	9.5	14
7	张双楼	118	307	18	23	23.9	—	11.2	15.8
8	权台	166	289	50	17	36.6	—	11.6	16.2
9	旗山	148	293	90	18	31.5	—	13	18.5
10	义安	33	369	30	28	30.8	—	14	19.6
11	张集	87	393	35	32	22	—	10.4	15.7
合计		1111	—	475	—	—	—	—	—

表 6-2 A 矿业集团年初库存参数及库存成本

i (j)	名称	V_i^0（万吨）	R_{j1}^0（万吨）	R_{j2}^0（万吨）	R_{j3}^0（万吨）
1	垞城	4	—	—	—
2	夹河	4	2	—	3
3	庞庄	4	2	—	3
4	韩桥	4	—	—	—
5	三河尖	4	2	—	3
6	卧牛山	4	—	2	3
7	张双楼	4	—	2	3
8	权台	4	—	0	3
9	旗山	4	—	2	3
10	义安	4	—	2	3
11	张集	4	—	2	3
C_{i2}（万元/万吨）		25	35	35	30

（二）A 矿业集团各选煤厂产出的回归模型

由于 A 矿业集团各矿井自建洗煤厂，用以洗选本矿井生产的原煤，故洗煤厂入洗原煤的灰分和产出商品煤的灰分基本稳定，灰分对洗选产品产出量的影响不显著。

第六章 算例：A矿业集团内部供应链多目标动态优化模型构建与优化

1. 夹河洗煤厂洗煤产出的回归模型

表6-3 夹河洗煤厂数质量完成情况表

时间	入洗原煤 数量（吨）	入洗原煤 灰分（%）	精煤 产量（吨）	精煤 回收率（%）	精煤 灰分（%）	洗损 数量（吨）	洗损 洗损率（%）
2005-01	91188	31.27	52253	57.30	8.64	24621	27.00026319
2	93914	32.59	52655	56.07	7.62	28174	29.99978704
3	95395	33.96	52493	55.03	7.36	31331	32.84344043
4	79019	31.24	45495	57.57	8.29	21335	26.99983548
5	72997	34.67	30479	41.75	9	22446	30.74920887
6	75884	28.01	32801	43.23	8.2	17390	22.91655685
7	69714	27.93	29873	42.85	7.85	16475	23.63226898
8	80368	26.68	28431	35.38	9.43	15963	190762.4283
9	77006	25.89	21667	28.14	8.59	13244	17.19865984
10	50214	16.94	25087	49.96	7.87	933	1.858047556
11	62637	37.85	22748	36.32	8.69	19639	31.35367275
12	81306	33.39	30687	37.74	8.11	21822	26.83934765
2006-01	84534	31.95	42420	50.18	7.95	23163	27.40080914
2	88649	44.31	32327	36.47	8.05	38047	42.91870185
3	90242	46.98	25826	28.62	9.37	40272	44.62667051
4	66928	39.47	25366	37.90	9.36	21935	32.77402582
5	96011	51.57	25432	26.48	9.36	42776	44.55322828
6	76151	39.85	27231	35.76	9.22	27911	36.65217791
7	74957	43.49	12812	17.09	9.69	29979	39.99493043
8	83284	48.09	24936	29.94	9.30	39454	47.37284472
9	53430	38.56	11462	21.45	9.21	16804	31.45049598
10	52547	38.68	3142	5.98	9.17	14997	28.54016404
11	47155	39.25				13926	29.53239317
12	34827	31.29				7679	22.04898498

$L_{21}=0.612Y_2-0.763L_{23}$

$R^2=0.98$，$\bar{R}^2=0.98$，D.W.$=1.62$，F$=475.6$ (6-1)

其中，Y_2为夹河洗煤厂入洗原煤量；L_{21}为夹河洗煤厂的冶炼精煤产量；L_{23}为夹河洗煤厂的混煤产量。R^2，$\bar{R}^2$分别为可决系数与调整的可决系数，用以检验模型的拟合优度；D.W.为检验自相关性的系数；F为检验模型整体显著性的参数。由检验结果可知，模型（6-1）具有整体显著性，且基本不存在序列相关性。

2. 庞庄洗煤厂洗煤产出的回归模型

表6-4 庞庄洗煤厂数质量完成情况表

时间	入洗原煤		精煤			洗损	
	数量（吨）	灰分（%）	产量（吨）	回收率（%）	灰分（%）	数量（吨）	洗损率（%）
2005-01	17500	27.63	12250	70	7.71	5250	
2	31506	28.89	18473	58.63	8.18	9452	
3	14876	28.03	7756	52.14	8.04	4165	
4	25417	30.55	6677	26.27	7.50	7625	
5	26149	29.63	7780	29.75	7.01	8368	
6	31180	32.79	3298	10.58	8.90	10601	
7	54003	36.29	8168	15.13	7.40	21601	
8	68758	37.87	7830	11.39	7.70	27503	
9	66842	39.61	1400	2.09	7.11	26737	
10	15843	39.03	1000	6.31	7.10	6337	
11	28040	36.78	0	0	0	11216	
12	40167	37.45	0	0	0	16067	
2006-01	25637	17.44	0	0	0	10255	
2	74850	38.97	7380	9.86	8.41	29940	
3	76157	40.96	6185	8.12	7.97	30463	
4	93033	32.08	4271	4.59	9.13	17777	
5	105212	50.47	6000	5.70	9.08	42776	
6	21487	49.71	4000	18.62	8.03	11329	
7	18431	28.15	4000	21.07	8.42	3686	
8	21761	20.51	13397	61.56	7.93	3264	
9	31532	22.47	13945	44.22	8.05	4509	
10	62789	32.71	14906	23.74	9.45	15796	
11	31442	21.55	12192	38.78	7.82	4360	
12	39613	16.85	16778	42.35	7.89	1089	

$$L_{31} = 0.524 Y_3 - 0.737 L_{33}$$

$R^2 = 0.940$，$\overline{R}^2 = 0.931$，D.W. $= 1.60$，F $= 104.3$ (6-2)

Y_3 为庞庄洗煤厂入洗原煤量；L_{31} 为庞庄洗煤厂的冶炼精煤产量；L_{33} 为庞庄洗煤厂的混煤产量。R^2，$\overline{R}^2$ 分别为可决系数与调整的可决系数，用以检验模型的拟合优度；D.W.为检验自相关性的系数；F 为检验模型整体显著性的参数。由检验结果可知，模型（6-2）具有整体显著性，且基本不存在序列相关性。

3. 三河尖选煤厂洗煤产出的回归模型

表6-5 三河尖选煤厂数质量完成情况表

时间	入洗原煤 数量（吨）	入洗原煤 灰分（%）	精煤 产量（吨）	精煤 回收率（%）	精煤 灰分（%）	洗损 数量（吨）	洗损 洗损率（%）
2005-01	8000	18.29	4169	52.45	9.18	720	9
2	8000	18.91	4078	50.98	9.49	800	10
3	4000	20.58				400	10
4	3000	21.68				300	10
5	3000	21.68				300	10
6	3971	16.39	361	90.93	10.36	36	0.906572652
7	4000	21.92				400	10
8	4000	21.66				400	10
9	2600	23.32	1211	46.58	8.61	480	18.46153846
10	5000	21.37				500	10
11	6000	20.74	1020	17	8.72	600	10
12	5800	21.49	1680	28.97	8.48	870	15
2006-01	1713	19.05	1439	84	8.15	274	15.99532983
2	3448	17.01	3000	87.01	8.75	448	12.99303944
3	25924	21.15	8457	32.62	8.46	5000	19.28714705
4	32508	22.14	6240	19.19	9.32	5390	16.58053402
5	17228	19.91	7672	44.53	8.82	2068	12.00371488
6	19717	13.31	9464	48	8.28	2580	13.08515494
7	29500	20.64	12910	43.76	8.46	3600	12.20338983
8	28800	21.90	11707	40.65	8.36	4300	14.93055556
9	30100	21.94	12036	39.99	8.72	4600	15.28239203
10	16040	22.98	5620	35.04	9.25	2500	15.58603491
11	16000	22.55	6018	37.61	8.96	2023	12.64375
12	12547	24.60	1502	11.97	8.72	2024	16.13134614

$$L_{61}=0.858Y_5-0.965L_{53}$$
$$R^2=0.990,\ \bar{R}^2=0.987,\ D.W.=1.79,\ F=446.0 \tag{6-3}$$

Y_5 为三河尖洗煤厂入洗原煤量；L_{61} 为三河尖洗煤厂冶炼精煤产量；L_{53} 为三河尖洗煤厂混煤产量。R^2、$\bar{R}^2$ 分别为可决系数与调整的可决系数，用以检验模型的拟合优度；D.W. 为检验自相关性的系数；F 为检验模型整体显著性的参数。由检验结果可知，模型（6-3）具有整体显著性，且基本不存在序列相关性。

4. 卧牛山洗煤厂洗煤产出的回归模型

表6-6 卧牛山洗煤厂数质量完成情况表

时间	入洗原煤		精煤			洗损	
	数量（吨）	灰分（%）	产量（吨）	回收率（%）	灰分（%）	数量（吨）	洗损率（%）
2005-01	15801	21.56	8373	52.99	7.80	1474	
2	14663	19.11	10146	69.19	8.01	1521	
3	15761	25.13	900	5.71	9	1379	
4	13055	30.52	3987	30.54	9.12	1958	
5	12795	28.68	7044	55.05	14.25	1919	
6	13732	28.28				2060	
7	14258	24.76				2139	
8	13828	21.53				691	
9	13311	27.97				666	
10	12387	26.21				619	
11	13243	27.54				662	
12	14404	33.37				2681	
2006-01	15515	31.86				3103	
2	14119	33.71				2824	
3	15519	33.80				3104	
4	15321	29.77				3064	
5	14305	37.11				4292	
6	12845	38.53				3854	
7	15870	36.77				4761	
8	16212	29.02				3247	
9	15627	26.44				2344	
10	13589	40.10				4756	
11	9903	39.68				3466	
12	14406	31.04				3602	

$$L_{62} = 0.872Y_6 - 0.923L_{63}$$

$R^2 = 0.99955$, $\bar{R}^2 = 0.99910$, $D.W. = 2.27$, $F = 2216.9$ \hfill (6-4)

Y_6 为卧牛山洗煤厂入洗原煤量；L_{62} 为卧牛山洗煤厂的其他精煤产量；L_{63} 为卧牛山洗煤厂的混煤产量。R^2，$\bar{R}^2$ 分别为可决系数与调整的可决系数，用以检验模型的拟合优度；D.W.为检验自相关性的系数；F 为检验模型整体显著性的参数。由检验结果可知，模型（6-4）具有整体显著性，且基本不存在序列相关性。

5. 张双楼洗煤厂洗煤产出的回归模型

表 6-7 张双楼洗煤厂数质量完成情况表

时间	入洗原煤		精煤+洗块煤				洗损	
	数量(吨)	灰分(%)	总产量(吨)	洗块煤(吨)	回收率(%)	灰分(%)	数量(吨)	洗损率(%)
2005-01	1436	23.98	1185	1185	82.52	12.12	251	
2	4280	23.67	3524	3524	82.34	12.01	756	
3	11520	20.47	9846	9846	85.50	12.05	1674	
4	12936	21.90	10996	10996	85	12	1940	
5	9166	20.59	7975	7975	87.01	12.02	1191	
6	16327	21.90	10005	10005	61.28	12.02	2122	
7	5985	22.51	5087	5087	85	12.01	898	
8	11255	22.22	9567	9567	85	12.02	1688	
9			11605	11605				
10	1053	21.93	895	895	85	12.03	158	
11	11370	21.91	9665	9665	85	12.02	1705	
12			6872	6872				
2006-01	15167	24.83	3011	3011	19.85	12.03	2856	
2	794	12.01	794	794	100	12.01	0	
3	18228	21.96	5694	5694	31.24	11.72	2734	
4	7030	21.56	4776	4776	67.94	11.25	1054	
5	12200	19.63	2043	2043	16.75	11.25	1220	
6	4084	19.41	3676	3676	90.01	11.02	408	
7	2856	19.20	2570	2570	89.99	10.76	286	
8	16347	18.99	5532	5532	33.84	10.54	1635	
9	13800	18.81	7507	7507	54.4	10.34	1380	
10	13257	18.90	11931	11931	90	10.44	1326	
11	9819	23.40	7536	5059	76.75	9.53	1949	
12	37959	23.89	26457	5363	69.7	8.89	6968	

$$L_{72} = 0.834Y_7 - 0.950L_{73}$$
$$R^2 = 0.9986, \bar{R}^2 = 0.9984, D.W. = 1.78, F = 6699.5 \tag{6-5}$$

Y_7 为张双楼洗煤厂入洗原煤量;L_{72} 为张双楼洗煤厂的其他精煤产量;L_{73} 为张双楼洗煤厂的混煤产量。R^2,$\bar{R}^2$ 分别为可决系数与调整的可决系数,用以检验模型的拟合优度;D.W.为检验自相关性的系数;F 为检验模型整体显著性的参数。由检验结果可知,模型(6-5)具有整体显著性,且基本不存在序列相关性。

6. 权台洗煤厂洗煤产出的回归模型

表 6-8 权台洗煤厂数质量完成情况表

时间	入洗原煤		精煤			洗损	
	数量（吨）	灰分（%）	产量（吨）	回收率（%）	灰分（%）	数量（吨）	洗损率（%）
2005-01	28517	23.76	9135	32.04	12.06	4277	
2	25899	23.17	10514	40.60	12.84	3885	
3	27579	21.32	12995	47.12	13.62	3034	
4	28594	23.72	11805	41.28	12.94	4289	
5	27506	24.10	10930	39.74	12.69	4126	
6	17706	23.18	4050	22.87	13.09	2656	
7	23644	23.46	9097	38.47	12.17	3547	
8	30482	22.67	14910	48.91	11.24	4572	
9	67936	22.87	46246	68.07	11.48	10190	
10	17202	22.27	14622	85	11.20	2580	
11	26589	23.03	22601	85	12.09	3988	
12	11375	21.91	9669	85	10.78	1706	
2006-01	23538	27.97	18360	78	11.89	5178	
2	19420	27.46	15342	79	12.17	4078	
3	21731	25.97	17168	79	13.16	3561	
4	21273	22.80	16806	79	13.32	3765	
5	23540	29.13	17655	75	12.47	5179	
6	30165	25.79	23830	76.71	12.61	5625	
7	18125	23.88	14864	82.01	13	2553	
8	21463	19.90	18334	85.42	10.74	2421	
9	23092	25.09	18243	79	11.07	4147	
10	27421	25.23	22315	81.38	11.56	5106	
11	32393	23.41	26100	80.57	11.21	4880	
12	31242	20.87	26297	84.17	10.26	4235	

$L_{82}=0.835Y_8-0.951L_{83}$

$R^2=0.9974$，$\bar{R}^2=0.9972$，D.W.$=2.36$，F$=4101.7$ (6-6)

Y_8 为权台洗煤厂入洗原煤量；L_{82} 为权台洗煤厂的其他精煤产量；L_{83} 为权台洗煤厂的混煤产量。R^2，$\bar{R}^2$ 分别为可决系数与调整的可决系数，用以检验模型的拟合优度；D.W.为检验自相关性的系数；F 为检验模型整体显著性的参数。由检验结果可知，模型（6-6）具有整体显著性，且基本不存在序列相关性。

7. 旗山洗煤厂洗煤产出的回归模型

表6-9 旗山洗煤厂数质量完成情况表

时间	入洗原煤		精煤+洗块煤				洗损	
	数量(吨)	灰分(%)	总产量(吨)	洗块煤(吨)	回收率(%)	灰分(%)	数量(吨)	洗损率(%)
2005-01	6628	21.20	5792	2055	87.39	12.09	836	
2	4280	19.88	3785	2258	88.43	11.64	473	
3	11650	43.61	6285	3233	53.95	11.58	5360	
4	2461	17.51	2253	1510	91.55	11.67	198	
5	5348	24.21	3051	3051	57.05	11.06	532	
6	8399	64.48	1525	1525	18.16	10.96	6847	
7	15049	66.18	1042	1042	6.92	11.31	12150	
8	99815	32.71	2108	2108	2.11	11.16	27544	
9	20247	54.38	4909	3835	24.25	11.47	11337	
10	10076	31.90	4689	3209	46.54	11.49	2191	
11	6403	19.01	5747	3326	89.75	11.75	638	
12	12671	44.25	3951	2569	31.18	11.54	5754	
2006-01	10519	20.99	8761	4301	83.29	11.92	879	
2	13879	31.59	9813	3780	70.70	12.04	3802	
3	18805	41.63	6455	5078	34.33	11.28	7741	
4	11385	37.74	1496	1496	13.14	10.89	3694	
5	12615	43.46	1467	1496	11.63	11.45	5737	
6	20973	57.17	3219	2312	15.35	11.40	11973	
7	9574	42.10	2370	865	24.75	12.03	4070	
8	19408	40.81	8726	2963	45.01	12.08	7829	
9	18255	30.79	11674	2438	63.95	12.22	4990	
10	10704	27.56	7625	3320	71.24	11.78	2191	
11	11444	39.99	6535	3910	57.10	11.58	4469	
12	13588	26.16	10465	5188	77.02	11.74	2683	

$$L_{92} = 0.558 Y_9 - 0.774 L_{93}$$
$$R^2 = 0.992,\ \overline{R}^2 = 0.991,\ D.W. = 2.37,\ F = 1269.2 \tag{6-7}$$

Y_9 为旗山洗煤厂入洗原煤量；L_{92} 为旗山洗煤厂的其他精煤产量；L_{93} 为旗山洗煤厂的混煤产量。R^2，$\overline{R}^2$ 分别为可决系数与调整的可决系数，用以检验模型的拟合优度；D.W.为检验自相关性的系数；F为检验模型整体显著性的参数。由检验结果可知，模型（6-7）具有整体显著性，且基本不存在序列相关性。

8. 义安洗煤厂洗煤产出的回归模型

表6-10 义安洗煤厂数质量完成情况表

时间	入洗原煤		精煤			洗损	
	数量（吨）	灰分（%）	产量（吨）	回收率（%）	灰分（%）	数量（吨）	洗损率（%）
2005-01	22098	27.09	1997	9.04	13.37	3077	
2	20266	27.98	815	4.02	12.98	2951	
3	23273	37.40	1323	5.68	12.49	6327	
4	27440	36.06	1130	4.12	13.33	7420	
5	15822	36.06	1071	6.77	12.61	3721	
6	6813	42.65	567	8.32	12.87	2086	
7	7682	38.44	126	1.64	13.03	1856	
8	7256	33.52	378	5.21	12.97	1458	
9	13103	33.75	4952	37.79	12.57	4051	
10	13048	28.62	3667	77.92	12.57	2881	
11	10740	23.92	5000	55.36	15.75	2584	
12	18358	33.26	4130	22.50	11.95	4191	
2006-01	15850	31.98	3446	21.74	12.57	3504	
2	10079	31.87	3700	36.71	13.63	2679	
3	16358	28.19	5647	34.52	12.56	2411	
4	18466	28.52	6787	36.75	12.99	3059	
5	15237	28.30	3230	21.20	13.19	1856	
6	15420	29.91	4955	32.13	12.53	3115	
7	13893	32.56	4512	32.48	12.28	3508	
8	8571	30.67	4073	47.52	13.19	2007	
9	11718	28.92	8340	71.17	12.93	2578	
10	13675	27.76	8154	59.63	13.51	2469	
11	13860	22.68	8329	60.09	14.10	621	
12	9433	36.72	4703	49.86	12.71	2830	

$L_{102}=0.648Y_{10}-0.769L_{103}$

$R^2=0.982$，$\bar{R}^2=0.980$，D.W.$=1.78$，F$=565.2$ （6-8）

Y_{10}为义安洗煤厂入洗原煤量；L_{102}为义安洗煤厂的其他精煤产量；L_{103}为义安洗煤厂的混煤产量。R^2，$\bar{R}^2$分别为可决系数与调整的可决系数，用以检验模型的拟合优度；D.W.为检验自相关性的系数；F为检验模型整体显著性的参数。由检验结果可知，模型（6-8）具有整体显著性，且基本不存在序列相关性。

第六章 算例：A矿业集团内部供应链多目标动态优化模型构建与优化

9. 张集洗煤厂洗煤产出的回归模型

表 6-11 张集洗煤厂数质量完成情况表

时间	入洗原煤		精煤			洗损	
	数量（吨）	灰分（%）	产量（吨）	回收率（%）	灰分（%）	数量（吨）	洗损率（%）
2005-01	12754	31.86	6000	47.04	14.11	3018	
2	20418	30.40	5000	24.49	14.40	3287	
3	14306	30.90	1439	10.06	14.19	3188	
4	13354	30.07	5000	37.41	14.74	2635	
5	10745	30.48	5000	46.53	14.57	2156	
6	9503	31.50	2931	30.84	14.62	2089	
7	9424	30.08	3000	31.83	13.90	1887	
8	6021	27.50	4000	66.43	14.23	1084	
9	13120	29.75	9000	68.60	12.70	3122	
10	9259	27.04	6528	70.50	11.09	1979	
11	9033	36.08	5000	55.36	15.75	2584	
12	17561	25.74	11957	68.09	13.45	2741	
2006-01	9897	29.50	4233	42.77	13.61	2015	
2	15684	27.36	8033	51.22	12.96	2659	
3	13433	31.13	2500	18.61	15.80	2039	
4	16487	37.24	2500	15.16	15.96	3742	
5	22149	36.41	1000	4.51	15.65	5456	
6	21173	34.66				4562	
7	17597	32.08				3292	
8	19618	29.73	8000	42.19	14.60	3855	
9	25013	30.87	10	0.04	15.80	4837	
10	29501	22.30				1200	
11	39054	32.97				8914	
12	34307	32.58				5704	

$$L_{112} = 0.8Y_{11} - 0.980 L_{113}$$
$$R^2 = 0.993, \overline{R}^2 = 0.9892, D.W. = 2.06, F = 1127.3 \tag{6-9}$$

Y_{11} 为张集洗煤厂入洗原煤量；L_{112} 为张集洗煤厂的其他精煤产量；L_{113} 为张集洗煤厂的混煤产量。R^2，$\overline{R}^2$ 分别为可决系数与调整的可决系数，用以检验模型的拟合优度；D.W. 为检验自相关性的系数；F 为检验模型整体显著性的参数。由检验结果可知，模型（6-8）具有整体显著性，且基本不存在序列相关性。

二、A 矿业集团内部供应链多目标动态优化一般模型

根据 A 矿业集团内部供应链系统的相关已知参数，以 A 矿业集团内部供应链系统利润最大化和客户满意度最大化为目标，以 A 矿业集团的原煤产能、洗煤能力、运输能力、洗煤产出模型为约束条件，建立 A 矿业集团内部供应系统多目标非线性优化模型（6-10）：

$$\max U = \sum_{t=1}^{4} \left[\sum_{k=1}^{K} \sum_{l=1}^{3} Q_{kl}^t P_{kl} - \sum_{i=1}^{11} X_i^t C_{i0} - \sum_{j=1}^{11} Y_j^t C_{j1} - \sum_{j=1}^{11} \sum_{l=1}^{3} C_{l2} \frac{R_{jl}^t + R_{jl}^{t-1}}{2} - \sum_{i=1}^{11} C_{02} \frac{V_i^t + V_i^{t-1}}{2} \right]$$

$$\max \mu = \sum_{t=1}^{4} \sum_{k} \left(\theta_k \left(\gamma_{k1} \sum_{l=0}^{3} \rho_{kl} \frac{Q_{kl}^t}{E_{kl}^t} + \gamma_{k2} \sum_{l=0}^{3} \rho_{kl} \left(1 - \frac{AH_{kl}^t - F_{kl}}{F_{kl}} \right) \right) \right) \quad \text{s.t.}$$

$$\begin{cases}
X_1^t \leq 85; \ X_2^t \leq 110; \ X_3^t \leq 225; \ X_4^t \leq 65; \ X_5^t \leq 56; \\
\quad X_6^t \leq 18; \ X_7^t \leq 118; \ X_8^t \leq 116; \ X_9^t \leq 148; \ X_{10}^t \leq 33; \ X_{11}^t \leq 87; \\
Y_2^t \leq 96; \ Y_3^t \leq 110; \ Y_5^t \leq 30; \ Y_6^t \leq 16; \ Y_7^t \leq 18; \ Y_8^t \leq 50; \ Y_9^t \leq 90; \ Y_{10}^t \leq 30; \\
\quad Y_{11}^t \leq 35; (t=1, 2, 3, 4) \\
L_{21}^t = 0.612 Y_2^t - 0.763 L_{24}^t; \ L_{31}^t = 0.524 Y_3^t - 0.737 L_{34}^t; \ L_{51}^t = 0.858 Y_5^t - 0.965 L_{54}^t; \\
\quad L_{62}^t = 0.872 Y_6^t - 0.923 L_{64}^t; \ L_{72}^t = 0.834 Y_7^t - 0.950 L_{74}^t; \ L_{82}^t = 0.835 Y_8^t - 0.951 L_{84}^t; \\
\quad L_{92}^t = 0.558 Y_9^t - 0.774 L_{94}^t; \ L_{102}^t = 0.648 Y_{10}^t - 0.769 L_{104}^t; \ L_{112}^t = 0.8 Y_{11}^t - 0.980 L_{114}^t; \\
\quad (t=1, 2, 3, 4) \\
X_i^t + V_i^{t-1} = \sum_j X_{ij}^t + \sum_k Z_{ik0}^t + V_i^t, \ i=1, 2, \cdots, 11, \ t=1, 2, 3, 4; \\
R_{jl}^t \leq 5; \ j=1, 2, \cdots, 11, \ l=1, 2, \ t=1, 2, 3, 4; \\
R_{j3}^t \leq 8, \ j=1, 2, \cdots, 11, \ t=1, 2, 3, 4; \\
V_i^t \leq 10, \ i=1, 2, \cdots, 11, \ t=1, 2, 3, 4; \\
\sum_k Z_{jkl}^t + R_{jl}^t = L_{jl}^t + R_{jl}^{t-1}, \ j=1, 2, \cdots, 11, \ l=1, 2, 3, \ t=1, 2, 3, 4; \\
Q_{kl}^t = \sum_j Z_{jkl}^t, \ k=1, 2, \cdots, K, \ l=1, 2, 3, \ t=1, 2, 3, 4; \\
Q_{k0}^t = \sum_j Z_{ik0}^t, \ k=1, 2, \cdots, K, \ t=1, 2, 3, 4; \\
AH_{kl}^t = \dfrac{\sum_j Z_{jkl}^t H_{jl}}{\sum_j Z_{jkl}^t}, \ l=1, 2, 3, 4, \ t=1, 2, 3, 4;
\end{cases}$$

$$\begin{vmatrix} AH_{k0}^t = \dfrac{\sum\limits_i Z_{ik0}^t XH_i}{\sum\limits_i Z_{ik0}^t}, \ t=1, \ 2, \ 3, \ 4; \\ C_{10}=304; \ C_{20}=345; \ C_{30}=310; \ C_{40}=308; \ C_{50}=298; \\ \quad C_{60}=316; \ C_{70}=307; \ C_{80}=289; \\ C_{90}=293; \ C_{100}=369; \ C_{110}=393; \ C_{21}=25; \ C_{31}=22; \\ \quad C_{51}=38; \ C_{61}=30; \ C_{71}=23; \ C_{81}=17; \\ C_{91}=18; \ C_{101}=28; \ C_{111}=32; \ XH_1=33.1; \ XH_2=35.3; \\ \quad XH_3=32.4; \ XH_4=30.1; \ XH_5=20.6; \ XH_6=30.1; \\ XH_7=23.9; \ XH_8=36.6; \ XH_9=31.5; \ XH_{10}=30.8; \\ \quad XH_{11}=22; \ H_{21}=8.5; \ H_{31}=7.0; \ H_{51}=8.8; \\ H_{62}=9.5; \ H_{72}=11.2; \ H_{82}=11.6; \ H_{92}=13; \ H_{102}=14; \\ \quad H_{122}=10.4; \ H_{23}=14.3; \ H_{33}=16.1; \ H_{53}=15.8; \\ H_{63}=14; \ H_{73}=15.8; \ H_{83}=16.2; \ H_{93}=18.5; \ H_{103}=19.6; \\ \quad H_{113}=15.7; \ V_1^0=10; \ V_2^0=10; \ V_3^0=10; \ V_4^0=15; \ V_5^0=15; \\ V_6^0=10; \ V_7^0=5; \ V_8^0=15; \ V_9^0=10; \ V_{10}^0=10; \ V_{11}^0=10; \\ \quad R_{21}^0=5; \ R_{31}^0=5; \ R_{51}^0=5; \ R_{62}^0=5; \ R_{72}^0=5; \\ R_{82}^0=0; \ R_{92}^0=5; \ R_{102}^0=5; \ R_{112}^0=5; \ R_{23}^0=5; \ R_{33}^0=10; \\ \quad R_{53}^0=10; \ R_{63}^0=10; \ R_{73}^0=15; \ R_{83}^0=5; \\ R_{93}^0=5; \ R_{103}^0=15; \ R_{113}^0=10; \ C_{02}=15; \ C_{12}=25; \ C_{22}=25; \ C_{32}=20; \end{vmatrix}$$

(6-10)

其中，

$$U=\sum_{t=1}^{4}\left[\sum_{k=1}^{K}\sum_{l=1}^{3}Q_{kl}^t P_{kl} - \sum_{i=1}^{11}X_i^t C_{i0} - \sum_{j=1}^{11}Y_j^t C_{j1} - \sum_{j=1}^{11}\sum_{l=1}^{3}C_{l2}\frac{R_{jl}^t+R_{jl}^{t-1}}{2} - \sum_{i=1}^{11}C_{02}\frac{V_i^t+V_i^{t-1}}{2}\right]$$

为 A 矿业集团内部供应链系统利润函数；$\mu=\sum\limits_{t=1}^{4}\sum\limits_{k}(\theta_k(\gamma_{k1}\sum\limits_{l=0}^{3}\rho_{kl}\dfrac{Q_{kl}^t}{E_{kl}^t}+\gamma_{k2}\sum\limits_{l=0}^{3}\rho_{kl}(1-\dfrac{AH_{kl}^t-F_{kl}}{F_{kl}})))$为客户满意度函数；该模型是 A 矿业集团内部供应链生产、运输和销售等决策的一般模型。应用该模型，对于不同的市场需求情形，输入市场需求变量，即可求解出 A 矿业集团内部供应链系统决策。

将模型（6-10）转化为目标优化模型，得到非线性目标优化模型（6-11）。

$$\min = \lambda_1 d_1^- + \lambda_2 d_2^- \quad \text{s.t.}$$

$$\sum_{t=1}^{4} \frac{\left[\sum_{k=1}^{K}\sum_{l=1}^{3} Q_{kl}^t P_{kl} - \sum_{i=1}^{11} X_i^t C_{i0} - \sum_{j=1}^{11} Y_j^t C_{j1} - \sum_{j=1}^{11}\sum_{i=1}^{11} X_{ij}^t S_{ij} - \sum_{j=1}^{11}\sum_{l=1}^{3} C_{l2} \frac{R_{jl}^t + R_{jl}^{t-1}}{2} - \sum_{i=1}^{11} C_{02} \frac{V_i^t + V_i^{t-1}}{2}\right]}{U^*} + d_1^- - d_1^+ = 1;$$

$$\sum_{t=1}^{4}\sum_{k}\left(\theta_k\left(\gamma_{k1}\sum_{l=0}^{3} \rho_{kl}\frac{Q_{kl}^t}{E_{kl}^t} + \gamma_{k2}\sum_{l=0}^{3} \rho_{kl}\left(1 - \frac{AH_{kl}^t - F_{kl}}{F_{kl}}\right)\right)\right) + d_2^- - d_2^+ = 1;$$

$X_1^t \leq 85$; $X_2^t \leq 110$; $X_3^t \leq 225$; $X_4^t \leq 65$; $X_5^t \leq 56$; $X_6^t \leq 18$; $X_7^t \leq 118$; $X_8^t \leq 116$; $X_9^t \leq 148$;

$X_{10}^t \leq 33$; $X_{11}^t \leq 87$; $Y_2^t \leq 96$; $Y_3^t \leq 110$; $Y_5^t \leq 30$; $Y_6^t \leq 16$; $Y_7^t \leq 18$; $Y_8^t \leq 50$; $Y_9^t \leq 90$; $Y_{10}^t \leq 30$;

$Y_{11}^t \leq 35$; $(t=1, 2, 3, 4)$; $L_{21}^t = 0.612 Y_2^t - 0.763 L_{24}^t$; $L_{31}^t = 0.524 Y_3^t - 0.737 L_{34}^t$; $L_{51}^t = 0.858 Y_5^t - 0.965 L_{54}^t$;

$L_{62}^t = 0.872 Y_6^t - 0.923 L_{64}^t$; $L_{72}^t = 0.834 Y_7^t - 0.950 L_{74}^t$; $L_{82}^t = 0.835 Y_8^t - 0.951 L_{84}^t$;

$L_{92}^t = 0.558 Y_9^t - 0.774 L_{94}^t$; $L_{102}^t = 0.648 Y_{10}^t - 0.769 L_{104}^t$; $L_{112}^t = 0.8 Y_{11}^t - 0.980 L_{114}^t$;

$(t=1, 2, 3, 4)$

$X_i^t + V_i^{t-1} = \sum_j X_{ij}^t + \sum_k Z_{ik0}^t + V_i^t$, $i=1, 2, \cdots, 11$, $t=1, 2, 3, 4$; $R_{jl}^t \leq 5$, $j=1, 2, \cdots, 11$, $l=1, 2$, $t=1, 2, 3, 4$;

$R_{j3}^t \leq 8$, $j=1, 2, \cdots, 11$, $t=1, 2, 3, 4$; $V_i^t \leq 10$, $i=1, 2, \cdots, 11$, $t=1, 2, 3, 4$;

$Q_{kl}^t = \sum_j Z_{jkl}^t$, $k=1, 2, \cdots, K$, $l=1, 2, 3$, $t=1, 2, 3, 4$;

$\sum_k Z_{jkl}^t + R_{jl}^t = L_{jl}^t + R_{jl}^{t-1}$, $j=1, 2, \cdots, 11$, $l=1, 2, 3$, $t=1, 2, 3, 4$;

$Q_{k0}^t = \sum_j Z_{ik0}^t$, $k=1, 2, \cdots, K$, $t=1, 2, 3, 4$;

$$AH_{kl}^t = \frac{\sum_j Z_{jkl}^t H_{jl}}{\sum_j Z_{jkl}^t}, \quad l=1, 2, 3, \quad t=1, 2, 3, 4;$$

$$AH_{k0}^t = \frac{\sum_i Z_{ik0}^t XH_i}{\sum_i Z_{ik0}^t}, \quad t=1, 2, 3, 4;$$

$C_{10}=304$; $C_{20}=345$; $C_{30}=310$; $C_{40}=308$; $C_{50}=298$; $C_{60}=316$; $C_{70}=307$;
$C_{80}=289$; $C_{90}=293$; $C_{100}=369$;
$C_{110}=393$; $C_{21}=25$; $C_{31}=22$; $C_{51}=38$; $C_{61}=30$; $C_{71}=23$;
$C_{81}=17$; $C_{91}=18$; $C_{101}=28$; $C_{111}=32$; $XH_1=33.1$;
$XH_2=35.3$; $XH_3=32.4$; $XH_4=30.1$;
$XH_5=20.6$; $XH_6=30.1$; $XH_7=23.9$; $XH_8=36.6$; $XH_9=31.5$; $XH_{10}=30.8$;
$XH_{11}=22$; $H_{21}=8.5$; $H_{31}=7.0$; $H_{51}=8.8$; $H_{62}=9.5$;
$H_{72}=11.2$; $H_{82}=11.6$; $H_{92}=13$; $H_{102}=14$; $H_{122}=10.4$;
$H_{23}=14.3$; $H_{33}=16.1$; $H_{53}=15.8$;
$H_{63}=14$; $H_{73}=15.8$; $H_{83}=16.2$; $H_{93}=18.5$; $H_{103}=19.6$; $H_{113}=15.7$; $V_1^0=10$;
$V_2^0=10$; $V_3^0=10$; $V_4^0=15$; $V_5^0=15$; $V_6^0=10$; $V_7^0=5$; $V_8^0=15$; $V_9^0=10$;
$V_{10}^0=10$; $V_{11}^0=10$; $R_{21}^0=5$; $R_{31}^0=5$; $R_{51}^0=5$; $R_{62}^0=5$;
$R_{72}^0=5$; $R_{82}^0=0$; $R_{92}^0=5$; $R_{102}^0=5$; $R_{112}^0=5$; $R_{23}^0=5$;
$R_{33}^0=10$; $R_{53}^0=10$; $R_{63}^0=10$; $R_{73}^0=15$; $R_{83}^0=5$; $R_{93}^0=5$;
$R_{103}^0=15$; $R_{113}^0=10$; $C_{02}=15$; $C_{12}=25$; $C_{22}=25$; $C_{32}=20$;

(6-11)

其中,

$$\begin{cases} \min d_1^- \\ \sum_{t=1}^{4} \dfrac{\sum_{k=1}^{K}\sum_{l=1}^{3} Q_{kl}^t P_{kl} - \sum_{i=1}^{11} X_i^t C_{i0} - \sum_{j=1}^{11} Y_j^t C_{j1} - \sum_{j=1}^{11}\sum_{i=1}^{11} X_{ij}^t S_{ij} - }{U^*} \\ \phantom{\sum_{t=1}^{4}}\dfrac{\sum_{j=1}^{11}\sum_{l=1}^{3} C_{l2}\dfrac{R_{jl}^t+R_{jl}^{t-1}}{2} - \sum_{i=1}^{11} C_{02}\dfrac{V_i^t+V_i^{t-1}}{2}}{U^*} + d_1^- - d_1^+ = 1 \end{cases}$$

表示 A 矿业集团内部供应链系统利润 U 与目标利润的比值尽可能达到 1;

$$\begin{cases} \min d_2^- \\ \sum_{t=1}^{4}\sum_{k}\left(\theta_k\left(\gamma_{k1}\sum_{l=0}^{3}\rho_{kl}\dfrac{Q_{kl}^t}{E_{kl}^t}+\gamma_{k2}\sum_{l=0}^{3}\rho_{kl}\left(1-\dfrac{AH_{kl}^t-F_{kl}}{F_{kl}}\right)\right)\right)+d_2^- - d_2^+ = 1 \end{cases}$$

表示客户满意度尽可能达到 1 这一目标。

三、A矿业集团内部供应链优化及情景分析

(一) A矿业集团客户需求节点分析

客户端处在煤炭企业供应链系统之外,是煤炭供应链系统信息流的来源,是煤炭企业供应链系统的决策依据。煤炭企业追求系统的整体利润最大,同时通过确定不同客户相应的最低订单满足率和最低质量保证来实现一定的客户满意度。

该矿务集团有4个主要客户,各客户按季度需求情况见表6-12、表6-13、表6-14、表6-15。其中,E_{kl}^t(万吨)为时间段t内客户k对l种商品煤需求量;P_{kl}^t(万元/万吨)为客户k时间段t内购买l种商品煤价格;F_{kl}(%)为客户k对l种商品煤灰分的要求标准。

表6-12 A矿业集团客户需求情况 (t=1)

k	原煤 l=0			冶炼精煤 l=1			其他精煤 l=2			混煤 l=3		
	E_{k0}^1	P_{k0}^1	F_{k0}	E_{k1}^1	P_{k1}^1	F_{k1}	E_{k2}^1	P_{k2}^1	F_{k2}	E_{k3}^1	P_{k3}^1	F_{k3}
1	20	420	30	0	—	—	0	—	—	8	500	17
2	0	—	—	6	620	8.5	0	—	—	6	520	17
3	0	—	—	5	650	8.5	6	650	10	0	—	—
4	18	440	30	0	—	—	4	680	10	4	530	17

表6-13 A矿业集团客户需求情况 (t=2)

k	原煤 l=0			冶炼精煤 l=1			其他精煤 l=2			混煤 l=3		
	E_{k0}^2	P_{k0}^2	F_{k0}	E_{k1}^2	P_{k1}^2	F_{k1}	E_{k2}^2	P_{k2}^2	F_{k2}	E_{k3}^2	P_{k3}^2	F_{k3}
1	40	450	30	0	—	—	0	—	—	15	520	17
2	0	—	—	15	660	8.5	0	—	—	18	530	17
3	0	—	—	15	690	8.5	15	700	10	0	—	—
4	30	480	30	0	—	—	12	720	10	15	545	17

表6-14 A矿业集团客户需求情况 (t=3)

k	原煤 l=0			冶炼精煤 l=1			其他精煤 l=2			混煤 l=3		
	E_{k0}^3	P_{k0}^3	F_{k0}	E_{k1}^3	P_{k1}^3	F_{k1}	E_{k2}^3	P_{k2}^3	F_{k2}	E_{k3}^3	P_{k3}^3	F_{k3}
1	20	420	30	0	—	—	0	—	—	8	500	17
2	0	—	—	6	620	8.5	0	—	—	6	520	17
3	0	—	—	5	650	8.5	6	650	10	0	—	—
4	18	440	30	0	—	—	4	680	10	4	530	17

表 6-15　A 矿业集团客户需求情况（t = 4）

k	原煤 l = 0			冶炼精煤 l = 1			其他精煤 l = 2			混煤 l = 3		
	E_{k0}^4	P_{k0}^4	F_{k0}	E_{k1}^4	P_{k1}^4	F_{k1}	E_{k2}^4	P_{k2}^4	F_{k2}	E_{k3}^4	P_{k3}^4	F_{k3}
1	40	450	30	0	—	—	0	—	—	15	520	17
2	0	—	—	15	660	8.5	0	—	—	18	530	17
3	0	—	—	15	690	8.5	15	700	10	0	—	—
4	30	480	30	0	—	—	12	720	10	15	545	17

（二）多客户单一利润目标动态优化模拟

1. 模型建立与求解

首先，按照传统的模式，煤炭企业只考虑利润最大化这一目标，不考虑客户满意度情况，建立以 A 矿业集团内部供应链利润最大化为目标，以 A 矿业集团各矿井产能、洗煤能力、运输能力、洗煤产出模型为约束条件的单一目标的动态优化模型，该模型涉及原煤生产、洗选加工、供给客户需求数量与质量等决策变量，如式（6-12）：

$$\max U = \sum_{t=1}^{4} \left[\sum_{k=1}^{K} \sum_{l=1}^{3} Q_{kl}^t P_{kl} - \sum_{i=1}^{11} X_i^t C_{i0} - \sum_{j=1}^{11} Y_j^t C_{j1} - \sum_{j=1}^{11} \sum_{l=1}^{3} C_{l2} \frac{R_{jl}^t + R_{jl}^{t-1}}{2} - \sum_{i=1}^{11} C_{02} \frac{V_i^t + V_i^{t-1}}{2} \right]$$

$$\begin{cases}
X_1^t \leq 85; \ X_2^t \leq 110; \ X_3^t \leq 225; \ X_4^t \leq 65; \ X_5^t \leq 56; \\
X_6^t \leq 18; \ X_7^t \leq 118; \ X_8^t \leq 116; \ X_9^t \leq 148; \\
X_{10}^t \leq 33; \ X_{11}^t \leq 87; \ Y_2^t \leq 96; \ Y_3^t \leq 110; \ Y_5^t \leq 30; \ Y_6^t \leq 16; \\
Y_7^t \leq 18; \ Y_8^t \leq 50; \ Y_9^t \leq 90; \ Y_{10}^t \leq 30; \\
Y_{11}^t \leq 35; \ (t = 1, 2, 3, 4); \ L_{21}^t = 0.612 Y_2^t - 0.763 L_{24}^t; \\
L_{31}^t = 0.524 Y_3^t - 0.737 L_{34}^t; \ L_{51}^t = 0.858 Y_5^t - 0.965 L_{54}^t; \\
L_{62}^t = 0.872 Y_6^t - 0.923 L_{64}^t; \ L_{72}^t = 0.834 Y_7^t - 0.950 L_{74}^t; \ L_{82}^t = 0.835 Y_8^t - 0.951 L_{84}^t; \\
L_{92}^t = 0.558 Y_9^t - 0.774 L_{94}^t; \ L_{102}^t = 0.648 Y_{10}^t - 0.769 L_{104}^t; \ L_{112}^t = 0.8 Y_{11}^t - 0.980 L_{114}^t; \\
\quad (t = 1, 2, 3, 4) \\
X_i^t + V_i^{t-1} = \sum_j X_{ij}^t + \sum_k Z_{ik0}^t + V_i^t, \ i = 1, 2, \cdots, 11, \ t = 1, 2, 3, 4; \\
R_{jl}^t \leq 5; \ j = 1, 2, \cdots, 11, \ l = 1, 2, \ t = 1, 2, 3, 4; \\
R_{j3}^t \leq 8, \ j = 1, 2, \cdots, 11, \ t = 1, 2, 3, 4; \\
V_i^t \leq 10, \ i = 1, 2, \cdots, 11, \ t = 1, 2, 3, 4; \\
Q_{kl}^t \leq E_{kl}^t, \ k = 1, 2, \cdots, K, \ l = 1, 2, 3, \ t = 1, 2, 3, 4; \\
Q_{kl}^t = \sum_j Z_{jkl}^t, \ k = 1, 2, \cdots, K, \ l = 1, 2, 3, \ t = 1, 2, 3, 4;
\end{cases}$$

$$\begin{cases} Q_{k0}^t = \sum_i Z_{ik0}^t, \ k=1,\ 2,\ \cdots,\ K,\ t=1,\ 2,\ 3,\ 4; \\ \sum_k Z_{jkl}^t + R_{jl}^t = L_{jl}^t + R_{jl}^{t-1},\ j=1,\ 2,\ \cdots,\ 11,\ l=1,\ 2,\ 3,\ t=1,\ 2,\ 3,\ 4; \\ C_{10}=304;\ C_{20}=345;\ C_{30}=310;\ C_{40}=308;\ C_{50}=298;\ C_{60}=316;\ C_{70}=307;\ C_{80}=289; \\ C_{90}=293;\ C_{100}=369;\ C_{110}=393;\ C_{21}=25;\ C_{31}=22;\ C_{51}=38;\ C_{61}=30;\ C_{71}=23; \\ \quad C_{81}=17; \\ C_{91}=18;\ C_{101}=28;\ C_{111}=32;\ V_1^0=10;\ V_2^0=10;\ V_3^0=10;\ V_4^0=15;\ V_5^0=15; \\ V_6^0=10;\ V_7^0=5;\ V_8^0=15;\ V_9^0=10;\ V_{10}^0=10;\ V_{11}^0=10;\ R_{21}^0=5;\ R_{31}^0=5;\ R_{51}^0=5; \\ R_{62}^0=5;\ R_{72}^0=5;\ R_{82}^0=0;\ R_{92}^0=5;\ R_{102}^0=5;\ R_{112}^0=5;\ R_{23}^0=5;\ R_{33}^0=10;\ R_{53}^0=10; \\ R_{63}^0=10;\ R_{73}^0=15;\ R_{83}^0=5;\ R_{93}^0=5;\ R_{103}^0=15;\ R_{113}^0=10;\ C_{02}=15;\ C_{12}=25; \\ C_{22}=25;\ C_{32}=20; \end{cases}$$

(6-12)

采用遗传算法计算求解模型,设置种群数为30,交叉率为0.7,变异率为0.3,最大进化代数10000次,当进化代数达到8734代,达到收敛判定标准。

求解模型,得A矿业集团供应链系统年度各季度生产决策优化结果分别见表6-16、表6-17、表6-18、表6-19;得到A矿业集团供应链系统年度各季度的销售决策见表6-20、表6-21、表6-22、表6-23。由于没有考虑客户满意度因素,所以在此决策中,没有供给各客户商品煤质量的决策。依此决策,企业全年可获得利润88596.5万元。

表6-16 A矿业集团供应链系统单目标生产决策 (单位:万吨)(第一季度 t = 1)

i(j)	原煤			冶炼精煤		其他精煤		混煤	
	产量 X_i^1	库存量 V_i^1	入洗量 Y_j^1	产量 L_{j1}^1	库存量 R_{j1}^1	产量 L_{j2}^1	库存量 R_{j2}^1	产量 L_{j3}^1	库存量 R_{j3}^1
1	8.5	0	—	—	—	—	—	—	—
2	6.6	0	9.6	5.88	5	—	—	0	0
3	8	0	11	0	0	—	—	7.8	3.27
4	0	0	—	—	—	—	—	—	—
5	5.6	0.9	3	2.57	4.45	—	—	0	3
6	0	0	1.6	—	—	1.4	0.76	0	3
7	5.2	6.4	1.8	—	—	1.5	3.5	0	3
8	16.6	6	5	—	—	4.175	0.175	0	2.55
9	14.8	0	9	—	—	0	2	6.7	5.7
10	0	0	3	—	—	1.95	4	0	3
11	0.5	3.5	—	—	—	2.8	4.8	0	0

第六章 算例：A矿业集团内部供应链多目标动态优化模型构建与优化

表6-17 A矿业集团供应链系统单目标生产决策（单位：万吨）（第二季度 t = 2）

i(j)	原煤 产量 X_i^1	原煤 库存量 V_i^1	原煤 入洗量 Y_j^1	冶炼精煤 产量 L_{j1}^1	冶炼精煤 库存量 R_{j1}^1	其他精煤 产量 L_{j2}^1	其他精煤 库存量 R_{j2}^1	混煤 产量 L_{j3}^1	混煤 库存量 R_{j3}^1
1	8.5	10	—	—	—	—	—	—	—
2	9.6	0	9.6	5.88	0	—	—	0	0
3	22.5	0	11	0	0	—	—	7.8	0
4	6.5	0	—	—	—	—	—	—	—
5	5.6	0	3	2.57	0	—	—	0	0
6	1.8	0	1.6	—	—	1.4	0	0	0
7	11.8	0	1.8	—	—	1.5	0	0	0
8	16.6	0	5	—	—	4.175	0	0	0
9	14.8	0	9	—	—	0	0	6.7	0
10	3	0	3	—	—	1.95	0	0	0
11	3.5	0	3.5	—	—	2.8	0	0	0

表6-18 A矿业集团供应链系统单目标生产决策（单位：万吨）（第三季度 t = 3）

i(j)	原煤 产量 X_i^1	原煤 库存量 V_i^1	原煤 入洗量 Y_j^1	冶炼精煤 产量 L_{j1}^1	冶炼精煤 库存量 R_{j1}^1	其他精煤 产量 L_{j2}^1	其他精煤 库存量 R_{j2}^1	混煤 产量 L_{j3}^1	混煤 库存量 R_{j3}^1
1	8.5	0	—	—	—	—	—	—	—
2	9.6	0	9.6	5.88	5	—	—	0	0
3	11	0	11	0	0	—	—	7.8	4.5
4	2.8	2.8	—	—	—	—	—	—	—
5	5.6	0	3	2.57	1.55	—	—	0	0
6	1.6	0	1.6	—	—	1.4	0	0	0
7	11.8	4.7	1.8	—	—	1.5	1.5	0	0
8	16.6	0	5	—	—	4.175	1.57	0	0
9	14.8	5.8	9	—	—	0	0	6.7	0
10	3	0	3	—	—	1.95	2	0	0
11	3.5	0	3.5	—	—	2.8	2.8	0	0

表6-19 A矿业集团供应链系统单目标生产决策（单位：万吨）（第四季度 t = 4）

i(j)	原煤 产量 X_i^1	原煤 库存量 V_i^1	原煤 入洗量 Y_j^1	冶炼精煤 产量 L_{j1}^1	冶炼精煤 库存量 R_{j1}^1	其他精煤 产量 L_{j2}^1	其他精煤 库存量 R_{j2}^1	混煤 产量 L_{j3}^1	混煤 库存量 R_{j3}^1
1	8.5	0	—	—	—	—	—	—	—
2	9.6	0	9.6	5.88	0	—	—	0	0
3	22.5	0	11	0	0	—	—	7.8	0
4	6.5	0	—	—	—	—	—	—	—

续表

i(j)	原煤			冶炼精煤		其他精煤		混煤	
	产量 X_i^1	库存量 V_i^1	入洗量 Y_j^1	产量 L_{j1}^1	库存量 R_{j1}^1	产量 L_{j2}^1	库存量 R_{j2}^1	产量 L_{j3}^1	库存量 R_{j3}^1
5	5.6	0	3	2.57	0	—	—	0	0
6	1.8	0	1.6	—	—	1.4	0	0	0
7	11.8	0	1.8	—	—	1.5	0	0	0
8	16.6	0	5	—	—	4.175	0	0	0
9	14.8	0	9	—	—	0	0	6.7	0
10	3	0	3	—	—	1.95	0	0	0
11	3.5	0	3.5	—	—	2.8	0	0	0

表 6-20　A 矿业集团供应链系统单目标销售决策（第一季度 t=1）

k	原煤 l=0			冶炼精煤 l=1			其他精煤 l=2			混煤 l=3		
	Q_{k0} (吨)	灰分 (%)	订单满足率 (%)	Q_{k1} (吨)	灰分 (%)	订单满足率 (%)	Q_{k2} (吨)	灰分 (%)	订单满足率 (%)	Q_{k3} (吨)	灰分 (%)	订单满足率 (%)
1	20	—	100	—	—	—	—	—	—	8	—	100
2	—	—	0	—	—	0	—	—	—	6	—	100
3	—	—	—	5	—	100	2.63	—	43.8	—	—	—
4	18	—	100	—	—	—	4	—	100	4	—	100

表 6-21　A 矿业集团供应链系统单目标销售决策（第二季度 t=2）

k	原煤 l=0			冶炼精煤 l=1			其他精煤 l=2			混煤 l=3		
	Q_{k0} (吨)	灰分 (%)	订单满足率 (%)	Q_{k1} (吨)	灰分 (%)	订单满足率 (%)	Q_{k2} (吨)	灰分 (%)	订单满足率 (%)	Q_{k3} (吨)	灰分 (%)	订单满足率 (%)
1	40	—	100	—	—	—	—	—	—	5.09	—	33.9
2	—	—	—	2.9	—	19.3	—	—	—	18	—	100
3	—	—	—	15	—	100	15	—	100	—	—	—
4	30	—	100	—	—	—	12	—	100	15	—	100

表 6-22　A 矿业集团供应链系统单目标销售决策（第三季度 t=3）

k	原煤 l=0			冶炼精煤 l=1			其他精煤 l=2			混煤 l=3		
	Q_{k0} (吨)	灰分 (%)	订单满足率 (%)	Q_{k1} (吨)	灰分 (%)	订单满足率 (%)	Q_{k2} (吨)	灰分 (%)	订单满足率 (%)	Q_{k3} (吨)	灰分 (%)	订单满足率 (%)
1	20	—	100	—	—	—	—	—	—	0	—	0
2	—	—	—	0	—	0	—	—	—	6	—	100
3	—	—	—	1.9	—	38	0	—	0	—	—	—
4	18	—	100	—	—	—	4	—	100	4	—	100

第六章 算例：A矿业集团内部供应链多目标动态优化模型构建与优化

表 6-23 A 矿业集团供应链系统单目标销售决策（第四季度 t=4）

k	原煤 l=0			冶炼精煤 l=1			其他精煤 l=2			混煤 l=3		
	Q_{k0} (吨)	灰分 (%)	订单满足率 (%)	Q_{k1} (吨)	灰分 (%)	订单满足率 (%)	Q_{k2} (吨)	灰分 (%)	订单满足率 (%)	Q_{k3} (吨)	灰分 (%)	订单满足率 (%)
1	40	—	100	—	—	—	—	—	—	0	—	0
2	—	—	—	0	—	0	—	—	—	4.09	—	22.7
3	—	—	—	15	—	100	7.63	—	50.9	—	—	—
4	30	—	100	—	—	—	12	—	100	15	—	100

2. 单目标模拟结果分析

在仅考虑内部供应链系统利润最大化目标的情况下，A 矿业集团内部供应链原煤生产、洗选煤生产、库存和客户需求满足情况的系统决策情况如下：

（1）原煤生产与库存决策。

第一季度：

A 矿业集团 11 个矿井原煤计划产量分别为：8.5 万吨，6.6 万吨，8 万吨，0 万吨，5.6 万吨，0 万吨，5.2 万吨，16.6 万吨，14.8 万吨，0 万吨，0.5 万吨。

11 个矿井第一季度末原煤库存量分别为：0 万吨，0 万吨，0 万吨，0 万吨，0.9 万吨，0 万吨，6.4 万吨，6 万吨，0 万吨，0 万吨，0 万吨。

第二季度：

A 矿业集团 11 个矿井原煤计划产量分别为：8.5 万吨，9.6 万吨，22.5 万吨，6.5 万吨，5.6 万吨，1.8 万吨，11.8 万吨，16.6 万吨，14.8 万吨，3 万吨，3.5 万吨。

11 个矿井第二个季度末原煤库存量分别为：10 万吨，0 万吨，0 万吨，0 万吨，0 万吨，0 万吨，0 万吨，0 万吨，0 万吨，0 万吨，0 万吨。

第三季度：

A 矿业集团 11 个矿井原煤计划产量分别为：8.5 万吨，9.6 万吨，11 万吨，2.8 万吨，5.6 万吨，1.6 万吨，11.8 万吨，16.6 万吨，14.8 万吨，3 万吨，3.5 万吨。

11 个矿井第三季度末原煤库存量分别为：0 万吨，0 万吨，0 万吨，2.8 万吨，0 万吨，0 万吨，4.7 万吨，0 万吨，5.8 万吨，0 万吨，0 万吨。

第四季度：

A 矿业集团 11 个矿井原煤计划产量分别为：8.5 万吨，9.6 万吨，22.5 万吨，6.5 万吨，5.6 万吨，1.8 万吨，11.8 万吨，16.6 万吨，14.8 万吨，3 万吨，3.5 万吨。

11 个矿井第四季度末原煤库存量分别为：0 万吨，0 万吨，0 万吨，0 万吨，0 万吨，0 万吨，0 万吨，0 万吨，0 万吨，0 万吨，0 万吨。

(2) 洗选煤生产与库存决策。

第一季度：

A 矿业集团 9 个洗煤厂计划入洗原煤量分别为：9.6 万吨，11 万吨，3 万吨，1.6 万吨，1.8 万吨，5 万吨，9 万吨，3 万吨，3.5 万吨。

9 个洗煤厂精煤计划产量分别为：5.88 万吨，0 万吨，2.57 万吨，1.4 万吨，1.5 万吨，4.175 万吨，0 万吨，1.95 万吨，2.8 万吨。

9 个洗煤厂第一季度末精煤计划库存量分别为：5 万吨，0 万吨，4.45 万吨，0.76 万吨，3.5 万吨，0.175 万吨，2 万吨，4 万吨，4.8 万吨。

9 个洗煤厂混煤计划产量分别为：0 万吨，7.8 万吨，0 万吨，0 万吨，0 万吨，0 万吨，6.7 万吨，0 万吨，0 万吨。

9 个洗煤厂第一季度末混煤计划库存量分别为：0 万吨，3.27 万吨，3 万吨，3 万吨，3 万吨，2.55 万吨，5.7 万吨，3 万吨，0 万吨。

第二季度：

A 矿业集团 9 个洗煤厂计划入洗原煤量分别为：9.6 万吨，11 万吨，3 万吨，1.6 万吨，1.8 万吨，5 万吨，9 万吨，3 万吨，3.5 万吨。

9 个洗煤厂精煤计划产量分别为：5.88 万吨，0 万吨，2.57 万吨，1.4 万吨，1.5 万吨，4.175 万吨，0 万吨，1.95 万吨，2.8 万吨。

9 个洗煤厂第二季度末精煤计划库存量分别为：0 万吨，0 万吨，0 万吨，0 万吨，0 万吨，0 万吨，0 万吨，0 万吨，0 万吨。

9 个洗煤厂混煤计划产量分别为：0 万吨，7.8 万吨，0 万吨，0 万吨，0 万吨，0 万吨，6.7 万吨，0 万吨，0 万吨。

9 个洗煤厂第二季度末混煤计划库存量分别为：0 万吨，0 万吨，0 万吨，0 万吨，0 万吨，0 万吨，0 万吨，0 万吨，0 万吨。

第三季度：

A 矿业集团 9 个洗煤厂计划入洗原煤量分别为：9.6 万吨，11 万吨，3 万吨，1.6 万吨，1.8 万吨，5 万吨，9 万吨，3 万吨，3.5 万吨。

9 个洗煤厂精煤计划产量分别为：5.88 万吨，0 万吨，2.57 万吨，1.4 万吨，1.5 万吨，4.175 万吨，0 万吨，1.95 万吨，2.8 万吨。

9 个洗煤厂第三季度末精煤计划库存量分别为：5 万吨，0 万吨，1.55 万吨，0 万吨，1.5 万吨，1.57 万吨，0 万吨，2 万吨，2.8 万吨。

9 个洗煤厂混煤计划产量分别为：0 万吨，7.8 万吨，0 万吨，0 万吨，0 万吨，0 万吨，6.7 万吨，0 万吨，0 万吨。

9 个洗煤厂第三季度末混煤计划库存量分别为：0 万吨，4.5 万吨，0 万吨，0 万吨，0 万吨，0 万吨，0 万吨，0 万吨，0 万吨。

第四季度：

A矿业集团9个洗煤厂计划入洗原煤量分别为：9.6万吨，11万吨，3万吨，1.6万吨，1.8万吨，5万吨，9万吨，3万吨，3.5万吨。

9个洗煤厂精煤计划产量分别为：5.88万吨，0万吨，2.57万吨，1.4万吨，1.5万吨，4.175万吨，0万吨，1.95万吨，2.8万吨。

9个洗煤厂第四季度末精煤计划库存量分别为：0万吨，0万吨，0万吨，0万吨，0万吨，0万吨，0万吨，0万吨，0万吨。

9个洗煤厂混煤计划产量分别为：0万吨，7.8万吨，0万吨，0万吨，0万吨，0万吨，6.7万吨，0万吨，0万吨。

9个洗煤厂第四季度末混煤计划库存量分别为：0万吨，0万吨，0万吨，0万吨，0万吨，0万吨，0万吨，0万吨，0万吨。

（3）商品煤销售决策。

第一季度：

销售给客户一原煤20万吨，订单满足率100%；混煤8万吨，订单满足率100%。

销售给客户二冶炼精煤0万吨，订单满足率0%；混煤6万吨，订单满足率100%。

销售给客户三冶炼精煤5万吨，订单满足率100%；其他精煤2.63万吨，订单满足率43.8%。

销售给客户四原煤18万吨，订单满足率100%；其他精煤4万吨，订单满足率100%；混煤4万吨，订单满足率100%。

第二季度：

销售给客户一原煤40万吨，订单满足率100%；混煤5.09万吨，订单满足率33.9%。

销售给客户二冶炼精煤2.9万吨，订单满足率19.3%；混煤18万吨，订单满足率100%。

销售给客户三冶炼精煤15万吨，订单满足率100%；其他精煤15万吨，订单满足率100%。

销售给客户四原煤30万吨，订单满足率100%；其他精煤12万吨，订单满足率100%；混煤15万吨，订单满足率100%。

第三季度：

销售给客户一原煤20万吨，订单满足率100%；混煤0万吨，订单满足率0%。

销售给客户二冶炼精煤0万吨，订单满足率0%；混煤6万吨，订单满足率100%。

销售给客户三冶炼精煤1.9万吨，订单满足率38%；其他精煤0万吨，订满足率0%。

销售给客户四原煤18万吨，订单满足率100%；其他精煤4万吨，订单满足率100%；混煤4万吨，订单满足率100%。

第四季度：

销售给客户一原煤40万吨，订单满足率100%；混煤0万吨，订单满足率0%。

销售给客户二冶炼精煤0万吨，订单满足率0%；混煤4.09万吨，订单满足率22.7%。

销售给客户三冶炼精煤15万吨，订单满足率100%；其他精煤7.63万吨，订单满足率50.9%。

销售给客户四原煤30万吨，订单满足率100%；其他精煤12万吨，订单满足率100%；混煤15万吨，订单满足率100%。

（三）多客户多目标动态优化模拟

1. 模型建立与求解

运用煤炭企业管理人员和专家打分方法，对A矿业集团算例模型中客户满意度目标中各权数进行赋值，各商品煤重要度分别为：$\rho_1=0.3$，$\rho_2=0.3$，$\rho_3=0.25$，$\rho_0=0.15$。由企业确定利润和客户满意的权重分别为：$\lambda_1=0.6$，$\lambda_2=0.4$。客户的重要度分别为：$\theta_1=0.4$，$\theta_2=0.3$，$\theta_3=0.2$，$\theta_4=0.1$。商品煤数量和质量对各客户的权重分别为：$\gamma_{k1}=0.65$，$\gamma_{k2}=0.35$（$k=1, 2, \cdots, 5$）。

根据建立的不考虑客户满意度的企业利润最大化的单目标规划模型，解得利润目标$U^*=88596.5$万元。同时以企业利润最大化和客户满意度最大化为目标，建立A矿业集团供应链系统的动态优化模型。

采用遗传算法计算求解模型，设置种群数为30，交叉率为0.7，变异率为0.3，最大进化代数10000次，当进化代数达到8421代，达到收敛判定标准。求解模型，得A矿业集团供应链系统年度各季度生产决策优化结果分别见表6-24、表6-25、表6-26、表6-27；得到A矿业集团供应链系统年度各季度的销售决策见表6-28、表6-29、表6-30、表6-31。由于没有考虑客户满意度因素，所以在此决策中，没有供给各客户商品煤质量的决策。依此决策，企业全年可获得利润84894.6万元。

2. 多目标模拟结果分析

在仅考虑内部供应链系统利润最大化目标的情况下，A矿业集团内部供应链原煤生产、洗选煤生产、库存和客户需求满足情况的系统决策情况如下：

第六章　算例：A矿业集团内部供应链多目标动态优化模型构建与优化

表 6-24　A矿业集团供应链系统多目标生产决策（单位：万吨）（第一季度 t = 1）

i (j)	原煤			冶炼精煤		其他精煤		混煤	
	产量 X_i^1	库存量 V_i^1	入洗量 Y_j^1	产量 L_{j1}^1	库存量 R_{j1}^1	产量 L_{j2}^1	库存量 R_{j2}^1	产量 L_{j3}^1	库存量 R_{j3}^1
1	8.5	0	—	—	—	—	—	—	—
2	6.6	0	9.6	5.88	4.2	—	—	0	0
3	8	0	11	5.76	5	—	—	7.8	0
4	0	3	—	—	—	—	—	—	—
5	5.6	3	3	2.57	0	—	—	0	0
6	0	0.9	1.6	—	—	1.4	1.4	0	0
7	5.2	6.4	1.8	—	—	1.5	3.5	0	0
8	16.6	0	5	—	—	4.175	0.175	0	0
9	14.8	0	9	—	—	0	0	6.7	6.72
10	0	0	3	—	—	0	0	0	2.53
11	0.5	0	3.5	—	—	2.8	4.8	0	0

表 6-25　A矿业集团供应链系统多目标生产决策（单位：万吨）（第二季度 t = 2）

i (j)	原煤			冶炼精煤		其他精煤		混煤	
	产量 X_i^1	库存量 V_i^1	入洗量 Y_j^1	产量 L_{j1}^1	库存量 R_{j1}^1	产量 L_{j2}^1	库存量 R_{j2}^1	产量 L_{j3}^1	库存量 R_{j3}^1
1	8.5	10	—	—	—	—	—	—	—
2	9.6	0	9.6	5.88	1.8	—	—	0	2.25
3	22.5	0	11	5.76	0	—	—	0	0
4	6.5	0	—	—	—	—	—	—	—
5	5.6	0	3	2.57	0	—	—	0	0
6	1.8	0	1.6	—	—	1.4	2.8	0	0
7	11.8	0	1.8	—	—	1.5	0	0	0
8	16.6	0	5	—	—	4.175	0	0	0
9	14.8	0	9	—	—	0	0	6.7	3.28
10	3	0	3	—	—	0	0	2.53	3.2
11	3.5	0	3.5	—	—	2.8	1.95	0	0

表 6-26　A矿业集团供应链系统多目标生产决策（单位：万吨）（第三季度 t = 3）

i (j)	原煤			冶炼精煤		其他精煤		混煤	
	产量 X_i^1	库存量 V_i^1	入洗量 Y_j^1	产量 L_{j1}^1	库存量 R_{j1}^1	产量 L_{j2}^1	库存量 R_{j2}^1	产量 L_{j3}^1	库存量 R_{j3}^1
1	8.5	0	—	—	—	—	—	—	—
2	9.6	0	9.6	5.88	5	—	—	0	0
3	11	0	11	5.76	0	—	—	0	0
4	2.8	2.8	—	—	—	—	—	—	—

续表

i(j)	原煤			冶炼精煤		其他精煤		混煤	
	产量 X_i^1	库存量 V_i^1	入洗量 Y_j^1	产量 L_{j1}^1	库存量 R_{j1}^1	产量 L_{j2}^1	库存量 R_{j2}^1	产量 L_{j3}^1	库存量 R_{j3}^1
5	5.6	1.1	3	2.57	0	—	—	0	0
6	1.6	0	1.6	—	—	1.4	0.185	0	0
7	11.8	9.4	1.8	—	—	1.5	0	0	0
8	16.6	0	5	—	—	4.175	0	0	0
9	14.8	0	9	—	—	0	0	6.7	0
10	3	0	3	—	—	0	2	2.53	0
11	3.5	0	3.5	—	—	2.8	4.43	0	0

表6-27 A矿业集团供应链系统多目标生产决策（单位：万吨）（第四季度 t = 4）

i(j)	原煤			冶炼精煤		其他精煤		混煤	
	产量 X_i^1	库存量 V_i^1	入洗量 Y_j^1	产量 L_{j1}^1	库存量 R_{j1}^1	产量 L_{j2}^1	库存量 R_{j2}^1	产量 L_{j3}^1	库存量 R_{j3}^1
1	8.5	0	—	—	—	—	—	—	—
2	9.6	0	9.6	5.88	0	—	—	0	0
3	22.5	0	11	1.53	0	—	—	5.75	0
4	6.5	0	—	—	—	—	—	—	—
5	5.6	0	3	2.57	0	—	—	0	0
6	1.8	0	1.6	—	—	1.4	0	0	0
7	11.8	0	1.8	—	—	1.5	0	0	0
8	16.6	0	5	—	—	4.175	0	0	0
9	14.8	0	9	—	—	0	0	6.7	0
10	3	0	3	—	—	0	0	2.53	0
11	3.5	0	3.5	—	—	2.8	0	0	0

表6-28 A矿业集团供应链系统多目标销售决策（第一季度 t = 1）

k	原煤 l = 0			冶炼精煤 l = 1			其他精煤 l = 2			混煤 l = 3		
	Q_{k0} (吨)	灰分 (%)	订单满足率 (%)	Q_{k1} (吨)	灰分 (%)	订单满足率 (%)	Q_{k2} (吨)	灰分 (%)	订单满足率 (%)	Q_{k3} (吨)	灰分 (%)	订单满足率 (%)
1	20	31.1	100	—	—	—	—	—	—	8	17.1	100
2	—	—	—	6	8.6	100	—	—	—	6	17.7	100
3	—	—	—	5	8.8	100	6	10.2	100	—	—	—
4	18	35.7	100	—	—	—	4	11.4	100	4	17.7	100

第六章 算例：A矿业集团内部供应链多目标动态优化模型构建与优化

表6-29 A矿业集团供应链系统多目标销售决策（第二季度 t=2）

k	原煤 l=0			冶炼精煤 l=1			其他精煤 l=2			混煤 l=3		
	Q_{k0}（吨）	灰分（%）	订单满足率（%）	Q_{k1}（吨）	灰分（%）	订单满足率（%）	Q_{k2}（吨）	灰分（%）	订单满足率（%）	Q_{k3}（吨）	灰分（%）	订单满足率（%）
1	40	32.2	100	—	—	—	—	—	—	15	17.3	100
2	—	—	—	15	8.7	100	—	—	—	3.75	17.7	20.8
3	—	—	—	6.6	8.8	44	15	11	100	—	—	—
4	30	35.4	100	—	—	—	0	—	0	0	—	0

表6-30 A矿业集团供应链系统多目标销售决策（第三季度 t=3）

k	原煤 l=0			冶炼精煤 l=1			其他精煤 l=2			混煤 l=3		
	Q_{k0}（吨）	灰分（%）	订单满足率（%）	Q_{k1}（吨）	灰分（%）	订单满足率（%）	Q_{k2}（吨）	灰分（%）	订单满足率（%）	Q_{k3}（吨）	灰分（%）	订单满足率（%）
1	20	31.2	100	—	—	—	—	—	—	8	17.1	100
2	—	—	—	6	8.6	100	—	—	—	6	17.6	100
3	—	—	—	5	8.8	100	6	10.4	100	—	—	—
4	18	35.6	100	—	—	—	4	11.2	100	4	17.7	100

表6-31 A矿业集团供应链系统多目标销售决策（第四季度 t=4）

k	原煤 l=0			冶炼精煤 l=1			其他精煤 l=2			混煤 l=3		
	Q_{k0}（吨）	灰分（%）	订单满足率（%）	Q_{k1}（吨）	灰分（%）	订单满足率（%）	Q_{k2}（吨）	灰分（%）	订单满足率（%）	Q_{k3}（吨）	灰分（%）	订单满足率（%）
1	40	32.1	100	—	—	—	—	—	—	15	17.3	100
2	—	—	—	15	8.7	100	—	—	—	0	—	0
3	—	—	—	0	—	0	14.5	10.5	50.9	—	—	—
4	30	35.2	100	—	—	—	0	—	0	0	—	0

（1）原煤生产与库存决策。

第一季度：

A矿业集团11个矿井原煤计划产量分别为：8.5万吨，6.6万吨，8万吨，0万吨，5.6万吨，0万吨，5.2万吨，16.6万吨，14.8万吨，0万吨，0.5万吨。

11个矿井第一季度末原煤库存量分别为：0万吨，0万吨，0万吨，3万吨，3万吨，0.9万吨，6.4万吨，0万吨，0万吨，0万吨，0万吨。

第二季度：

A矿业集团11个矿井原煤计划产量分别为：8.5万吨，9.6万吨，22.5万吨，

6.5万吨，5.6万吨，1.8万吨，11.8万吨，16.6万吨，14.8万吨，3万吨，3.5万吨。

11个矿井第二季度末原煤库存量分别为：10万吨，0万吨，0万吨，0万吨，0万吨，0万吨，0万吨，0万吨，0万吨，0万吨，0万吨。

第三季度：

A矿业集团11个矿井原煤计划产量分别为：8.5万吨，9.6万吨，11万吨，2.8万吨，5.6万吨，1.6万吨，11.8万吨，16.6万吨，14.8万吨，3万吨，3.5万吨。

11个矿井第三季度末原煤库存量分别为：0万吨，0万吨，0万吨，2.8万吨，1.1万吨，0万吨，9.4万吨，0万吨，0万吨，0万吨，0万吨。

第四季度：

A矿业集团11个矿井原煤计划产量分别为：8.5万吨，9.6万吨，22.5万吨，6.5万吨，5.6万吨，1.8万吨，11.8万吨，16.6万吨，14.8万吨，3万吨，3.5万吨。

11个矿井第四季度末原煤库存量分别为：0万吨，0万吨，0万吨，0万吨，0万吨，0万吨，0万吨，0万吨，0万吨，0万吨，0万吨。

（2）洗选煤生产与库存决策。

第一季度：

A矿业集团9个洗煤厂计划入洗原煤量分别为：9.6万吨，11万吨，3万吨，1.6万吨，1.8万吨，5万吨，9万吨，3万吨，3.5万吨。

9个洗煤厂精煤计划产量分别为：5.88万吨，5.76万吨，2.57万吨，1.4万吨，1.5万吨，4.175万吨，0万吨，0万吨，2.8万吨。

9个洗煤厂第一季度末精煤计划库存量分别为：4.2万吨，5万吨，0万吨，1.4万吨，3.5万吨，0.175万吨，0万吨，0万吨，4.8万吨。

9个洗煤厂混煤计划产量分别为：0万吨，7.8万吨，0万吨，0万吨，0万吨，0万吨，6.7万吨，0万吨，0万吨。

9个洗煤厂第一季度末混煤计划库存量分别为：0万吨，0万吨，0万吨，0万吨，0万吨，0万吨，6.72万吨，2.53万吨，0万吨。

第二季度：

A矿业集团9个洗煤厂计划入洗原煤量分别为：9.6万吨，11万吨，3万吨，1.6万吨，1.8万吨，5万吨，9万吨，3万吨，3.5万吨。

9个洗煤厂精煤计划产量分别为：5.88万吨，5.78万吨，2.57万吨，1.4万吨，1.5万吨，4.175万吨，0万吨，0万吨，2.8万吨。

9个洗煤厂第二季度末精煤计划库存量分别为：1.8万吨，0万吨，0万吨，2.8万吨，0万吨，0万吨，0万吨，0万吨，1.95万吨。

第六章 算例：A矿业集团内部供应链多目标动态优化模型构建与优化

9个洗煤厂混煤计划产量分别为：0万吨，0万吨，0万吨，0万吨，0万吨，0万吨，6.7万吨，2.53万吨，0万吨。

9个洗煤厂第二季度末混煤计划库存量分别为：2.25万吨，0万吨，0万吨，0万吨，0万吨，0万吨，3.28万吨，3.2万吨，0万吨。

第三季度：

A矿业集团9个洗煤厂计划入洗原煤量分别为：9.6万吨，11万吨，3万吨，1.6万吨，1.8万吨，5万吨，9万吨，3万吨，3.5万吨。

9个洗煤厂精煤计划产量分别为：5.88万吨，5.76万吨，2.57万吨，1.4万吨，1.5万吨，4.175万吨，0万吨，0万吨，2.8万吨。

9个洗煤厂第三季度末精煤计划库存量分别为：5万吨，0万吨，0万吨，0.185万吨，0万吨，0万吨，0万吨，2万吨，4.43万吨。

9个洗煤厂混煤计划产量分别为：0万吨，0万吨，0万吨，0万吨，0万吨，0万吨，6.7万吨，2.53万吨，0万吨。

9个洗煤厂第三季度末混煤计划库存量分别为：0万吨，0万吨，0万吨，0万吨，0万吨，0万吨，0万吨，0万吨，0万吨。

第四季度：

A矿业集团9个洗煤厂计划入洗原煤量分别为：9.6万吨，11万吨，3万吨，1.6万吨，1.8万吨，5万吨，9万吨，3万吨，3.5万吨。

9个洗煤厂精煤计划产量分别为：5.88万吨，1.53万吨，2.57万吨，1.4万吨，1.5万吨，4.175万吨，0万吨，0万吨，2.8万吨。

9个洗煤厂第四季度末精煤计划库存量分别为：0万吨，0万吨，0万吨，0万吨，0万吨，0万吨，0万吨，0万吨，0万吨。

9个洗煤厂混煤计划产量分别为：0万吨，5.75万吨，0万吨，0万吨，0万吨，0万吨，6.7万吨，2.53万吨，0万吨。

9个洗煤厂第四季度末混煤计划库存量分别为：0万吨，0万吨，0万吨，0万吨，0万吨，0万吨，0万吨，0万吨，0万吨。

（3）商品煤销售决策。

第一季度：

销售给客户一原煤20万吨，订单满足率100%，灰分31.1%；混煤8万吨，订单满足率100%，灰分17.1%。

销售给客户二冶炼精煤6万吨，订单满足率100%，灰分8.6%；混煤6万吨，订单满足率100%，灰分17.7%。

销售给客户三冶炼精煤5万吨，订单满足率100%，灰分8.8%；其他精煤6万吨，订单满足率100%，灰分10.2%。

销售给客户四原煤18万吨，订单满足率100%，灰分35.7%；其他精煤4万吨，订单满足率100%，灰分11.4%；混煤4万吨，订单满足率100%，灰分17.7%。

第二季度：

销售给客户一原煤40万吨，订单满足率100%，灰分32.2%；混煤15万吨，订单满足率100%，灰分17.3%。

销售给客户二冶炼精煤15万吨，订单满足率100%，灰分8.7%；混煤3.75万吨，订单满足率20.8%，灰分17.7%。

销售给客户三冶炼精煤6.6万吨，订单满足率44%，灰分8.8%；其他精煤15万吨，订单满足率100%，灰分11%。

销售给客户四原煤30万吨，订单满足率100%，灰分35.4%；其他精煤0万吨，订单满足率0%；混煤0万吨，订单满足率0%。

第三季度：

销售给客户一原煤20万吨，订单满足率100%，灰分31.2%；混煤8万吨，订单满足率100%，灰分17.1%。

销售给客户二冶炼精煤6万吨，订单满足率100%，灰分8.6%；混煤6万吨，订单满足率100%，灰分17.6%。

销售给客户三冶炼精煤5万吨，订单满足率100%，灰分8.8%；其他精煤6万吨，订单满足率100%，灰分10.4%。

销售给客户四原煤18万吨，订单满足率100%，灰分35.6%；其他精煤4万吨，订单满足率100%，灰分11.2%；混煤4万吨，订单满足率100%，灰分17.7%。

第四季度：

销售给客户一原煤40万吨，订单满足率100%，灰分32.1%；混煤15万吨，订单满足率100%，灰分17.3%。

销售给客户二冶炼精煤15万吨，订单满足率100%，灰分8.7%；混煤0万吨，订单满足率0%。

销售给客户三冶炼精煤0万吨，订单满足率0%；其他精煤14.5万吨，订单满足率50.9%，灰分10.5%。

销售给客户四原煤30万吨，订单满足率100%，灰分35.2%；其他精煤0万吨，订单满足率0%；混煤0万吨，订单满足率0%。

第六章　算例：A矿业集团内部供应链多目标动态优化模型构建与优化

四、A矿业集团内部供应链动态优化结果分析与政策建议

(一) A矿业集团内部供应链动态优化结果分析

第一，大型煤炭企业内部供应链系统多目标动态优化模型可以根据客户需求的不同，求解相应各时期决策的变量值，做出相应的生产、销售等大型煤炭内部供应链系统的动态决策。模型具有多目标性、动态性和客户导向性的特点。

第二，在既定市场需求的前提下，用单目标动态优化模型，求解得到煤炭内部供应链系统在只考虑利润目标，不考虑客户满意度目标下的动态生产、销售决策，该决策下，企业获得利润88596.5万元；相比多目标动态优化模型，煤炭内部供应链系统在既考虑利润目标，又考虑客户满意度目标的决策下，企业获得利润84894.6万元。可见，企业单纯追求利润最大化的单目标决策，短期内可以获得最大化的利润。

但是，煤炭企业为了获得利润最大化，优先向购买价格高的客户销售商品煤，而对重要度较高，但购买价格较低的客户订单满足率较低；企业优先生产获利能力较高的商品煤种，而对获利能力相对较低的商品煤种则较少生产；企业销售决策中没有考虑商品煤的质量因素。因此，单目标决策导致了较低的客户满意度，不利于煤炭企业的长期的可持续发展。

第三，运用煤炭企业内部供应链多目标动态优化模型对煤炭企业进行生产、库存、销售决策时，既考虑了利润目标，也考虑了客户满意度目标，企业销售决策除了实现短期利润外，还兼顾了客户需求因素，尽可能满足重要客户的需求，决策结果具有科学性。

传统供应链系统的单目标决策模型，只追求利润最大化目标，忽视了市场的客户满意度目标，具有片面性，应用性有限；而本书提出的既考虑利润最大化目标，又考虑客户满意度目标的多目标非线性优化模型，既考虑了大型煤炭企业内部供应链短期系统利润，又考虑了客户满意因素，有利于企业的可持续发展。

第四，对A矿业集团各洗煤厂主要煤种（精煤）产出率进行了多元线性回归分析，从而建立了A矿业集团供应链系统集成优化模型。输入客户需求信息，得出了A矿业集团原煤生产决策、洗煤决策、库存决策和客户供给决策等系列决策。从决策结果看，该企业原煤生产能力出现剩余，而盈利能力较强，精煤和洗混煤却出现供不应求现象。企业洗煤能力不足成为制约发展的重要方面。企业应

该积极进行洗煤厂的改建和扩建工作,提高商品煤质量,优化煤种结构,这样既有利于企业整体利润目标的实现,也有利于客户满意度的提高。

(二) A矿业集团内部供应链动态优化的政策与措施设计

在当今竞争日益激烈和客户导向意识增强的时代,煤炭内部供应链优化可以说是每家追求卓越的煤炭企业都应该关注和实施的。通过煤炭内部供应链优化,可以为煤炭企业提供供应链各环节生产、加工或运输煤炭有关品种、数量、质量、时间等决策信息。但这还只是A矿业集团内部供应链优化的第一步,即优化设计阶段,要确实实现A矿业集团内部供应链优化,还需要重组A矿业集团内部供应链经营运作流程、重塑A矿业集团内部供应链系统,建立供应链优化运作的内外部环境保障体系。

1. 煤炭企业实施优化政策与措施应遵循的原则

(1) 多目标原则。煤炭企业内部供应链优化的目标应该是供应链系统利润和煤炭客户满意度最大化,即客户与供应链企业的共赢。通过多目标动态优化模型决策,对煤炭内部供应链生产、加工、配煤、销售、库存等各环节的有关煤炭品种、数量、质量、时间等进行优化设计,实现供应链系统利润和煤炭客户满意度最大化。

(2) 集成性原则。在供应链运作基础层,徐州矿业集团需要做好供应链全程、供应链合作成员的计划协调管理,要落实包括勘探、开采设计、原煤开配采、选煤、配煤、销售、库存、运输、客户服务等环节的集成优化管理。

(3) 客户导向性原则。煤炭企业优化决策要以客户需求为导向,认真分析客户需求情况,确定商品煤数量和质量对客户满意度的影响,确定企业不同客户的重要度,确定不同煤种对各客户的重要度。客户需求情况发生变化,煤炭企业产销存系统决策也要变化。

(4) 动态性原则。由于煤炭产品的需求具有季节性波动的动态性特征,煤炭企业的决策不应该割裂各时间阶段的联系,应该综合考虑各时间阶段的市场需求,制定各时间阶段的生产、库存和销售决策。

2. 煤炭企业内部供应链产存销系统决策的运行方式

煤炭企业基于集成化供应链的产销存系统决策要在多目标性原则、集成性原则、客户导向性原则和动态性原则的指导下,以供应链系统利润最大化和客户满意度最大化为目标,以客户对商品煤的数量和质量的需求为导向,集成煤炭企业供应链的原煤生产、洗选加工、库存、内部运输、客户需求满足等系统决策,通过信息、制造和现代管理技术,将煤炭企业生产经营过程中有关的人、技术、经营管理三要素有机地集成并优化运行,通过对生产经营过程中的物料流、管理过程中的信息流和决策过程中的决策流进行有效的控制和协调,将煤炭企业内部供

第六章 算例：A矿业集团内部供应链多目标动态优化模型构建与优化

应链各环节有机集成起来进行管理，达到全局动态最优目标。以适应新的竞争环境下市场对生产和管理过程提出的高质量、高柔性和低成本的要求。

基于集成化的大型煤炭企业内部供应链动态决策是供应链系统的核心，它综合考虑各时间阶段的市场需求的波动性特点，对计划期各时间阶段进行综合决策，制订集成化供应链整体计划，得出各时间阶段的原煤生产、洗选加工、内部运输、客户需求满足等煤炭供应链各环节的运营计划。其决策结构如图6-1所示。

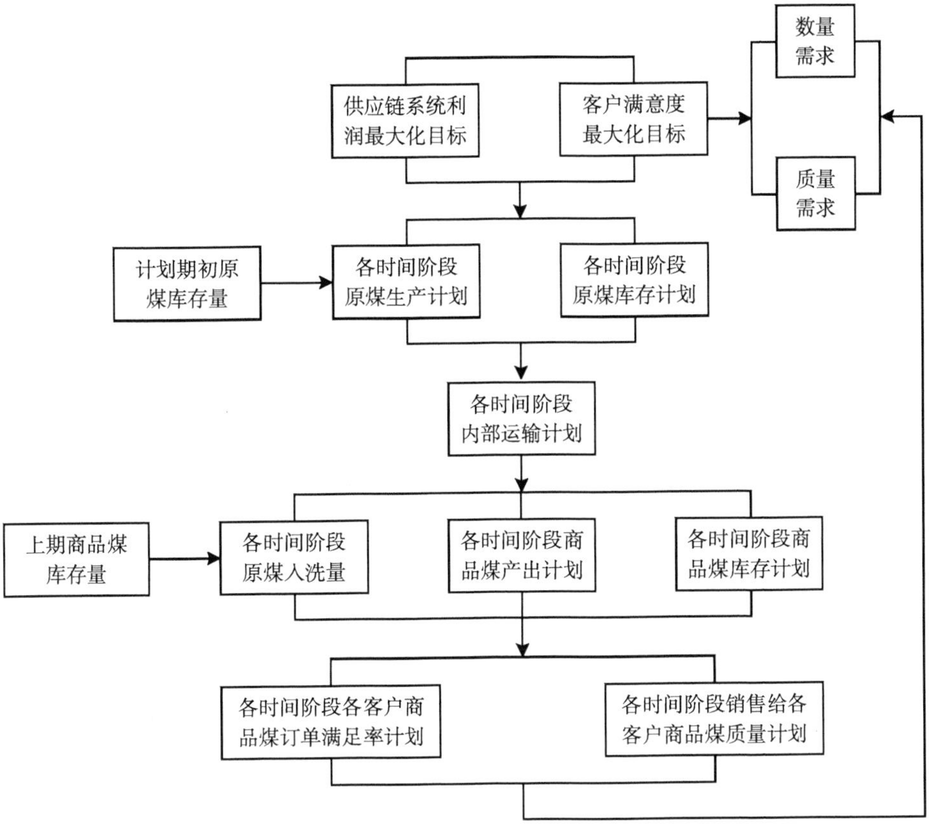

图6-1 基于集成化的大型煤炭企业内部供应链动态决策构成

（1）煤炭企业基于内部供应链的产存销系统决策的目标是供应链系统的利润最大化和客户满意度的最大化。供应链系统的利润，是指供应链上矿井、洗煤厂、销售等各节点的综合利润，是一个系统的概念；客户满意度，包含客户对供应商品煤数量的满意度和质量的满意度两个方面。

（2）煤炭企业要在系统利润最大化和客户满意度最大化的多目标下，综合考虑商品煤需求的季节性波动特点，根据各矿井原煤生产能力和成本情况，根据计划期初的各矿井原煤的库存量，动态安排各矿井在各个时间阶段的原煤生产量计划，动态安排各矿井在各个时间阶段的原煤库存量计划。

（3）煤炭企业在利润最大化目标下，根据各矿井与各洗煤厂之间的运输成本以及各洗煤厂洗煤能力情况，安排由各矿井到各洗煤厂的待洗原煤的内部运输计划。

（4）煤炭企业要在系统利润最大化和客户满意度最大化的多目标下，综合考虑商品煤需求的季节性波动特点，根据各洗煤厂的洗煤能力和成本情况以及计划初期各洗煤厂各商品煤的库存量，动态安排各洗煤厂在各个时间阶段的入洗原煤量计划，动态安排各洗煤厂在各个时间阶段的各商品煤产量计划，动态安排各洗煤厂在各个时间阶段的各商品煤的库存计划。

（5）煤炭企业要在系统利润最大化和客户满意度最大化的多目标下，根据各客户的重要性情况，动态安排各时间阶段，对各客户的各商品煤的订单数量满足率计划，动态安排各时间阶段，对各客户的各商品煤的销售质量计划。

（6）由于煤炭产品的需求具有季节性波动的动态性特征，煤炭企业的决策不应该割裂各时间阶段的联系，应该综合考虑各时间阶段的市场需求，制定各时间阶段的生产、库存和销售决策，做到包括勘探、开采设计、原煤开配采、选煤、配煤、销售、库存、运输、客户服务等环节的集成优化管理，实现供应链系统优化管理。

基于集成化的大型煤炭企业内部供应链动态决策（动态集成化大型煤炭企业内部供应链计划）在整个大型煤炭企业内部供应链系统中处于中心位置，是连接企业内部制造系统与外部市场供销的枢纽。集成化大型煤炭企业内部供应链计划优化关系到整个供应链，涉及原煤开采、洗选加工、内部运输直至客户需求满足的全过程。它是大型煤炭企业内部供应链管理中最重要的关键要素之一，它发出指令，整个供应链按照它的指令运行。基于集成化的大型煤炭企业内部供应链运行模式如图6-2所示。

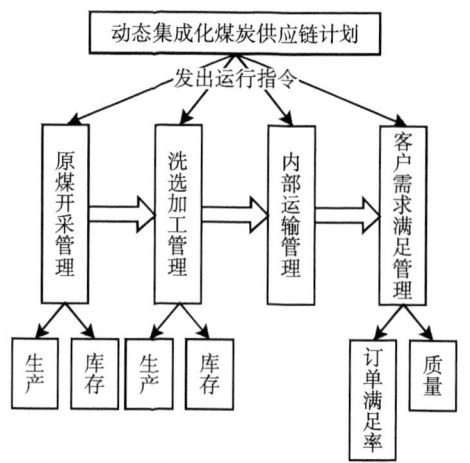

图6-2 基于集成化的大型煤炭企业内部供应链运行模式

第六章 算例：A矿业集团内部供应链多目标动态优化模型构建与优化

3.重组A矿业集团内部供应链管理系统

大型煤炭企业内部供应链不仅是一个具有物处理和转换功能的物处理系统，更是一个需要精心设计其结构、以确保由多链环串并联而成的物处理系统与管理子系统有机的整合，从而构建出结构完整、功能齐备、高效运行的供应链网络组织，其应实行基于信息共享的供应链运作模式。但是在目前的A矿业集团内部供应链中，存在信息流通渠道不畅，供应链结构不能从功能性向流程性合理转变，企业网络架构在原来的功能分布之中，业务流程还是保持原有框架形式，仍存在自动化"孤岛"问题。在信息流通的硬件基本具备的前提下，流通渠道、信息的集成利用、形成知识供决策者利用方面有较大欠缺，必须完成由功能供应链的架构向业务流程性架构的转变。针对存在的问题，A矿业集团应根据自身的情况，重组内部供应链系统。

本书认为应通过重组将功能性供应链转变为业务流程性供应链架构。应建立开放式功能体系结构，重组后的A矿业集团内部供应链开放式功能体系应包括管理子系统（决策协调中心）和物处理系统（实施中心）。而且决策协调中心和实施中心都能与外界直接交换物质能量和信息，两者目标一致，都为协调好供应链体系运行，争取市场机遇，满足客户需求。但作为一个有效运行的开放供应链体系，两者的结构在空间与时间上的分工不同，具体而言是一种宏观指导与中央调节及具体实施之间的关系。如图6-3所示。

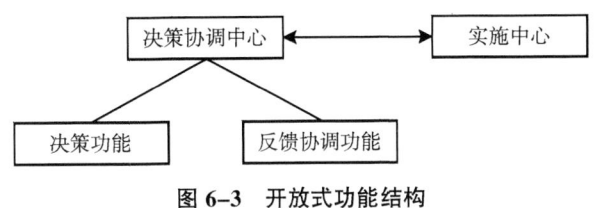

图6-3 开放式功能结构

在开放式功能体系结构的基础上进行A矿业集团内部供应链工作流优化设计，并在物流、信息流、资金流集成的基础上实现信息集成、信息共享、知识集成，进而形成基于知识网链的供应链决策支持链，如图6-4所示。

决策协调中心（T_1和T_3）。供应链的结盟与运行实际上是关于供需合作的对策问题。决策协调中心一方面要做出供应链决策；另一方面要进行信息的反馈和问题的协调。第一，决策功能（T_1），即要做好供应链决策和计划工作。决策协调中心作为信息集成中心，收集各子链节信息，根据市场及客户需求信息、生产库存信息、运输能力信息等，制订各链节生产计划信息，如原煤开采计划、洗选加工计划和生产结构调整计划等，借助信息网链及其决策构件直接向实施中心如生产矿井、洗选加工、配煤、销售等发送决策信息，供应链决策层决定了供应链

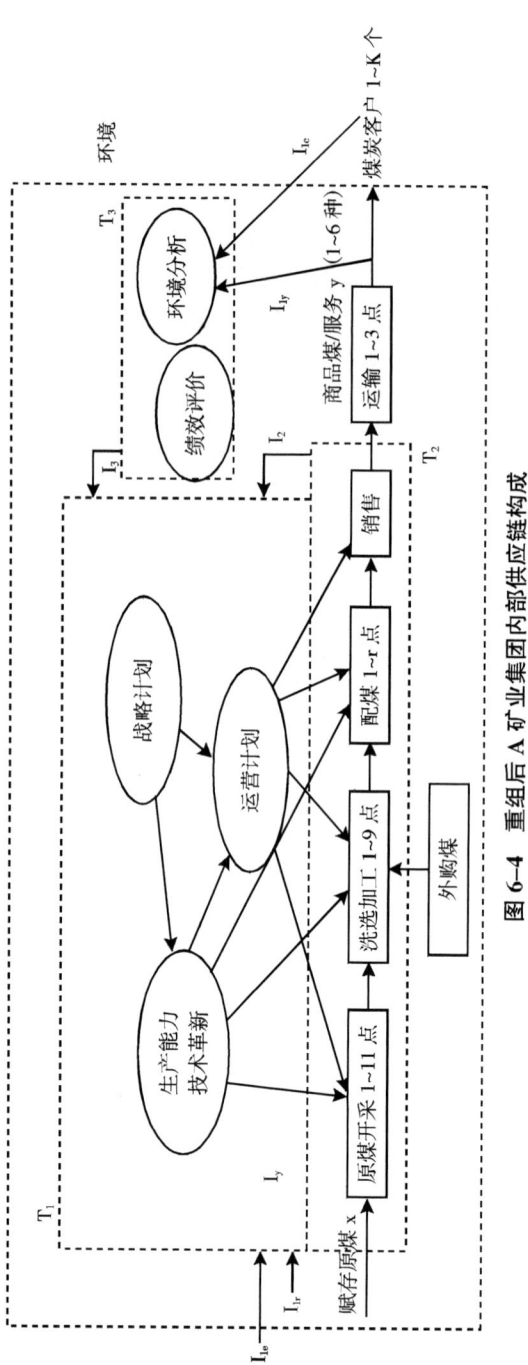

图 6-4 重组后 A 矿业集团内部供应链构成

第六章 算例：A矿业集团内部供应链多目标动态优化模型构建与优化

的发展方向和链节体之间的合作。对煤炭供应链而言，决策层一方面决定了供应链中的原煤产出、精煤产品结构、链节体的整体协调发展和利益在链节体间的分配；另一方面决策层对整个供应链综合绩效起到决定作用。第二，反馈协调功能（T_3），即要做好全程组织协调管理工作。反馈功能是A矿业集团内部供应链在向最终顾客（需求以I_{1c}表示）提供了所生产的商品煤或服务后获得反馈信息，并基于此信息进行偏差控制，其具体作用表现为：反馈实施中心实施情况、冲突情况和解决措施情况。对供应链系统的输出是否满足环境要求做出评判，形成反馈信息I_3，I_3返送回来作为T_1的另一个输入信息源（$I_3 \in I_1$），指导新一轮决策。协调功能是指对实施中心实施过程中，在子链节体之间由于可能存在资源冲突而形成死锁情况，比如在供应链运营过程中，矿井与生产加工厂存在合作协商问题，生产加工的产品存在与运输部门合作运达用户等问题，进行协调解决。

实施中心（T_2）。实施中心由原煤开采、洗选加工、配煤、销售、运输、交付等各个子链节组成，其要接受决策协调中心的控制指令，操作供应链各子链节具体业务过程，即要做好全程物流管理和生产运营管理工作。实施中心为具有自主行为的智能体，并不仅仅作为执行单元，与上下游链节体具有信息交互作用，能够基于信息网络和自身的一些优化决策等方法引导自身行为，在保证全局绩效的前提下，尽量提高自身绩效，决策中心直接对实施中心作用，实施中心根据决策中心的生产计划组织生产，避免中间传递环节造成的信息放大或信息滞后等现象；子链节实施过程中，为适应外界市场条件变化，采取相应的调节措施，是一种自适应的智能行为。

4. 内部条件和外部环境的支持和保障

如图6-5所示，在A矿业集团内部供应链中，需要先进的计算机与信息技术为供应链优化和协调运作提供统一信息平台；需要先进的生产加工技术保障随时根据客户需求变化而做到供应链各流节运作方案的调整；需要良好的人际协作关系和人员素质，保障计划、协调、物流等管理工作的具体落实；需要物流的准时供应保障下一环节准时运营、正常进行。此外，供应链外部的密切合作环境也是供应链运作实现的必要且独特的条件，同时供应链外部环境又作为A矿业集团内部供应链运作条件的保障，主要涉及技术环境基础、社会文化环境基础和社会经济环境基础。

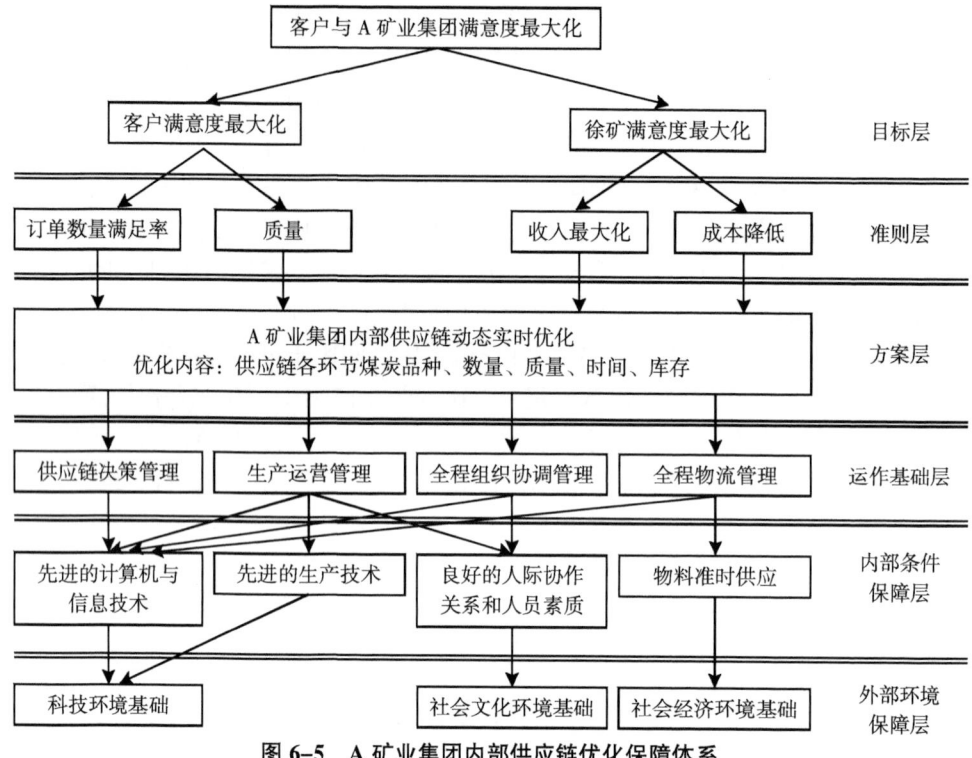

图 6-5 A 矿业集团内部供应链优化保障体系

五、小 结

本章选择 A 矿业集团这家大型煤炭企业作为实证对象，探讨了 A 矿业集团煤炭内部供应链的优化问题。

首先，分析了 A 矿业集团内部供应链优化的必要性，分析其煤炭内部供应链结构及功能，并用数学语言描述了其供应链优化的目标、制约因素和优化内容。

其次，本章从大型煤炭供应链系统的定量统计分析出发，充分考虑和科学处理煤炭企业整体利润和客户满意度双重目标，建立了大型煤炭供应链系统的系统决策模型，对煤炭供应链原煤生产、洗选煤生产、库存和客户需求满足情况等进行系统决策，可以根据客户需求变化及时调整系列决策。模型具有客户导向性的优点。

再次，从单一目标优化模型和多目标的优化模型的比较来看，企业从只追求利润最大化单一目标出发，可以获得较多的利润。但是，没有考虑到客户满意度情况，特别是没有考虑重要客户满意度情况，不利于企业长期可持续发展。煤炭企业决策中，应该选择多目标优化模型，在保证一定的客户满意度的情况下，追求利润最大化。

最后，对 A 矿业集团产销优化决策进行了政策和措施设计。

第七章 结 论

一、主要结论和政策建议

(一) 主要结论

本书以大型煤炭企业为研究对象,选择新的研究视角,分析大型煤炭企业用户需求的特点和煤炭内部供应链的特点,指出大型煤炭企业供应链运作的核心是均衡供给,界定了煤炭产品均衡供给的含义,分析了均衡供给的特点及状态的变化,探讨了大型煤炭企业供应链运作目标。

本书构建了大型煤炭企业内部供应链的简化链状结构,构建了不同类型煤炭企业内部供应链的结构,推出一个典型的大型煤炭企业内部供应链框架结构,对大型煤炭企业的典型内部供应链进行定量描述;分析大型煤炭企业内部供应链系统的功能;根据 A 矿业集团现状,构建徐州矿业集团内部供应链的结构框架;对大型煤炭企业内部供应链属性进行分析测度。

本书建立了大型煤炭企业内部供应链的多目标动态优化决策模型,运用模型对 A 矿业集团内部供应链进行实证分析,并将多目标优化模型的决策结果和单目标优化模型决策结果进行对比分析。

主要结论有:

(1) 本书分析了在不同市场行情下,几种代表性的大型煤炭企业内部供应链的结构和行为,构建了不同类型煤炭企业内部供应链的结构,从而推出了一个典型的大型煤炭企业内部供应链框架结构,提出大型煤炭企业内部供应链是由多条链式结构供应链组成的复杂网链结构,在这个网链系统中,大型煤炭企业经过各矿的井下开采和配采、地面洗选加工、配煤等环节,最后将生成的各品种商品煤通过运输卖给各行各业的煤炭用户,各环节可以有选择地参与每条供应链,相连组成的各条供应链部分交叉,部分跳跃,网络结构复杂,上下各环节的关系呈现

大型煤炭企业内部供应链的构建与优化研究

非线性、交互性、选择性。

（2）本书通过研究大型煤炭企业内部供应链系统的功能，认为大型煤炭企业内部供应链的功能是根据各种环境信息，包括煤炭客户需求信息、赋存原煤信息、环境条件信息、过程信息以及产出信息等，决定采取何种处理方式的管理决策活动。大型煤炭企业内部供应链基于顾客需求，在赋存原煤和环境条件下，根据各种环境信息，通过管理决策活动，转换为对煤炭的处理活动，最终生产出满足顾客需要的煤炭产品，大型煤炭企业内部供应链向最终顾客提供煤炭产品后获得反馈信息，并基于此信息进行偏差控制功能，针对反馈信息，指导新一轮的决策。

（3）本书对大型煤炭企业内部供应链属性进行了研究，其内部供应链属性主要表现在以下方面：供应链结构多点多级性、交叉网状性、面向客户需求性及运作不确定性；对大型煤炭企业内部供应链的不确定性进行了分析测度，大型煤炭企业内部供应链不确定度高于一般制造企业供给系统不确定度，主要是煤炭产品复杂的地质赋存条件导致了原煤生产的不确定性；从时间序列方面分析了大型煤炭企业内部供应链的不确定性程度，大型煤炭企业内部供应链不确定性程度随着时间变化逐渐升高，是不确定性程度逐渐升高的巨系统。

（4）本书认为，大型煤炭企业不仅要追求整体利润最大化目标，而且要追求客户满意度最大化目标，煤炭企业既要保证利润的实现，又要尽量满足客户需求，保证企业可持续发展，实现企业长期利润。由于各个目标间存在相互冲突的问题，且单独满足任意一个目标都无法使总目标达到最优，因此须在这些目标之间取一个折中结果。本书建立以大型煤炭供应链系统多目标动态优化模型，充分考虑和科学处理煤炭企业整体利润和客户满意度双重目标，对煤炭企业多个目标实施优化。该模型具有集成性、客户需求导向性、多目标性、动态性特征，本书提出将多目标优化模型转化成目标规划模型后，设计了遗传算法求解模型。

（5）本书从单一目标优化模型和多目标的优化模型的比较来看，企业从只追求利润最大化单一目标出发，可以获得较多的利润。但是，没有考虑到客户满意度情况，特别是没有考虑重要客户满意度情况，不利于企业长期可持续发展。煤炭企业决策中，应该选择多目标优化模型，在保证一定的客户满意度的情况下，追求利润最大化。

（6）本书从供应链的角度分析了大型煤炭企业原煤生产、洗选加工、库存、销售等情况，为煤炭企业进行优化决策提供了一种分析思路和方法。本书提出了定量度量煤炭企业客户满意度的方法，建立了煤炭企业的系统决策优化模型，该模型同时考虑利润和客户满意度的双重目标，对煤炭供应链原煤生产、洗选煤生产、煤炭库存和客户需求满足情况等进行系统决策。可以根据客户重要性变化和需求变化及时调整系列决策，模型具有系统性、客户导向性和科学性的优点。

(二) 政策建议

在市场竞争越发激烈、资源条件越发恶化、客户重要性日益提高的背景下，煤炭企业如何通过优化煤炭供应链和客户结构，按时、保质、保量地满足用户的需求，增强煤炭供给的稳定性、均衡性，已成为获得竞争优势的关键所在。因此，大型煤炭企业需要开展对煤炭产品均衡供给和大型煤炭企业内部供应链优化的研究。

传统的供应链系统的单目标决策模型，只追求利润最大化目标，忽视了市场的客户满意度目标，具有片面性，应用性有限。本书认为大型煤炭企业应改变煤炭企业传统的生产导向型运营模式，树立以客户为导向的生产经营和供应链管理意识，建立既考虑利润最大化目标，又考虑客户满意度目标的多目标非线性优化模型，把合适的煤炭产品，以合适的数量，在合适的时间送到合适的地点，实现煤炭产品的均衡供给，按质、按量、按时地向煤炭客户供货，为客户的生产稳定提供基础保障，提高客户满意度和忠诚度，这也有利于企业的可持续发展。

大型煤炭企业内部供应链应该以客户需求为导向，快速响应市场的变化，实现对客户需求的快速反应，根据客户的需求信息如煤炭质量要求、煤炭数量、服务标准等，通过协调煤炭内部供应链各节点实体的关系，有效地对供应链上的物流、信息流、资金流进行计划、协调和控制，迅速做出产品质量改进、服务提高、需求分析和开配采、选配煤等反应，以便改进和调整煤炭企业运作行为，从而建立灵活、稳定的供需关系，实现对煤炭客户需求和市场环境的快速反应。

由于煤炭产品的需求具有季节性波动的动态性特征，煤炭企业的决策不应该割裂各时间阶段的联系，应该综合考虑各时间阶段的市场需求，制定各时间阶段的生产、库存和销售决策。

二、创新之处

当前国内对煤炭供给问题的研究，宏观上主要探讨如何提升煤炭对国民经济发展的保障作用，微观上主要研究煤炭质量管理，对煤炭均衡供给的研究还不够深入，缺乏系统的、规律性的探讨。本书对大型煤炭企业内部供应链进行优化研究，创新之处有以下三点：

（1）研究视角创新。本书以大型煤炭企业为研究对象，选择新的研究视角，分析煤炭企业用户需求的特点和大型煤炭企业内部供应链的特点，指出煤炭企业供应链运作的核心是均衡供给，提出并界定"煤炭产品均衡供给"这一概念，分析均衡供给的特点及状态的变化，研究视角独特，具有开创性。

（2）构建了大型煤炭企业内部供应链的简化链状结构，分析在不同市场行情下，几种代表性的大型煤炭企业内部供应链的结构和行为，构建不同类型煤炭企业内部供应链的结构，从而推出一个典型的大型煤炭供应链系统的内部供应链框架结构；对大型煤炭企业供应链进行定量化描述；对大型煤炭企业供应链的典型内部供应链的矿井节点、洗选厂节点、顾客需求、物流、资金流等进行变量描述，量化描述了各节点生产能力、运输能力、物流平衡条件，并建立了供应链资金流净值—利润的模型以及顾客满足率模型；提出基于多阶系统的大型煤炭企业内部供应链的思想，运用系统分析方法和复杂系统论分析其供应链系统的结构和功能。分析大型煤炭企业内部供应链的属性，并运用熵理论和方法对大型煤炭企业内部供应链的不确定性原因、构成及不确定性测度进行研究。

（3）研究内容创新。将供应链优化理论的研究从制造、流通服务业扩展到大宗资源产业领域，从客户、运输、库存、物流加工、开采等全系统角度出发，开展煤炭企业供应链均衡供给集成优化研究，扩展了对煤炭企业供应链管理研究的新领域。在考虑客户满意度和利润最大化目标的情况下，研究煤炭企业供应链的动态均衡供给问题，丰富了供应链优化研究的内容。建立大型煤炭企业内部供应链的多目标动态优化模型，提出将多目标优化模型转化成目标规划模型后，设计遗传算法求解模型；根据建立的大型煤炭企业内部供应链多目标动态优化模型，对A矿业集团内部供应链进行系统决策；并将多目标优化模型的决策结果和单目标优化模型决策结果进行对比分析；研究内容具有创新性，系统性强。提出煤炭企业要从供应链角度出发，在原煤生产、洗选煤生产、库存和客户需求满足等方面进行动态的、系统的计划与调控。

三、展　望

由于笔者的学术水平和专业经验有限，而且研究时间有限，本书还存在诸多有待进一步完善之处，还有很多工作需要进一步去研究，可从以下几个方面进行：

（一）需求分析

需求不确定反映了顾客对煤炭产品需求的不确定性，不确定的市场需求会给供应链的运作带来风险。煤炭市场需求波动越大，大型煤炭企业内部供应链面临的风险也就越高。因此，对煤炭客户需求进行分析，要考虑需求不确定下的各种影响因素，针对不同情形不同条件下的供应链，采取不同的优化措施，以达到供应链整体的优化效果。

（二）准时性

随着市场竞争的加剧，煤炭客户对于煤炭产品的市场响应时间要求更高。这一市场环境迫使大型煤炭企业必须快速响应顾客需要，保证煤炭产品供给的准时性。由于大型煤炭企业内部供应链是由多节点组成的复杂网络体系，在整体运作的生产和物流过程中存在着众多随机因素以及信息不对称等问题，使得大型煤炭企业内部供应链响应时间的不确定性非常严重，影响煤炭市场需求，进而影响大型煤炭企业内部供应链的整体效率。

因此，大型煤炭企业内部供应链要优化多阶响应周期，根据煤炭客户需求的变化，供应链整体应合理地进行时间的分配和调整的决策，在煤炭客户供货时间的要求下，依据供应链各节点能力、资源等约束条件，确定时间分配方案，通过节点之间响应时间及节点内部生产时间和物流时间的合理分配，保证大型煤炭企业内部供应链产品供给的准时性。

（三）煤电互动下的煤炭企业内部供应链决策

随着煤电企业的市场竞争日趋激烈，加强煤电供应链管理显得越来越重要，煤电供应链运行流程，从采购环节初端的备品备件及煤矿生产链开始到销售环节终端的输电上网链结束，管理链条长，运行周转慢。在燃煤采购链节，运行方式包括矿井运输、公路运输、铁路运输、海上运输以及各种运输方式之间的中转运输，其运输计划性强，连接紧密，协调难度大，协作要求高。因此，对煤电供应链进行研究，把供应链理论与煤电特点相结合，着眼于供应链管理一体化，对煤电供应链管理进行优化研究，在注重煤电互动情况下，煤炭企业如何对内部供应链进行优化决策，保证整体供应链的效益和煤电生产的连续性及安全性，是未来研究的方向。

附 录

附录1 原煤质量与产量情况

韩桥矿原煤质量情况

时 间	原煤产量（吨）	原煤灰分（%）	原煤制造成本（元/吨）	原煤期间费用（万元）
2005-01	64205	28.86		
2	59191	26.81	155.67	313.52
3	56741	32.17	151.53	309.29
4	32589	30.19	378.38	305.4
5	35635	27.39	174.17	274.93
6	42042	32.98	151.14	265.08
7	41034	32.74	170.78	302.89
8	40616	29.51	275.31	313.19
9	40934	33.35	227.46	320.09
10	55887	33.74	203.18	334.11
11	48091	33.18	288.74	349.36
12	40967	33.36	210.66	313.10
2006-01	45581	33.33	288.74	349.36
2	45015	31.18	210.66	313.10
3	60379	33.92	197.03	355.67
4	56492	32.25	231.22	357.82
5	52921	40.80	205.95	366.40
6	36471	38.43	217.65	370.84
7	36137	41.30	372	386.99
8	39948	40.75	235	277.36
9	43436	43.65	284.65	329.70
10	44327	40.31	351.58	382.30
11	44483	40.08	219.88	326.12
12	64673	38.78	313.64	666.5

附录2 A矿业集团各洗煤厂主要商品煤产出品种及数量数据

庞庄洗煤一厂

单位：吨

年 份	原 煤	冶炼精煤	洗混煤
2001	7773	4137	1693
2002	12968	9393	1500
2003	20329	13245	5050
2004	76110	15578	6338
2005	40167	0	24100
2006	39613	15549	9598

垞城洗煤厂

单位：吨

年 份	原 煤	冶炼精煤	洗混煤
2001	26695	13850	6170
2002	11086	2501	6811
2003	22487	20238	0
2004	51140	0	34264
2005	48281	0	28969
2006	57178	0	30950

夹河洗煤厂

单位：吨

年 份	原 煤	冶炼精煤	洗混煤
2001	81519	39690	16916
2002	59480	41732	3011
2003	76285	45862	19003
2004	112428	61422	17394
2005	82149	31278	28797
2006	35314	0	26450

三河尖选煤厂

单位：吨

年 份	原 煤	冶炼精煤	洗混煤	洗 块	筛选煤
2001	135801（22567）	—	18995	—	113234
2002	166202（10000）	—	9500	—	156202
2003	143845（5000）	—	4600	—	138845
2004	138596（8000）	4199	3001	—	130596
2005	154101（5800）	1680	3250	—	148301
2006	56304（12547）	1502	7803	—	43757

卧牛山选煤厂

单位：吨

年 份	原 煤	其他精煤	洗混煤	动力配煤	煤泥
2001	11423	—	11423	—	—
2002	13043	—	12007	—	—
2003	13411	—	12478	—	—
2004	15476	9132	959	—	1655
2005	15495	—	2651	5225	4908
2006	14995	8774	1667	—	910

权台选煤厂

单位：吨

年 份	原 煤	其他精煤	洗混煤（其他）	洗 块	筛选煤
2001	135362（18783）	—	8109	4100	116579
2002	138323（26500）	2185	15040	—	111733
2003	208166（25500）	8865	7710	—	182666
2004	206772（49525）	18136	23960	—	157247
2005	166201（11375）	9669	—	—	154826
2006	164007（31242）	24681	—	1616	132765

旗山煤矿选煤厂

单位：吨

年 份	原 煤	其他精煤	洗混煤（其他）	洗 块	筛选煤
2001	176451（2500）	1568	—	0	173951
2002	171983（8255）	2670	—	2512	163728
2003	209437（2600）	700	—	932	206837
2004	168049（6433）	1200	—	3660	161616
2005	143227（12719）	1382	2615	2569	130508
2006	148171（13648）	5277	—	5188	134523

义安煤矿选煤厂

单位：吨

年 份	原 煤	其他精煤	洗混煤（其他）	配 煤	筛选煤
2001	38004 (20209)	713	17536	—	17795
2002	40561 (9337)	4259	—	—	29337
2003	32668 (19639)	1866	1410	14355	13029
2004	38002 (26788)	2049	6304	11200	11214
2005	38996 (18358)	4130	—	5830	20638
2006	33288 (9433)	4703	—	—	23855

张集煤矿选煤厂

单位：吨

年 份	原 煤	其他精煤	洗混煤（其他）	配精煤	筛选煤
2001	95670 (8357)	—	—	5850	87313
2002	81923 (24260)	—	—	16930	57663
2003	63902 (18346)	—	—	12354	45556
2004	78565 (28021)	4004	—	8886	50544
2005	73036 (18202)	11957	—	—	54834
2006	94510 (36503)	—	—	17286	58007

张双楼煤矿选煤厂

单位：吨

年 份	原 煤	其他精煤	洗混煤（其他）	洗 块	筛选煤
2004	139199	—	—	—	139199
2005	94673 (4221)	—	—	6872	90452
2006	117867 (38411)	21094	4543	5363	79456

附录3 A矿业集团各洗煤厂投入产出数据

夹河洗煤厂

时 间	入洗原煤		精煤			洗损	
	数量（吨）	灰分（%）	产量（吨）	回收率（%）	灰分（%）	数量（吨）	洗损率（%）
2005-01	91188	31.27	52253	57.30	8.64	24621	27.00026319
2	93914	32.59	52655	56.07	7.62	28174	29.99978704
3	95395	33.96	52493	55.03	7.36	31331	32.84344043

续表

时间	入洗原煤		精煤			洗损	
	数量（吨）	灰分（%）	产量（吨）	回收率（%）	灰分（%）	数量（吨）	洗损率（%）
4	79019	31.24	45495	57.57	8.29	21335	26.99983548
5	72997	34.67	30479	41.75	9	22446	30.74920887
6	75884	28.01	32801	43.23	8.2	17390	22.91655685
7	69714	27.93	29873	42.85	7.85	16475	23.63226898
8	80368	26.68	28431	35.38	9.43	15963	19.07624283
9	77006	25.89	21667	28.14	8.59	13244	17.19865984
10	50214	16.94	25087	49.96	7.87	933	1.858047556
11	62637	37.85	22748	36.32	8.69	19639	31.35367275
12	81306	33.39	30687	37.74	8.11	21822	26.83934765
2006-01	84534	31.95	42420	50.18	7.95	23163	27.40080914
2	88649	44.31	32327	36.47	8.05	38047	42.91870185
3	90242	46.98	25826	28.62	9.37	40272	44.62667051
4	66928	39.47	25366	37.90	9.36	21935	32.77402582
5	96011	51.57	25432	26.48	9.36	42776	44.55322828
6	76151	39.85	27231	35.76	9.22	27911	36.65217791
7	74957	43.49	12812	17.09	9.69	29979	39.99493043
8	83284	48.09	24936	29.94	9.30	39454	47.37284472
9	53430	38.56	11462	21.45	9.21	16804	31.45049598
10	52547	38.68	3142	5.98	9.17	14997	28.54016404
11	47155	39.25	—	—	—	13926	29.53239317
12	34827	31.29	—	—	—	7679	22.04898498

庞庄洗煤厂

时间	入洗原煤		精煤			洗损	
	数量（吨）	灰分（%）	产量（吨）	回收率（%）	灰分（%）	数量（吨）	洗损率
2005-01	17500	27.63	12250	70	7.71	5250	—
2	31506	28.89	18473	58.63	8.18	9452	—
3	14876	28.03	7756	52.14	8.04	4165	—
4	25417	30.55	6677	26.27	7.50	7625	—
5	26149	29.63	7780	29.75	7.01	8368	—
6	31180	32.79	3298	10.58	8.90	10601	—
7	54003	36.29	8168	15.13	7.40	21601	—
8	68758	37.87	7830	11.39	7.70	27503	—
9	66842	39.61	1400	2.09	7.11	26737	—
10	15843	39.03	1000	6.31	7.10	6337	—
11	28040	36.78	0	0	0	11216	—

续表

时间	入洗原煤		精煤			洗损	
	数量（吨）	灰分（%）	产量（吨）	回收率（%）	灰分（%）	数量（吨）	洗损率
12	40167	37.45	0	0	0	16067	—
2006-01	25637	17.44	0	0	0	10255	—
2	74850	38.97	7380	9.86	8.41	29940	—
3	76157	40.96	6185	8.12	7.97	30463	—
4	93033	32.08	4271	4.59	9.13	17777	—
5	105212	50.47	6000	5.70	9.08	42776	—
6	21487	49.71	4000	18.62	8.03	11329	—
7	18431	28.15	4000	21.07	8.42	3686	—
8	21761	20.51	13397	61.56	7.93	3264	—
9	31532	22.47	13945	44.22	8.05	4509	—
10	62789	32.71	14906	23.74	9.45	15796	—
11	31442	21.55	12192	38.78	7.82	4360	—
12	39613	16.85	16778	42.35	7.89	1089	—

坨城洗煤厂

时间	入洗原煤		精煤			洗损	
	数量（吨）	灰分（%）	产量（吨）	回收率（%）	灰分（%）	数量（吨）	洗损率（%）
2005-01	43660	26.27	—	—	—	13098	30
2	54289	30.26	—	—	—	16287	30.0005526
3	31657	32.51	—	—	—	8864	28.00012635
4	319556	29.58	—	—	—	9587	3.000100139
5	31276	31.81	—	—	—	10008	31.99897685
6	34614	29.87	—	—	—	11769	34.00069336
7	39963	34.94	900	2.25	7.79	15985	39.99949954
8	18360	34.71	900	0.31	9.56	7344	40
9	10903	34.61	2542	23.31	8.05	4361	39.99816564
10	10928	37.23	—	—	—	4371	39.99816984
11	26935	35.37	—	—	—	10774	40
12	48281	38.27	—	—	—	19312	39.99917152
2006-01	24745	35.04	—	—	—	9898	40
2	26813	24.41	—	—	—	10725	39.99925409
3	28843	37.13	—	—	—	11537	39.99930659
4	18062	34.98	—	—	—	5419	30.00221459
5	4357	36.91	—	—	—	1743	40.00459031
6	115353	48.52	—	—	—	58874	51.03811778
7	62254	33.88	—	—	—	17694	28.42227005

续表

时间	入洗原煤		精煤			洗损	
	数量（吨）	灰分（%）	产量（吨）	回收率（%）	灰分（%）	数量（吨）	洗损率（%）
8	57258	31.83	—	—	—	11901	20.78486849
9	79349	36.25	—	—	—	23115	29.1308019
10	72765	14.50	—	—	—	18092	24.86360201
11	72637	30.51	1345	1.85	7.13	15415	21.22196677
12	57178	33.95	1044	1.83	7.23	13430	23.48805485

三河尖洗煤厂

时间	入洗原煤		精煤			洗损	
	数量（吨）	灰分（%）	产量（吨）	回收率（%）	灰分（%）	数量（吨）	洗损率（%）
2005-01	8000	18.29	4169	52.45	9.18	720	9
2	8000	18.91	4078	50.98	9.49	800	10
3	4000	20.58	—	—	—	400	10
4	3000	21.68	—	—	—	300	10
5	3000	21.68	—	—	—	300	10
6	3971	16.39	361	90.93	10.36	36	0.906572652
7	4000	21.92	—	—	—	400	10
8	4000	21.66	—	—	—	400	10
9	2600	23.32	1211	46.58	8.61	480	18.46153846
10	5000	21.37	—	—	—	500	10
11	6000	20.74	1020	17	8.72	600	10
12	5800	21.49	1680	28.97	8.48	870	15
2006-01	1713	19.05	1439	84	8.15	274	15.99532983
2	3448	17.01	3000	87.01	8.75	448	12.99303944
3	25924	21.15	8457	32.62	8.46	5000	19.28714705
4	32508	22.14	6240	19.19	9.32	5390	16.58053402
5	17228	19.91	7672	44.53	8.82	2068	12.00371488
6	19717	13.31	9464	48	8.28	2580	13.08515494
7	29500	20.64	12910	43.76	8.46	3600	12.20338983
8	28800	21.90	11707	40.65	8.36	4300	14.93055556
9	30100	21.94	12036	39.99	8.72	4600	15.28239203
10	16040	22.98	5620	35.04	9.25	2500	15.58603491
11	16000	22.55	6018	37.61	8.96	2023	12.64375
12	12547	24.60	1502	11.97	8.72	2024	16.13134614

动力煤选煤厂：

卧牛山洗煤厂

时间	入洗原煤		精煤			洗损	
	数量（吨）	灰分（%）	产量（吨）	回收率（%）	灰分（%）	数量（吨）	洗损率
2005-01	15801	21.56	8373	52.99	7.80	1474	—
2	14663	19.11	10146	69.19	8.01	1521	—
3	15761	25.13	900	5.71	9	1379	—
4	13055	30.52	3987	30.54	9.12	1958	—
5	12795	28.68	7044	55.05	14.25	1919	—
6	13732	28.28	—	—	—	2060	—
7	14258	24.76	—	—	—	2139	—
8	13828	21.53	—	—	—	691	—
9	13311	27.97	—	—	—	666	—
10	12387	26.21	—	—	—	619	—
11	13243	27.54	—	—	—	662	—
12	14404	33.37	—	—	—	2681	—
2006-01	15515	31.86	—	—	—	3103	—
2	14119	33.71	—	—	—	2824	—
3	15519	33.80	—	—	—	3104	—
4	15321	29.77	—	—	—	3064	—
5	14305	37.11	—	—	—	4292	—
6	12845	38.53	—	—	—	3854	—
7	15870	36.77	—	—	—	4761	—
8	16212	29.02	—	—	—	3247	—
9	15627	26.44	—	—	—	2344	—
10	13589	40.10	—	—	—	4756	—
11	9903	39.68	—	—	—	3466	—
12	14406	31.04	—	—	—	3602	—

权台洗煤厂

时间	入洗原煤		精煤			洗损	
	数量（吨）	灰分（%）	产量（吨）	回收率（%）	灰分（%）	数量（吨）	洗损率
2005-01	28517	23.76	9135	32.04	12.06	4277	—
2	25899	23.17	10514	40.60	12.84	3885	—
3	27579	21.32	12995	47.12	13.62	3034	—
4	28594	23.72	11805	41.28	12.94	4289	—
5	27506	24.10	10930	39.74	12.69	4126	—
6	17706	23.18	4050	22.87	13.09	2656	—
7	23644	23.46	9097	38.47	12.17	3547	—
8	30482	22.67	14910	48.91	11.24	4572	—

续表

时间	入洗原煤		精煤			洗损	
	数量（吨）	灰分（%）	产量（吨）	回收率（%）	灰分（%）	数量（吨）	洗损率
9	67936	22.87	46246	68.07	11.48	10190	—
10	17202	22.27	14622	85	11.20	2580	—
11	26589	23.03	22601	85	12.09	3988	—
12	11375	21.91	9669	85	10.78	1706	—
2006-01	23538	27.97	18360	78	11.89	5178	—
2	19420	27.46	15342	79	12.17	4078	—
3	21731	25.97	17168	79	13.16	3561	—
4	21273	22.80	16806	79	13.32	3765	—
5	23540	29.13	17655	75	12.47	5179	—
6	30165	25.79	23830	76.71	12.61	5625	—
7	18125	23.88	14864	82.01	13	2553	—
8	21463	19.90	18334	85.42	10.74	2421	—
9	23092	25.09	18243	79	11.07	4147	—
10	27421	25.23	22315	81.38	11.56	5106	—
11	32393	23.41	26100	80.57	11.21	4880	—
12	31242	20.87	26297	84.17	10.26	4235	—

旗山洗煤厂

时间	入洗原煤		精煤+洗块煤				洗损	
	数量（吨）	灰分（%）	总产量（吨）	洗块煤（吨）	回收率（%）	灰分（%）	数量（吨）	洗损率
2005-01	6628	21.20	5792	2055	87.39	12.09	836	—
2	4280	19.88	3785	2258	88.43	11.64	473	—
3	11650	43.61	6285	3233	53.95	11.58	5360	—
4	2461	17.51	2253	1510	91.55	11.67	198	—
5	5348	24.21	3051	3051	57.05	11.06	532	—
6	8399	64.48	1525	1525	18.16	10.96	6847	—
7	15049	66.18	1042	1042	6.92	11.31	12150	—
8	99815	32.71	2108	2108	2.11	11.16	27544	—
9	20247	54.38	4909	3835	24.25	11.47	11337	—
10	10076	31.90	4689	3209	46.54	11.49	2191	—
11	6403	19.01	5747	3326	89.75	11.75	638	—
12	12671	44.25	3951	2569	31.18	11.54	5754	—
2006-01	10519	20.99	8761	4301	83.29	11.92	879	—
2	13879	31.59	9813	3780	70.70	12.04	3802	—
3	18805	41.63	6455	5078	34.33	11.28	7741	—
4	11385	37.74	1496	1496	13.14	10.89	3694	—

续表

时间	入洗原煤		精煤+洗块煤				洗损	
	数量（吨）	灰分（%）	总产量（吨）	洗块煤（吨）	回收率（%）	灰分（%）	数量（吨）	洗损率
5	12615	43.46	1467	1496	11.63	11.45	5737	—
6	20973	57.17	3219	2312	15.35	11.40	11973	—
7	9574	42.10	2370	865	24.75	12.03	4070	—
8	19408	40.81	8726	2963	45.01	12.08	7829	—
9	18255	30.79	11674	2438	63.95	12.22	4990	—
10	10704	27.56	7625	3320	71.24	11.78	2191	—
11	11444	39.99	6535	3910	57.10	11.58	4469	—
12	13588	26.16	10465	5188	77.02	11.74	2683	—

义安洗煤厂

时间	入洗原煤		精煤			洗损	
	数量（吨）	灰分（%）	产量（吨）	回收率（%）	灰分（%）	数量（吨）	洗损率
2005-01	22098	27.09	1997	9.04	13.37	3077	—
2	20266	27.98	815	4.02	12.98	2951	—
3	23273	37.40	1323	5.68	12.49	6327	—
4	27440	36.06	1130	4.12	13.33	7420	—
5	15822	36.06	1071	6.77	12.61	3721	—
6	6813	42.65	567	8.32	12.87	2086	—
7	7682	38.44	126	1.64	13.03	1856	—
8	7256	33.52	378	5.21	12.97	1458	—
9	13103	33.75	4952	37.79	12.57	4051	—
10	13048	28.62	3667	77.92	12.57	2881	—
11	10740	23.92	5000	55.36	15.75	2584	—
12	18358	33.26	4130	22.50	11.95	4191	—
2006-01	15850	31.98	3446	21.74	12.57	3504	—
2	10079	31.87	3700	36.71	13.63	2679	—
3	16358	28.19	5647	34.52	12.56	2411	—
4	18466	28.52	6787	36.75	12.99	3059	—
5	15237	28.30	3230	21.20	13.19	1856	—
6	15420	29.91	4955	32.13	12.53	3115	—
7	13893	32.56	4512	32.48	12.28	3508	—
8	8571	30.67	4073	47.52	13.19	2007	—
9	11718	28.92	8340	71.17	12.93	2578	—
10	13675	27.76	8154	59.63	13.51	2469	—
11	13860	22.68	8329	60.09	14.10	621	—
12	9433	36.72	4703	49.86	12.71	2830	—

张集洗煤厂

时间	入洗原煤		精煤			洗损	
	数量（吨）	灰分（%）	产量（吨）	回收率（%）	灰分（%）	数量（吨）	洗损率
2005-01	12754	31.86	6000	47.04	14.11	3018	—
2	20418	30.40	5000	24.49	14.40	3287	—
3	14306	30.90	1439	10.06	14.19	3188	—
4	13354	30.07	5000	37.41	14.74	2635	—
5	10745	30.48	5000	46.53	14.57	2156	—
6	9503	31.50	2931	30.84	14.62	2089	—
7	9424	30.08	3000	31.83	13.90	1887	—
8	6021	27.50	4000	66.43	14.23	1084	—
9	13120	29.75	9000	68.60	12.70	3122	—
10	9259	27.04	6528	70.50	11.09	1979	—
11	9033	36.08	5000	55.36	15.75	2584	—
12	17561	25.74	11957	68.09	13.45	2741	—
2006-01	9897	29.50	4233	42.77	13.61	2015	—
2	15684	27.36	8033	51.22	12.96	2659	—
3	13433	31.13	2500	18.61	15.80	2039	—
4	16487	37.24	2500	15.16	15.96	3742	—
5	22149	36.41	1000	4.51	15.65	5456	—
6	21173	34.66	—	—	—	4562	—
7	17597	32.08	—	—	—	3292	—
8	19618	29.73	8000	42.19	14.60	3855	—
9	25013	30.87	10	0.04	15.80	4837	—
10	29501	22.30	—	—	—	1200	—
11	39054	32.97	—	—	—	8914	—
12	34307	32.58	—	—	—	5704	—

张双楼洗煤厂

时间	入洗原煤		精煤+洗块煤				洗损	
	数量（吨）	灰分（%）	总产量（吨）	洗块煤（吨）	回收率（%）	灰分（%）	数量（吨）	洗损率
2005-01	1436	23.98	1185	1185	82.52	12.12	251	—
2	4280	23.67	3524	3524	82.34	12.01	756	—
3	11520	20.47	9846	9846	85.50	12.05	1674	—
4	12936	21.90	10996	10996	85	12	1940	—
5	9166	20.59	7975	7975	87.01	12.02	1191	—
6	16327	21.90	10005	10005	61.28	12.02	2122	—
7	5985	22.51	5087	5087	85	12.01	898	—

续表

时间	入洗原煤		精煤+洗块煤				洗损	
	数量（吨）	灰分（%）	总产量（吨）	洗块煤（吨）	回收率（%）	灰分（%）	数量（吨）	洗损率
8	11255	22.22	9567	9567	85	12.02	1688	—
9	—	—	11605	11605	—	—	—	—
10	1053	21.93	895	895	85	12.03	158	—
11	11370	21.91	9665	9665	85	12.02	1705	—
12	—	—	6872	6872	—	—	—	—
2006-01	15167	24.83	3011	3011	19.85	12.03	2856	
2	794	12.01	794	794	100	12.01	0	
3	18228	21.96	5694	5694	31.24	11.72	2734	
4	7030	21.56	4776	4776	67.94	11.25	1054	
5	12200	19.63	2043	2043	16.75	11.25	1220	
6	4084	19.41	3676	3676	90.01	11.02	408	
7	2856	19.20	2570	2570	89.99	10.76	286	
8	16347	18.99	5532	5532	33.84	10.54	1635	
9	13800	18.81	7507	7507	54.4	10.34	1380	
10	13257	18.90	11931	11931	90	10.44	1326	
11	9819	23.40	7536	5059	76.75	9.53	1949	
12	37959	23.89	26457	5363	69.7	8.89	6968	

附录4 煤炭产品质量数据

煤炭产品质量指标

时间	煤种	销售量（吨）	灰分（%）
2006-12	冶炼精煤	41168	7.97
	其他精煤	41878	10.68
	洗混中块	6804	10.80
	洗混煤	59043	18.87
	煤泥	39148	32.24
	筛大块	28880	12.73
	筛混中块	4379	13.88
	筛混块	1237179	28.94

续表

时间	煤种	销售量（吨）	灰分（%）
2006-11	冶炼精煤	19583	8.12
	其他精煤	38352	12
	洗混中块	7335	10.82
	洗混煤	60364	18.03
	煤泥	27551	34.64
	筛大块	24849	11.45
	筛混中块	3695	13.53
	筛混块	1180028	26.42
2006-10	冶炼精煤	23417	8.96
	其他精煤	40773	12.03
	洗混中块	3808	10.77
	洗混煤	65008	20.83
	煤泥	16673	29.46
	筛大块	14610	10.05
	筛混中块	9224	14.55
	筛混块	1258266	25.75
2006-09	冶炼精煤	40608	8.62
	其他精煤	45352	11.85
	洗混中块	2438	10.79
	洗混煤	49980	20.33
	煤泥	21094	29.62
	筛大块	17801	10.37
	筛混中块	9591	13.12
	筛混块	1266982	26.85
2006-08	冶炼精煤	54037	8.78
	其他精煤	47252	12.32
	洗混中块	3268	10.56
	洗混煤	36853	21.76
	煤泥	19652	28.38
	筛大块	16845	9.29
	筛混中块	17059	11.35
	筛混块	1287932	26.16
2006-07	冶炼精煤	36382	8.88
	其他精煤	32163	12.40
	洗混中块	1048	10.88
	洗混煤	47958	17.50
	煤泥	19695	31.60

续表

时间	煤种	销售量（吨）	灰分（%）
2006-07	筛大块	10531	15.99
	筛混中块	11376	12.92
	筛混块	1321375	26.61
2006-06	冶炼精煤	39233	8.85
	其他精煤	31505	12.74
	洗混中块	6033	11.95
	洗混煤	35010	25.10
	煤泥	27941	31.91
	筛大块	34543	9.72
	筛混中块	15316	12.71
	筛混块	1199424	26.72
2006-05	冶炼精煤	40642	9.20
	其他精煤	26628	12.40
	洗混中块	3073	11.23
	洗混煤	35817	24.38
	煤泥	35984	31.52
	筛大块	9330	10.42
	筛混中块	5358	12.99
	筛混块	1121705	27.31
2006-04	冶炼精煤	39085	9.33
	其他精煤	38587	12.92
	洗混中块	1996	10.87
	洗混煤	39870	21.64
	煤泥	38346	30.80
	筛大块	6174	11.32
	筛混中块	12711	13.18
	筛混块	1150999	26.18
2006-03	冶炼精煤	42135	9.02
	其他精煤	35383	13.62
	洗混中块	4578	10.94
	洗混煤	55147	20.71
	煤泥	14724	32.44
	筛大块	8505	8.88
	筛混中块	11976	14.21
	筛混块	1164822	27.46

续表

时间	煤种	销售量（吨）	灰分（%）
2006-02	冶炼精煤	42851	8.16
	其他精煤	39091	13.03
	洗混中块	3780	11.01
	洗混煤	56987	20.78
	煤泥	4840	27.36
	筛大块	500	13.20
	筛混中块	5510	13.28
	筛混块	882661	29.63
2006-01	冶炼精煤	43507	7.96
	其他精煤	33448	12.26
	洗混中块	4301	11.02
	洗混煤	46269	19.78
	煤泥	3901	26.56
	筛大块	720	13.19
	筛混中块	5958	14.87
	筛混块	883696	28.45

参考文献

[1] 国务院关于促进煤炭工业健康发展的若干意见 [EB/OL]. 国务院公报国发 [2005] 18 号 [2005-06-07]. http：//www.gov.cn/gongbao/content/2005/content_64304.htm.

[2] 树立科学的煤炭资源观——我国煤炭资源有效供给能力 [EB/OL]. http：//www.jccoal.com/detail_xinwen.asp？id=3665.

[3] 国民经济和社会发展第十一个五年规划纲要（草案）[EB/OL]. 新华社 [2006-03-16]. http：//www.gov.cn/ztzl/2006-03/16/content_228841.htm.

[4] 2005 中国行业年度报告系列之——中国煤炭行业 [EB/OL]. http：//www.ceiceo.cn/Exweb/2005Report/www/Column.asp？ColumnId=15. http：//down.cenet.org.cn/upfile/108/200681516311116.pdf.

[5] 徐万国. 我国煤炭资源知多少 [N]. 中国煤炭报，2004-04-10.

[6] 我国煤炭资源的喜与忧 [EB/OL]. [2002-10-14]. http：//www.coalinfo.net.cn/zxdt/shownews.asp？newsid=7675.

[7] 中国煤炭工业协会. 关于发布 2006 全国煤炭工业 100 强企业排序结果的通知 [S]. 2006-07-10.

[8] 单继林. 煤炭资源有效供给能力：远虑与近忧 [N]. 中国经济时报，2003-01-14.

[9] 汪浩瀚. 从均衡走向演化——经济学范式的演进 [J]. 财经问题研究，2003（3）：16-19.

[10] 尹春兰. 基于客户金字塔模型的客户关系管理 [J]. 管理现代化，2006（2）：19-21.

[11] 蔡淑琴等. 客户关系管理的大客户描述和识别 [J]. 管理评论，2004（2）：49-51.

[12] 叶强等. 客户关系管理中的动态客户细分方法研究 [J]. 管理科学学报，2006（2）：44-52.

[13] 王君，樊治平. 客户关系管理中客户知识发现的一种分析方法 [J]. 系统工程理论方法应用，2004（2）：58-62.

[14] Per Vagn Freytag, Ann Hojbjerg Clarke.Business to Business Market Segmentation [J]. Industrial Marketing Management, 2001 (30): 473-486.

[15] M.van Raaija, Maarten J.A. Vernooijb, Sander van Triestc. The Implementation of Customer Profitability Analysis: A Case Study [J]. Industrial Marketing Management, 2003 (32): 573-583.

[16] C.-Y.Tsai, C.-C.Chiu. A Purchase-based Market Segmentation Methodology [J]. Expert Systems with Applications, 2004 (27): 265-276.

[17] Jang Hee Leea, Sang Chan Parkb. Intelligent Profitable Customers Segmentation System Based on Business Intelligence Tools [J]. Expert Systems with Applications, 2005 (29): 145-152.

[18] 王健康, 寇纪淞. 客户关系管理价值链研究 [J]. 管理工程学报, 2002 (4): 51-54.

[19] 孟庆良. 客户价值研究及其对客户关系管理绩效的影响 [J]. 运筹与管理, 2005 (2): 138-142.

[20] 周洁如等. 客户关系管理中的价值评估 [J]. 上海管理科学, 2003 (6): 24-26.

[21] 陈明亮. 客户忠诚与客户关系生命周期 [J]. 管理工程学报, 2003 (2): 90-93.

[22] 井绍平, 王志强. 煤炭营销客户关系管理的新要求与实施策略 [J]. 煤炭经济研究, 2006 (3): 43-44.

[23] 仲伟军. 谈煤炭企业客户关系管理 [J]. 煤炭经济研究, 2002 (12): 63-64.

[24] 陈善明, 周梅华. 论A矿业集团煤炭产品客户关系分级管理 [J]. 煤炭科技, 2005 (4): 49-51.

[25] 陈国权. 供应链管理 [J]. 中国软科学, 1999 (10): 101-104.

[26] 马士华, 林勇. 供应链管理 (第2版) [M]. 北京: 机械工业出版社, 2005.

[27] 田俊峰. 不确定性条件下供应链管理优化模型及算法研究 [D]. 西南交通大学博士学位论文, 2005.

[28] 杨晓雁. 供应链管理 [M]. 上海: 复旦大学出版社, 2005.

[29] Crowston, W.B., Wagner, M. H. and Williams, J. Economic Lot Size Determination in Multistage Assembly System[J]. Management Science, 1973 (19): 517-526.

[30] Zijm, H. and Van Houtum, G. J. On Multi-Stage Production/Inventory Systems Under Stochastic Demand [J]. International Journal of Production Economics,

1994, 35 (1-3): 391-400.

[31] Chen, F. and Zheng, Y. S. Evaluatiin Echelon Stock (R, nQ) Policies in Serial Production/Inventory Systems with Stochastic Demand [J]. Management Science, 1994, 40 (10): 1262-1275.

[32] Kamran Moizadeh. A Multi-echelon Inventory System with Information Exchange [J]. Management Science, 2002 (3): 414-426.

[33] Pyke, D.F. and Cohen, M.A. Performance Characteristic of Stochastic Integrated Production-distribution Systems [J]. European Journal of Operational Research, 1993 (68): 23-48.

[34] Pyke, D.F. and Cohen, M.A. Multi-product Integrated Production-distribution Systems [J]. European Journal of Operational Research, 1994 (74): 18-49.

[35] Chien, T.W. Determining Profit-maximizing Production/Shipping Policies in a One-to-one Direct Shipping, Stochastic Environment [J]. European Journal of Operational Research, 1993 (64): 83-102.

[36] Young Hae Lee, Sook Han Kim and Chiung Moon. Production-distribution Planning in Supply Chain Using a Hybrid Approach [J]. Production Planning & Control, 2002 (13): 35-46.

[37] Erengue S. S., Simpson N. C., Vakharia A. J. Integrated Production Distribution Planning in Supply Chain: an Invited Review [J]. European Journal of Operation Reseach, 1999, 115 (2): 219-236.

[38] Jonatan Gjerdrum, Nilay Shah, Lazaros G.Papageorgiou. Fair Transfer Price and Inventory Holding Policies in Two-enterprise Supply Chains [J]. European Journal of Operational Research, 2002, 143: 582-599.

[39] 张钦, 达庆利, 沈厚才. 供应链中基于 Stackelberg 博弈的 EOQ 模型 [J]. 中国管理科学, 2002, 10 (3): 38-42.

[40] YossiAviv. The Effect of Collaborative Forecasting on Supply Chain Performance [J]. Management Science, 2001, 47 (10): 132-134.

[41] 黄小原. 供应链模型及其优化研究的现状与进展 [J]. 信息与控制, 2003, 32 (2): 142-159.

[42] 赵晓煜, 黄小原, 孙福权. 面向重要供应商和客户的供应链设计方法 [J]. 系统工程, 2005, 23 (6): 34-38.

[43] C. Haehling Von Lanzenauer and K. Pilz-Glombik. Coordinating Supply Chain with Deterministic Demand Decisions. Management Science. 2001 (47): 966-978.

[44] Anna Nagurney, June Dong, Ding Zhang. A Supply Chain Network Equi-

librium Model. Transportation Research, Part E. 2002, 38: 281-303.

[45] 黄河, 但斌, 刘飞. 供应链的研究现状及发展趋势 [J]. 工业工程, 2001, 4 (1): 16-20.

[46] 林勇, 马士华. 集成化供应链管理 [J]. 工业工程与管理, 1998 (5): 26-30.

[47] 霍佳震等. 集成化供应链绩效评价体系及应用 [M]. 北京: 清华大学出版社, 2005.

[48] 陈壁辉, 何海军. 对我国物流业中客户服务的初步分析 [J]. 物流科技, 2003, 98 (26): 45-47.

[49] 王祥翠, 聂茂林. 供应链管理中的顾客让渡价值研究 [J]. 江苏商论, 2006 (1): 32-33.

[50] 梁浩, 汤哲川, 吴启迪. 敏捷供应链管理决策支持系统的研究 [J]. 高技术通讯, 2000 (9): 62-64.

[51] 焦永兰, 毕晓航. 敏捷供应链构建模型研究 [J]. 物流科技, 2008 (7): 28-30.

[52] 谢天保, 吴池宏. 基于双赢合作制的敏捷供应链管理系统 [J]. 计算机工程, 2009, 35 (1): 17-20.

[53] Ching T. L., Hero C. P., Young C. Agility Index in the Supply Chain [J]. International Journal of Production Economics, 2006, 100: 285-299.

[54] 廖成林. 企业合作、敏捷供应链和企业绩效间关系实证研究 [J]. 系统工程理论与实践, 2008 (6): 115-128.

[55] Kleijnen J. P. C. et al. Performance Metrics in Supply Chain Management [J]. Journal of the Operational Research Society, 2003, 54 (5): 507-514.

[56] 马士华. 平衡记分法在供应链绩效评价中的应用研究 [J]. 工业工程与管理, 2003, 7 (4): 5-10.

[57] Stefan H. A Systems Perspective on Supply Chain Measurements [J]. International Journal of Physical Distribution & Logistics Management. 2000, 30 (10): 847-868.

[58] A. Gunasekaran, C. Patel, E. Tirtiroglu. Performance Measures and Metrics in a Supply Chain Environment [J]. International Journal of Operations and Production Management. 2001, 21 (2): 71-87.

[59] 霍佳震等. 集成化供应链绩效评价体系及应用 [M]. 北京: 清华大学出版社, 2005.

[60] 谢福泉. 基于价值的内部供应链转移定价管理探析 [J]. 财会通讯, 2006 (12): 28-29.

[61] 赵道致. 复杂工艺流程企业内部供应链产量联合优化 [J]. 系统工程学报, 2001, 16 (4): 305-310.

[62] 俞葵. 以订单为中心的制造业企业内部供应链管理系统的研究 [J]. 技术经济, 2006, 25 (8): 85-88.

[63] 覃勇. 优化内部供应链管理 提高机械制造企业经济效益 [J]. 装备制造技术, 2007 (12): 99-101.

[64] 彭晨, 岳东. 基于开放式功能体系的煤炭供应链结构研究 [J]. 煤炭学报, 2003 (3): 326-331.

[65] 彭晨, 岳东. 煤炭供应链的工作流描述方法 [J]. 南京师范大学学报（工程技术版）, 2004 (2): 49-52.

[66] 姚伟坤, 周梅华, 孟剑等. 基于均衡供给的煤炭供应链特征研究 [J]. 中国矿业大学学报（社会科学版）, 2007 (3): 41-45.

[67] 苏丽琴, 于宝栋. 煤炭供应链的构建 [J]. 中国煤炭, 2006 (5): 19-21.

[68] 刘满芝, 周梅华, 彭红军, 姜晖, 黄艳波. 大型煤炭企业供给系统供应链解构及优化 [J]. 煤炭学报, 2009, 34 (1): 139-143.

[69] 武华竹, 马福海. 宁夏煤业集团引入现代物流 [J]. 企业物流, 2003 (18): 38-39.

[70] 王飞, 宋晓萍, 基于供应链管理思想下的平煤集团物资供应管理体制改革 [J]. 煤炭经济研究, 2003 (5): 75-76.

[71] 娄美珍. 煤炭企业价值链管理的创新 [J]. 煤炭经济研究, 2003 (4): 41-42.

[72] 彭晨, 岳东. 基于 Petri 网的流程供应链过程建模分析 [J]. 计算机工程与应用, 2003 (10): 199-201.

[73] 陈建生, 王立杰. 论煤炭企业物流供应链联盟 [J]. 管理世界, 2004 (11): 148-149.

[74] 王金凤. 煤炭企业实施和强化供应链管理初探 [J]. 中国煤炭, 2004 (30): 31-32.

[75] 刘飞. 煤炭销售实施供应链管理的思考 [J]. 煤炭经济研究, 2003 (4): 61-62.

[76] 王艳梅, 王晓松. 煤炭行业供应链管理初探 [J]. 中国煤炭, 2007, 33 (9): 22-23.

[77] 张洁, 王启山. 用供应链思想重构国有煤炭企业的物流管理 [J]. 煤炭经济研究, 2005 (9): 55-56.

[78] 耿殿明等. 大型煤炭企业集团供应链风险的系统识别及防范 [J]. 煤炭经济研究, 2008 (12): 70-72.

[79] 李建祥, 唐立新, 吴会江. 钢铁工业三级供应链协调生产计划研究 [J]. 计算机集成制造系统, 2005 (3): 375-380.

[80] 蒂奇. 均衡——经济周期理论领域的新发展 [J]. 国外社会科学文摘, 1990 (11): 5-8.

[81] 王乃静, 朗国放. 经济学中一般均衡存在性问题评述 [J]. 数量经济技术研究, 2005 (12): 150-156.

[82] 吕志敏. 从一般均衡到博弈均衡——经济学研究方法的演变 [J]. 内蒙古财经学院学报, 2005 (3): 35-37.

[83] 袁志刚. 非瓦尔拉斯均衡理论及其在中国经济中的应用 [M]. 上海: 上海人民出版社, 1997.

[84] 斯坦利·梅特卡夫. 个体群思维的演化方法与增长和发展问题 [J]//库尔特·多普菲. 演化经济学: 纲领与范围 [M]. 北京: 高等教育出版社, 2004.

[85] 朱欣民, 张晓峰. 动态均衡治理 [J]. 经济体制改革, 2005 (6): 59-62.

[86] 钱忠好. 土地征用: 均衡与非均衡 [J]. 管理世界, 2004 (12): 50-59.

[87] 陈建国, 张庆福, 马玖坤, 张鹤鹏. 加强煤炭质量管理 提高商品煤销售效益 [J]. 煤炭技术, 2005 (2): 119-121.

[88] 顾穗珊. 企业内部供应链集成模式研究 [J]. 工业技术经济, 2008, 27 (12): 124-127.

[89] Harland C. Supply Chain Operational Performance Roles [J]. Integrated Manufacturing Systems, 1997, 8 (2): 70-78.

[90] 王虹, 王山东. 马钢供应链管理研究 [J]. 安徽冶金科技职业学院学报, 2004, 14 (3): 97-99.

[91] Wilbur I. Smith. Target Costing for Supply Chain Management: An Economic Framework, Financial Times, The Journal of Corporate Accounting & Finance, 2000: 67-77.

[92] 马士华, 林勇. 供应链管理 [M]. 北京: 机械工业出版社, 2005.

[93] 王凤彬. 作为"二阶系统"供应链网络组织研究[J]. 数量经济与技术经济研究, 2004 (6): 70-77.

[94] 北原贞辅. 现代管理系统论 [M]. 北京: 中国人民大学出版社, 1987.

[95] 王凤彬. 供应链网络组织与竞争优势 [M]. 北京: 中国人民大学出版社, 2006.

[96] Lee H. L., Padmanabhan V., Whang S. Information Distortion in a Supply Chain [J]. The Bullwhip Effect Management Science, 1997, 43 (4): 1546-1558.

[97] 任常锐, 柴跃廷, 刘义. 供应链的复杂性分析 [C]. 第五届全球智能控制与自动化大会论文集, 2004.

[98] De hua Zhou. An Empirical Study of the Role of Postponement Application in Reducing Supply Chain Complexity [J]. IEEE, 2002.

[99] 柴跃廷, 刘义. 敏捷供需链管理 [M]. 北京: 清华大学出版社, 2001.

[100] Calinescu A., Efstathiou J., Schirn J.Applying and Assessing Two Methods for Measuring Complexity in Manufacturing.Journal of the Operational Research Society, 1998, 49 (3): 723-733.

[101] 穆东. 供应链系统的复杂性构成分析 [J]. 中国流通经济, 2006 (8): 10-14.

[102] 钱鸣高. 煤炭开采的科学技术与管理 [J]. 采矿与安全工程学报, 2007 (3): 1-7.

[103] Shannon C. E. A Mathematical Theory of Communication [J]. Bell System Tech, 1948, 27: 623-656.

[104] Dretske F. I. Knowledge and the Flow of Information, the David Hume Series, Philosophy and Cognitive Science Reissues [M]. San Francisco: CSLI Publications, 1999.

[105] Deshmukh A. V., Talavage J. J., BarashM. M.Complexity in Manufacturing Systems, part 1: Analysis of Static Complexity [J]. IIE Transactions, 1998 (30): 645-655.

[106] Efstathiou J., Tassano F., Sivadasan S., et al. Information Complexity as a Driver of Emergent Phenomena in the Business Community Invited Paper In Proceedings of the International Workshop on Emergent Synthesis [M]. Japan: Kobe University, 1999.

[107] 贾燕. 供需链设计优化模型及其复杂性问题研究 [D]. 西北工业大学博士学位论文, 2002.

[108] 宁方华等. 熵理论在物流协同中的应用研究 [J]. 浙江大学学报 (工学版), 2006 (10): 1705-1708, 1782.

[109] Williams and J.F. Heuristic Techniques for Simultaneous Scheduling of Production and Distribution in Multi-echelon Structures: Theory and Empirical Comparisons [J]. Management Science, 1981, 27 (3): 336-352.

[110] Williams and J.F. A Hybrid Algorithm for Simultaneous Scheduling of Production and Distribution in Multi-echelon Structures: Theory and Empirical Comparisons [J]. Management Science, 1983, 29 (1): 77-92.

[111] Arntzen, B.C., Brown, G.G. and Harrison, T.P. Trafton, L.L. Global Supply Chain Management at Digital Equipment Corporation [J]. Interfaces, 1995 (25): 69-93.

[112] G. Fandel and M. Stammen. A General Model for Extended Strategic Supply Chain Management with Emphasis on Product Life Cycles Including Development and Recycling [J]. Int. J. Production Economics, 2004 (89): 293-308.

[113] 徐家旺,黄小原.市场供求不确定供应链的多目标鲁棒运作模型 [J]. 系统工程理论与实践, 2006 (6): 35-40.

[114] Cheng-Liang C., Wen-Cheng L. Multi-objective Optimization of Multi-echelon Supply Chain Networks with Uncertain Product Demands and Prices [J]. Computers and Chemical Engineering, 2004, 28 (10): 1131-1144.

[115] Z. Kevin Weng, Tim McClurg. Coordinated Ordering Decisions for Short Life Cycle Producs with Uncertainty in Delivery Time and Demand [J]. European Journal of Operational Reseach, 2003, 151 (1): 12-24.

[116] 滕春贤,姚锋敏,胡宪武.具有随机需求的多商品流供应链网络均衡模型的研究 [J]. 系统工程理论与实践, 2007 (10): 77-83.

[117] 程永生,汤兵勇等. ARMA 供应链模型研究 [J]. 系统工程理论与实践, 2007, 29 (5): 753-755.

[118] Kewen Pan, K.K.Lai, L.Liang, Stephen C. H. Leung. Two-period Pricing and Ordering Policy for the Dominant Retailer in a Two-echelon Supply Chain with Demand Uncertainty. Omega, 2009, 37: 919-929.

[119] Chrity, D.P., Grout, J.R. Safeguarding Supply Chain Relationships [J]. International Journal of Production Economics, 1994 (36): 233-242.

[120] Wikner, J., Towill, D.R., Naim, M. Smoothing Supply Chain Dynamics [J]. International Journal of Production Economics, 1991, 22 (3): 231-248.

[121] Huchzermeier A., Cohen M. A. Valuing Operational Flexibility Under Exchange Rate Risk [J]. Operations Research, 1996, 44 (1): 100-113.

[122] Edgar Perea, Grossmann I., Ydatic E., et al. Dynamic Modeling and Classical Control Theory for Supply Chain Management [J]. Computers and Chemical Engineering, 2000, 24: 1143-1149.

[123] Geoffrey J. H., Jack G. V. Environmental Supply Chain Management: Using Life Cycle Assessment to Structure Supply Chains [J]. International Food and Agribusiness Management Review, 2002 (4): 399-412.

[124] Wang Sen, Shaligram Pokarel, Wang Yulei. Supply Chain Positioning Strategy Integration, Evaluation, Simulation and Optimization [J]. Computer and Industrial Engineering, 2004, 46: 781-792.

[125] Hadi Mohammadi Bidhandi. Development of a New Approach for Deterministic Supply Chain Network Design [J]. European Journal of Operational Research,

2009 (1): 121-128.

[126] M. Rabbani. Determination of Number of Kanbans in a Supply Chain System via Memetic Algorithm [J]. Advances in Engineering Software, 2009, 40 (6): 431-437.

[127] Alebachew D. Yimer. A Genetic Approach to Two-phase Optimization of Dynamic Supply Chain Scheduling [J]. Computers & Industrial Engineering, 2009 (1): 1-12.

[128] Tadeusz Sawik. Coordinated Supply Chain Scheduling [J]. International Journal of Production Economics, 2008 (8): 1-15.

[129] Dong Liang. Decomposition Schemes and Acceleration Techniques in Application to Production-assembly-distribution System Design [J]. Computers & Operations Research, 2008 (2): 4010-4026.

[130] Peter M. Verderame. Operational Planning Framework for Multisite Production and Distribution Networks [J]. Computers & Chemical Engineering, 2008 (9): 1-15.

[131] Theodore S. Glickman. Optimal Vendor Selection in a Multiproduct Supply Chain with Truckload Discounts [J]. Transportation Research Part E: Logistics and Transportation Review, 2008, 44 (5): 684-695.

[132] Chumpol Monthatipkul. Inventory/Distribution Control System in a One-warehouse/Multi-retailer Supply Chain [J]. International Journal of Production Economics, 2008, 114 (1): 119-133.

[133] Phuong Nga Thanh. A Dynamic Model for Facility Location in the Design of Complex Supply Chains [J]. International Journal of Production Economics, 2008, 113 (2): 678-693.

[134] S.A. Torabi. An Interactive Possibilistic Programming Approach for Multiple Objective Supply Chain Master Planning [J]. Fuzzy Sets and Systems, 2008, 159 (2): 193-214.

[135] Le Thi Hoai An. A Continuous DC Programming Approach to the Strategic Supply Chain Design Problem from Qualified Partner Set [J]. European Journal of Operational Research, 2007, 183 (3): 1001-1012.

[136] 常良峰, 王静, 黄小原. 供应链的成本模型及其优化 [J]. 系统工程, 2002 (6): 13-18.

[137] 刘晓, 王成思, 储诚斌. 分布式供应链中基于准时制的原油采购计划方法 [J]. 中国管理科学, 2003, 11 (3): 30-35.

[138] Mokashi S. D., Kokossis A. C. Application of Dispersion Algorithms to

Supply Chain Optimization [J]. Chemical Engineering, 2003, 27: 924-949.

[139] 陈豪雅, 陈剑. 定制延迟模式的供应链协调 [J]. 系统工程理论与实践, 2004, 24 (8): 1-11.

[140] Schneeweiss C., Kirstin Z. Hierarchical Coordination Mechanisms Within the Supply Chain [J]. European Journal of Operational Research, 2004, 153: 687-763.

[141] 庄健. 基于神经网络的印刷业供应链优化模型与应用研究 [D]. 山东大学博士学位论文, 2006.

[142] 轩超亭. 神经网络技术在供应链管理中的应用 [J]. 工业工程与管理, 2000 (3): 41-44.

[143] 杨连慧. 鼎盛公司供应物流系统的优化研究 [D]. 天津大学硕士学位论文, 2004.

[144] 刘振峰. 基于时间 Petri 网的供应链网络关键路径分析 [J]. 数学的实践与认识, 2006 (11): 32-37.

[145] 侯发欣. 基于 Petri 网的虚拟供应链物流网络优化 [J]. 计算机集成制造系统, 2004, 10 (12): 1509-1513.

[146] 陈继昊. 供应链管理下的多级库存优化研究 [D]. 上海交通大学硕士学位论文, 2007.

[147] 李仲兴. 供应链中配送系统联合优化的数学模型及求解的混合算法 [J]. 物流技术, 2005 (9): 92-94.

[148] 李院生. 柔性供应链的优化及供应商响应时间分析 [J]. 工业工程与管理, 2005 (1): 89-93.

[149] 李一峰. 基于代理和遗传算法的供应链优化模拟 [J]. 工业工程与管理, 2003 (4): 59-62.

[150] 郭仁拥. 两个供应链优化模型及优化算法 [D]. 内蒙古大学硕士学位论文, 2006.